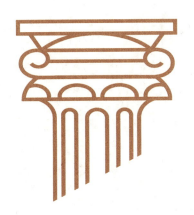

法律咨询与调解

项　焱　伍德志　等编

国家开放大学出版社·北京

图书在版编目（CIP）数据

法律咨询与调解／项焱等编．—北京：国家开放大学出版社，2023.7 （2025.1重印）

ISBN 978 - 7 - 304 - 11736 - 8

Ⅰ.①法… Ⅱ.①项… Ⅲ.①法律－咨询服务－开放教育－教材②调解（诉讼法）－开放教育－教材 Ⅳ.①D90②D915.1

中国国家版本馆 CIP 数据核字（2023）第 052742 号

法律咨询与调解

FALÜ ZIXUN YU TIAOJIE

项　焱　伍德志 等编

出版·发行：国家开放大学出版社

电话：营销中心 010 - 68180820　　　　　总编室 010 - 68182524

网址：http://www.crtvup.com.cn

地址：北京市海淀区西四环中路 45 号　　　邮编：100039

经销：新华书店北京发行所

策划编辑：王国华	版式设计：何智杰
责任编辑：赵　萌	责任校对：吕昀豁
责任印制：武　鹏　马　严	

印刷：河北延风印务有限公司

版本：2023 年 7 月第 1 版　　　　　　2025 年 1 月第 4 次印刷

开本：787mm×1092mm　1/16　　　　印张：16.75　　字数：315 千字

书号：ISBN 978 - 7 - 304 - 11736 - 8

定价：39.00 元

意见及建议：OUCP_ KFJY@ouchn.edu.cn

前言

　　《法律咨询与调解》是为国家开放大学法律事务专业学生编写的教材，目的在于介绍法律咨询与人民调解的知识与实践。无论是法律咨询还是人民调解，它们都属于法律实践的初步阶段，也是法律事务专业学生应该具备的能力和经验。

　　本教材作为一本偏实务的教材，既有基本法律规范知识的介绍，又有大量实务方法与技巧的论述，同时还引用、分析与讲解了大量案例，其目的就是希望能够起到巩固知识、引领实践的作用。为方便学生预习、复习，本教材还在每一章开头设置了引导语和学习目标，在章末设置了思考与练习题。另外，本教材部分章节还结合知识点设计了思政启示的内容。

　　考虑到课程所面向学生的特征，本教材力求做到生动、通俗、易懂，不过多介绍理论性内容，而是以基本法律知识与实务案例作为主要内容，使学生既能够掌握最常用的法律知识，也能够获得一些法律实务方面的训练。

　　本教材分为上下编。上编是关于法律咨询的知识与实务，主要介绍法律咨询的基本知识、从事法律咨询应该具备的能力与技巧、法律规范的解释与适用、证据的收集与评估、法律意见书的出具，以及关于物权类、合同类、婚姻家庭类、劳动纠纷类、侵权类案件的法律咨询实务。下编是关于人民调解的知识与实务，主要介绍人民调解的基本知识、基本制度、方法与技巧，以及关于婚姻家庭纠纷、侵权损害赔偿纠纷、相邻关系纠纷、物业服务纠纷、农村土地林地纠纷、群体性纠纷的调解实务。

　　本教材呈现给学生的内容是按照现行法律法规编写的，由于法律法规会根据现实需要修改变化，为了方便学生在学习时能够参考最新的相关法律法规，了解相关立法动态，本教材特别设计了"扫一扫看变化"二维码，敬请关注。

扫一扫看变化

本教材的大纲与书稿经过了多位专家的讨论与审定，内容、结构做了多次修改与完善，在此向参与审定的专家——西北政法大学法治学院汪世荣教授、四川大学法学院刘海蓉副教授、中国人民大学法学院潘文军副教授表示感谢。

本教材由武汉大学法学院项焱教授、伍德志副教授，江南大学法学院徐钝副教授，安徽大学法学院王浩老师共同编写，国家开放大学胡晓雨老师负责组织工作。另外，武汉大学法学院博士研究生张雅雯，硕士研究生王琳雁、孙丽刚、胡兆祖、周洛其、孙小涵、田鑫、丁豪、孙雨贞、赵明明、王天奕、刘丹悦、黄千琢等在本教材编写过程中参与了资料收集、整理及校对工作，在此一并表示感谢。

本教材编写人员具体分工如下：

项焱：第七章，第九章，第十章第一节、第二节、第三节、第四节、第六节。

伍德志：第一章，第二章，第四章，第五章，第六章。

徐钝：第八章，第十章第五节。

王浩：第三章。

由于法律实践极为复杂，国家法律规范更新速度也非常快，本教材在编写完成之时，难免存在疏漏之处，敬请学界同人、读者批评指正，以便日后完善与修改。

编　者

2022 年 11 月

目　录

上编　法律咨询

下编 人民调解

上编

法律咨询

第一章 | 法律咨询概述

法律咨询是公民在日常生活中最有可能接触的法律活动，是专业领域与非专业领域的接口。对于法律职业者来说，在法律咨询中，一方面要能够将当事人的问题与纠纷纳入法律格式当中；另一方面要能够将法律以一种易于理解的方式传达给当事人，帮助当事人理解法律并作出合理合法的决策。

学习目标

1. 掌握法律咨询的概念与特征。
2. 掌握法律咨询的对象与内容。
3. 掌握法律咨询的原则与效果。

第一节 法律咨询的概念与特征

一、法律咨询的概念

任何一个公民在遭遇法律纠纷时，首先最有可能做的事情就是法律咨询。由于大多数公民对法律了解有限，也难以理解问题与纠纷的法律意义与法律解决方法，因此对法律职业者来说，向当事人清楚、易懂地解释法律规定及相关法律问题，并能够将法律与所涉事实关联起来，帮助当事人作出合理的法律决定就极为重要。

概括言之，法律咨询是指当事人在遭遇纠纷、冲突或某种法律上的困惑时，向法律职业者（在我国当前情形下，主要包括律师和基层法律服务工作者）寻求法律问题解答，进而在其指导下形成对于法律规范与法律事实的有效认知与理解，并作出相关法律决定的行为与过程。

一方面，现代法律制度的高度专业化使得大多数普通公民难以一窥门径，而日常生活中又不可避免地面临各种纠纷、冲突、争议及其法律处理方案和后果，由于所涉法律规定较为复杂，普通公民难以应付。例如，离婚时夫妻财产的分割、共同财产与共同债务的认定、孩子的抚养和探视等问题，看似简单，但具体情形不同，法律后果也各不相同。而且，要理解法律规范，不仅需要理解法律条文的文字表达，还需要理解条文背后的各种学理，这些学理实际上是法律条文潜在结构的一部分，不掌握这些学理，当事人即使能够看懂法律条文的字面意思，也难以理解这些法律条文的深层含义，如不当得利、个人债务等。因此，法律职业者需要将法律语言转化成日常生活语言，为当事人提供通俗易懂的解释，从而让当事人理解自己的权利与义务。

另一方面，如无恰当的法律咨询，很多问题与纠纷的解决就可能通过暴力、"走后门""攀关系"等不合法的方式，这无疑会带来严重的社会问题。因此，在法律专业化的趋势下，国家应在制度上为公民提供便捷的法律咨询服务，不仅要大力扶持律师的执业活动，也要通过公共法律服务增强制度供给。

二、法律咨询的特征

作为一种法律行为，法律咨询具有如下特征：

1. 法律咨询是一种专业性活动

法律咨询作为一种专业性活动，一般具有一定的职业准入要求。例如，应通过国家统一法律职业资格考试，或接受过相关职业培训，或取得相关资格证书。被咨询者应为法律职业者，除律师外，根据我国法律规定，基层法律服务工作者、法官、仲裁员、人民调解员、公证员均可提供专业的法律咨询。此外，很多法学院校都设有法律诊所、法律援助中心之类的教学组织，法学专业的学生也可以作为法律援助志愿者为弱势群体提供法律咨询和服务。另外，各级司法行政部门都设有公共法律服务中心，这类中心会招募志愿律师为当事人提供免费的法律咨询。

2. 法律咨询是一种服务性活动

法律咨询的目的在于服务当事人，当事人因自身法律认知有限，需要法律职业者为其提供解释与说明，帮助当事人合理安排自己的法律行为、维护自身合法权益。作为一种服务性活动，法律咨询的效果往往取决于被咨询者的沟通技巧、服务态度、知识技能等。要提高这种服务水平，被咨询者除了要掌握专业法律知识外，还应掌握必要的沟通技巧，才能以一种易于理解的方式向当事人有效传达相关信息。

3. 法律咨询大多是由律师事务所提供

律师是专门提供市场化法律服务的群体，也是有偿法律咨询的主体，在物质动机的激励下，他们会积极改进法律咨询的技巧，以谋取更多的法律业务，因此，大量高品质的法律咨询服务主要是由律师来承担的。同时，由于我国特色社会主义法治国家的特点，国家为弱势群体的权益保障承担着兜底责任，因此，公共法律服务中心的法律咨询也承担了相当的社会责任，法学院校的法律诊所、法律援助中心则在一定程度上起到了补充作用。

4. 法律咨询是一种专业知识与非专业知识交叉的沟通过程

法律咨询并不是单纯地传递法律知识，实际上也需要听取当事人的倾诉和他们对纠纷与冲突的理解，这一过程就是专业知识与非专业知识交叉的沟通过程。被咨询的法律职业者要能够将当事人用生活语言表达的诉求，纳入法律规范的格式中，并将这种法律规范格式转化为生活语言，由此实现专业法律职业者与非专业当事人的相互理解，进而为当事人的法律决定提供必要的认知基础与沟通基础。

5. 法律咨询具有宣传国家法律的客观效果

法律咨询的目的在于解决当事人的疑问，可能具有一定的工具主义取向，但同时法律咨询也达到了宣传国家法律的客观效果。法律职业者在提供法律咨询的过程中传达了国家法律制度的内涵，有利于当事人认识、理解国家法律制度，这对弘扬社会主义法治精神有着重要意义。与此同时，有效的法律咨询也利于当事人选择法律手段作为解决纠纷的方式，从而有利于国家的法治建设与社会秩序的长治久安。

第二节　法律咨询的对象与内容

一、法律咨询的对象

法律实践中法律咨询的对象极为多样。总体来看，任何公民都有可能遭遇难以解决的纠纷、冲突与法律疑问，需要向法律职业者寻求专业帮助，从而成为法律咨询的对象。一般而言，文化程度和收入较高的群体通常会选择律师提供商业服务，而社会弱势群体则倾向于选择政府、社会组织、法学院校提供的免费服务。下面我们主要聚焦于免费法律咨询的对象进行阐述。需要说明的是，这里的对象划分主要基于身份、性别或身体特征和某种法律行为后果，各类对象之间可能存在重叠。在免费的法律咨询服务中，比较典型的法律咨询对象主要包括以下几类：

1. 农村进城务工人员

农村进城务工人员，简称农民工。农民工群体属于典型的弱势群体，在面对纠纷与冲突时，特别是遭遇欠薪与工伤时，他们抵抗风险的能力较低，一旦发生纠纷与冲突，往往急需法律咨询和援助。从目前法学院校中法律诊所、法律援助中心的情况来看，农民工是法律咨询的主要群体。农民工为我国城市的建设做出了巨大贡献，但在制度与社会结构上，他们难以真正融入城市，也难以承受纠纷与冲突带来的成本与风险。例如，关于欠薪问题，尽管我国刑法已经设立了拒不支付劳动报酬罪，但这一罪名仅适用于严重欠薪行为，在现实生活中很多欠薪行为还没有达到被定罪的程度。当文化程度有限的农民工遭遇欠薪、工伤赔偿、医疗费补偿等问题时，就需要法律职业者为他们提供专业的法律咨询服务，告知其依法维权的方式与渠道，甚至直接帮助他们维权。

2. 低收入者

为经济困难的公民无偿提供法律咨询服务是《中华人民共和国法律援助法》（以下简称《法律援助法》）规定的国家义务。低收入者大致可等同于普通人认知中的"穷人"，不过我国对低收入者的法定定义并无明确规定，经济困难的认定标准也可能因地域、法规的规定而异。不过，根据《法律援助法》第41条的规定，因经济困难申请法律援助的，申请人应当如实说明经济困难状况。这意味着由有权机关开具经济困难证明不再是获取法律援助的先决条件。作为法律咨询对象的低收入者可能与其他类型的对象重叠，如农民工也是低收入者。

3. 农村居民

经济发展的不平衡使得我国律师大部分在中东部的大城市执业，县域范围内律师数量有限，乡镇一级能够为村民提供法律咨询服务的主要是司法所。家庭纠纷、邻里纠纷、林权土地纠纷、医疗事故纠纷、交通事故责任纠纷是农村居民经常遭遇的法律难题，这些领域也是免费法律咨询的主要内容。

4. 老年人群体

信息时代的飞速发展在给年轻人的生活带来便捷的同时，也使老年人迅速成为"数字弱势群体"。老年人的知识更新速度和反应速度都相对较慢，在遭遇赡养、扶养、养老和财产分配等问题时，急需了解法律规定，以作出有利于自己的决定。法律职业者在为老年人群体答疑解惑时应耐心细致，切实理解老年人的心理需求和法律诉求，并提出合理的解决方案。

5. 残障人士或未成年人

因身体残疾，残障人士在参与社会生活时会面临众多难以想象的困难，当纠纷发生时，他们更难以维护自身的合法权益。一般而言，各级残疾人联合会都设有法律援助机构，残障人士在遭遇法律难题时，可以前往这些机构寻求帮助。残障有不同分类，包括肢体障碍、心智障碍和感官障碍等，针对不同的障碍类型，法律职业者在提供法律咨询时应尽可能采取合理的方式了解残障人士的诉求，并确保其理解法律规定。

因认知能力与认知范围有限，未成年人极易遭遇侵权，维权能力也较弱。未成年人自身往往缺乏对权利的准确认知，在就学、就业或社会交往中，容易遭受欺诈、歧视或其他不公平待遇。在纠纷发生后，他们本人或家属也更倾向于寻求法律咨询或法律援助。法律职业者在为未成年人提供法律咨询服务时，应当坚持最有利于未成年人的原则，给予未成年人特殊、优先保护。

上述五类典型的法律咨询对象，可能存在一定的重叠，如农民工与低收入者、残障人士与低收入者等，但总体上看，上述法律咨询对象的特征是比较鲜明的。

二、法律咨询的内容

法律咨询的内容可能涉及日常生活中的各类纠纷、争议和冲突。这一类问题可能标的额不大，权益损失也有限，但对于弱势群体来说，可能是影响他们正常生活的"大事"。

一般来说，法律咨询的内容大致包括以下几类：

1. 婚姻关系问题

在日常生活中，婚姻关系问题是最容易发生的纠纷类型。在一段婚姻关系中，矛盾和冲突从恋爱时期就可能已经开始。例如，婚前财产的设定、父母对子女的房屋赠与、婚礼的财务安排、彩礼等问题都可能引发争议。婚后则可能涉及房屋所有权登记、夫妻共同债务、家务分配等问题。如果纠纷不可调和导致离婚，就又会涉及离婚条件的认定、财产和债务的分割、子女抚养权的争夺等问题，如一方存在过错，还会涉及损害赔偿问题。因此，婚姻关系的确容易引发矛盾和冲突。

2. 家庭关系问题

家庭关系中赡养与抚养极易引发矛盾和冲突。目前我国农村地区空巢老人众多，老年人的照护也成为一个容易引发矛盾和冲突的社会问题，虽然《中华人民共和国老年人权益保障法》（以下简称《老年人权益保障法》）设定了子女对父母应尽的各种义务，包括探望的义务，但在多子女家庭中，义务的分配不均就可能产生矛盾和冲突。就抚养而言，父母离婚后抚养费的分配与支付、探视时间的划分等也容易产生纠纷。

3. 土地房屋拆迁问题

《中华人民共和国宪法》（以下简称《宪法》）第13条规定："国家为了公共利益的需要，可以依照法律规定对公民的私有财产实行征收或者征用并给予补偿。"《中华人民共和国民法典》（以下简称《民法典》）第243条规定："为了公共利益的需要，依照法律规定的权限和程序可以征收集体所有的土地和组织、个人的房屋以及其他不动产。"但土地房屋拆迁是一项极为复杂的工作，极易引发利益争议。例如，房屋的补偿面积与金额、房屋的性质认定、房屋的产权归属等问题。这一类问题涉及复杂的法律程序与手续，当事人往往不得其门。因此，这一类问题也是法律咨询的重点内容。

4. 合同纠纷问题

合同纠纷问题也是法律咨询的重要内容之一。大到公司、企业，小到个体工商户、个人，每天都会产生各种各样的合同关系。争议来源一般有以下几种：没有签订书面合同，但发生了实质上的合同关系；有合同，但合同条款不清晰；合同过于复杂，以致当事人不能清楚解读；合同是格式条款，对于一方当事人显失公平；合同虽然有明文规定，但在合同所涉事实的理解上存在巨大争议。这就需要法律职业者根据实际情况结合不同合同的特性作出判断，为当事人提供最佳的纠纷解决方案。

5. 财产纠纷问题

在如今的城市化背景之下，比较典型的财产纠纷问题主要是土地、林地、房产等问题。例如，农村的土地与林地界限不明，房产买卖中延迟交房、烂尾、装修不合格等情况都易引发纠纷。此类纠纷和人们的日常生活密切相关，又涉及经济利益，因此，人们一般比较关心，也属于比较常见的法律咨询内容之一。

6. 劳动纠纷问题

寻求劳动纠纷法律咨询的群体主要是弱势群体，如农民工、工厂工人、快递人员或其他底层劳动者。这些劳动者收入比较低，他们一旦遭遇劳动纠纷，就会面临生存危机，因此迫切需要专业的法律咨询服务。例如，工伤赔偿是劳动纠纷中的常见问题，因涉及医疗费、误工费、理疗费、丧葬费等，当事人未必能够准确地计算出工伤赔偿的具体数额，寻求专业的法律咨询对于他们来说极为重要。此外，劳动关系的确认、劳动报酬的追回也是劳动纠纷中的常见问题。

第三节　法律咨询的原则与效果

一、法律咨询的原则

法律咨询要遵循一定的原则，这些原则构成了法律咨询工作的总体指导思想，体现了法律咨询工作所应遵循的法治思维与道德要求，对于各类法律咨询活动都有着基本的指导、反思与监督意义。

1. 平等原则

法律咨询首先要遵循平等原则。尽管法律职业者受过专业训练，也有着较高的社会地位，但面对前来寻求帮助的当事人时，不应自视高人一等，而是要平等地对待每一位当事人。法律职业者不应有先入为主的观念，认为当事人都是法盲，而是要清楚地意识到，并非所有人都懂得法律。正如法律职业者仅掌握法律知识，但对医疗知识等其他专业知识未必精通。法律职业者要秉持平等的心态，耐心地听取当事人的诉求，哪怕这些诉求是不理性的、情绪化的，法律职业者也不能忽视，只能正视，要尽可能地在法律允许的范围内予以分析，提出合理的救济方法。

2. 法治原则

法律咨询作为一种法律活动，需要遵循法治原则。具体而言，法律职业者在提供法律咨询时，要时刻利用法治思维与法治方法进行解答与提出建议。首先，法治思维主要是指将法律作为判断是非和处理事务的准绳，是一种以法律规范为基准的逻辑化的理性思考方式。法治思维要求法律职业者在全面、客观了解案件事实的基础上，抽象出法律事实并准确运用有关法律。其次，法治方法就是运用法治思维处理和解决问题的行为方式，也就是我们常说的"办事依法、遇事找法、解决问题用法、化解矛盾靠法"。法律职业者为当事人提供法律咨询时，要先帮助当事人分析可以使用的法治方法，如调解、仲裁、诉讼、行政复议等；再向当事人推荐最合适的法治方法，并且要极力避免各种非法的解决手段，如闹访、暴力、纠缠、虚假诉讼、不实举报等。当法律职业者发现当事人有采取非法手段解决问题的意识时，应当及时加以规劝，阐明相应的危害，并积极引导当事人形成用法治方法解决纠纷的思维。

3. 诚信原则

法律咨询是专业知识与非专业知识相交叉的沟通过程，当事人与法律职业者之间存在着显著的知识不对等。因此，在法律咨询过程中，法律职业者做出的种种专业解释及专业意见，当事人是难以分辨的，这就对法律职业者提出了较高的职业道德要求。法律职业者必须遵循诚信原则，对当事人以诚相待，本着公平、真诚与恪守信用的精神为当事人提供法律咨询服务，并将诚信原则贯穿于服务的全过程，不能欺骗、蒙蔽当事人。为了争揽业务，法律职业者可能会向当事人夸大胜诉的可能性，隐瞒潜在的法律风险，这不仅违反了职业道德基本准则，也不符合诚信原则，甚至会损害法律权威，造成当事人对法律的不信任。对此，法律职业者在为当事人提供法律咨询服务时，应当秉持诚信原则，用心尽责地为每一位当事人服务，采取一切合法的、合乎道德的方法维护当事人的合法权益，提高当事人与法律职业者之间的信任感。

4. 专业原则

法律咨询还要遵循专业原则。所谓专业原则，是指法律职业者在提供法律咨询服务时，应充分利用自己的专业知识，做出符合专业要求的解答，提出符合专业精神的建议。法律职业者应不断更新自己的法律知识与服务技能，时刻保持学习的能力，提高专业水平。同时，法律职业者应避免对与法律无关的问题做出评论。例如，当事人就其婚姻关系向法律职业者咨询离婚、财产分割问题，法律职业者可以根据当事人的需求提出一系列建议，如应如何收集证据来证明感情确已破裂，如何划分婚前财产与婚后财产、婚前债务与婚后共同债务。但法律职业者应避免对当事人的私人事务做出评论与判断，如是否应该继续维系婚姻关系等，这些私人事务未必是法律职业者所擅长的，甚至可能会误导当事人。总之，法律职业者应仅就法律问题做出专业回答，对关涉私人事务的问题不应做个人判断。

二、法律咨询的效果

法律咨询应该达到一定的效果，这种效果不仅实现了当事人的咨询目的，更重要的是提升了当事人的法治素养，增强了当事人的法律意识，让当事人学会了自觉运用法律武器来保护自己的合法权益。

1. 能够让当事人理解问题与纠纷的法律性质

法律咨询的任务是要让当事人理解问题与纠纷的法律性质。人们在日常生活中可能会遇到各种各样的问题与纠纷，但这些问题与纠纷在法律性质、处理方式、诉讼机制上截然不同。例如，日常生活中常见的"欠债还钱"，属于借款合同之债，需要通过仲裁或民事诉讼的方式予以解决；征地拆迁纠纷，属于公民与政府之间的纠纷，需要通过行政复议或行政诉讼的方式予以解决。目前，我国法律对于民事纠纷的性质已作出比较详细的规定，根据《民事案件案由规定》，民事案由分为十大类：第一，人格权纠纷；第二，婚姻家庭、继承纠纷；第三，物权纠纷；第四，合同、准合同纠纷；第五，知识产权与竞争纠纷；第六，劳动争议、人事争议；第七，海事海商纠纷；第八，与公司、证券、保险、票据等有关的民事纠纷；第九，侵权责任纠纷；第十，非讼程序案件案由。每类案由下还会细分出不同的小类。例如，人格权纠纷包括生命权、身体权、健康权纠纷，姓名权纠纷，名称权纠纷，肖像权纠纷，声音保护纠纷，名誉权纠纷，荣誉权纠纷，隐私权、个人信息保护纠纷，婚姻自主权纠纷，人身自由权纠纷，一般人格权纠纷。然而，现实生活中问题与纠纷的复杂性总是远超法律的预见性，很多新型问题与纠纷难以归类，如个人信息纠纷、虚拟财产纠纷等，这就需要法律职业者结合专业知识针对不同类型选择不同的请求权基础。

2. 能够让当事人了解法律行为的后果

法律咨询还要能够让当事人充分了解法律行为的后果，包括积极后果与消极后果两个方面。首先，在当事人没有系统学习过法律知识的情况下，法律职业者要通过通俗语言，为当事人拆解法律行为成立所需的基本构成要件，帮助其理解一个生效的法律行为需要具备何种条件。同时，法律职业者要向当事人说明法律行为成立后将带来的积极效果，如合同生效后给当事人带来的权利与义务。其次，对于一个包含否定性评价的法律行为而言，法律职业者要让当事人知晓这个法律行为可能带来的消极后果，以及其要承担的法律责任。例如，民事法律行为一旦被确认无效后，可能会产生财产返还、赔偿损失、恢复原状等消极后果。因此，法律咨询必须能够让当事人认识到自身行为在法律上可能产生的种种后果，由此才能规避法律风险，合理安排自己的法律行为。

3. 能够帮助当事人作出合法合理的法律决定

法律咨询还要能够帮助当事人作出合法合理的法律决定。该效果的重点是"帮助"，而不是直接替代。法律职业者向当事人解释清楚了问题与纠纷的法律性质，以及法律行为的后果后，就为当事人提供了多重选择，每个选择都内含着不同的利益与风险。这时，法律职业者不应直接替代当事人作出决定，而是应由当事人自己进行选择。这是因为很多问题与纠纷，法律职业者是无法替代当事人承担责任的，如婚姻家庭、巨额的债权债务问题等。正确的做法是仅提供法律建议，罗列不同法律选择的利益与后果，进而由当事人进行选择。另外，当事人在了解到法律风险后，还会根据自己的特殊情况，决定是否起诉、是否追究法律责任，因此，由当事人自己作出法律决定可能更加合理。

·咨询案例·

张某某与赵某婚约财产纠纷案

（一）案情介绍①

2013 年 5 月，原告张某某与被告赵某经邵某介绍相识。2013 年 7 月 13 日，通过证人邵某，原告给付被告现金 40 000 元、首饰四件作为订婚的彩礼。后原告又向被告送了两箱酒、两条烟、两盒茶叶、几袋糖。后原、被告未能登记结婚，被告也未将上述彩礼退还。为此，原告诉至法院。法院在审理过程中，被告当庭将四件首饰退还原告。

法院经判决认为，原、被告经人介绍相识，后双方未能登记结婚，原告给付被告的彩礼，被告应当予以退还。证人邵某是原、被告双方的介绍人，给付彩礼的过程证人也实际参与了，且证人与原、被告双方均无利害关系，其证言可信度较高，并且证人陈述的情况也符合当地的风俗习惯，因此对其证言法院予以采信。

证人邵某出庭作证只证明原告给付被告现金 40 000 元，这 40 000 元被告应当予以退还原告。原告主张后来又给付被告 2 000 元用于购买衣服，但没有向法院提交相应的证据，因此其要求退还该 2 000 元，法院不予支持。被告已将首饰退还原告，原告也已经接受，因此原告主张的首饰钱 12 000 元，被告无须再返还。原告要求退还购买烟酒、茶叶、糖的价款 3 000 元，但没有提供购买礼品的发票，所购礼品价值不能确定，因此对原告的该项请求，法院不予支持。

最后，法院判决被告赵某于判决生效之日起 5 日内退还原告张某某彩礼款 40 000 元，驳回原告张某某的其他诉讼请求。

（二）案例分析

在法律咨询的过程中，首先需要说明彩礼和一般性的赠与是不同的。彩礼具有期待未来能够缔结婚姻关系的目的。如果婚姻关系未能成功缔结，那么从公平的角度讲，收受彩礼一方就应当返还彩礼。彩礼是我国独特的文化产物，不能简单地根据现代民法制度中的赠与概念来理解。如果将其理解成赠与，则会导致严重的不公

---

① 北大法宝. 最高人民法院公布 10 起婚姻家庭纠纷典型案例：山东［EB/OL］. (2015 - 11 - 20)［2022 - 08 - 15］. https://sclx. pkulaw. com/chl/03ec099297e5c74ebdfb. html.

平。根据《最高人民法院关于适用〈中华人民共和国婚姻法〉若干问题的解释(二)》第 10 条规定:"当事人请求返还按照习俗给付的彩礼的,如果查明属于以下情形,人民法院应当予以支持:(一)双方未办理结婚登记手续的;(二)双方办理结婚登记手续但确未共同生活的;(三)婚前给付并导致给付人生活困难的。适用前款第(二)、(三)项的规定,应当以双方离婚为条件。"法院应支持原告要求返还彩礼的诉讼请求。

对于本案还需要注意的一点就是,原告在法庭上提出的任何主张,都需要证据的支持。在本案中,除了 40 000 元的现金彩礼有证据支持外,2 000 元买衣服的钱及 3 000 元买礼品的钱,由于缺少证据,法院并没有支持这些诉讼请求。

 思考与练习

1. 法律咨询的原则是什么?如何理解法律咨询的专业原则?

2. 在法律与情理发生冲突时,法律职业者应该如何给出法律咨询建议?

3. 法律职业者对于被咨询事务是否可以直接替代当事人作出决定?为什么?

第二章 从事法律咨询应该具备的能力与技巧

从事法律咨询应该具备一定的能力与技巧，否则难以让当事人理解某些较为复杂的法律问题，亦难以帮助当事人作出合理合法的法律决定。从事法律咨询应该具备的能力与技巧不仅来自教科书与学校教学，而且来自实务经验。无论是何种能力与技巧，都应以能够帮助当事人解决问题为最高目标，并应以遵守法律规范与职业道德为界限。

学习目标

1. 掌握从事法律咨询应该具备的能力。
2. 掌握从事法律咨询应该具备的技巧。

第一节 从事法律咨询应该具备的能力

法律职业者接受法律咨询，必须具备一定的能力。这种能力既来自学校的学习，也来自实践经验的积累，两者缺一不可。学校课本上的知识及老师课堂上所讲述的知识，仅仅是这种能力的一部分，除此之外，法律职业者还必须掌握学校所学知识之外的其他能力。例如，与当事人进行有效沟通、全面分析案件事实、准确表达法律意见、撰写法律意见书的能力。

一、掌握充分的法律知识

从事法律咨询应该具备的首要能力就是掌握充分的法律知识。这种法律知识大致包括两方面：一方面，关于法律条文本身的知识。法律职业者首先要对法律条文有充分的了解，特别是与公民日常生活中常见纠纷有关的法律条文，应该熟练掌握，如合同、婚姻、家庭、继承、抚养等相关的法律规定。另一方面，关于法律条文背后的学理知识。任何法律条文都不仅仅是单纯的文字表达，而是体现了一定的立法目的，有着一定的理论基础，以及作为某种法律原则与法律公理的规范体现。法律职业者仅仅掌握法律条文是远远不够的，要想灵活运用法律，必须理解法律条文背后所体现出的目的、理想、原理、原则、学说，这就是法律条文背后的学理知识。如果法律职业者不能掌握法律条文背后的学理知识，那么其对于法律条文的理解必然是肤浅的，因为法律条文再完美，也不可能涵盖日常生活中的一切事实与未来的所有情况，也不可能为现实中的所有问题与纠纷提供一个恰当的解决方案。因此，法律职业者不能仅仅是纯粹的技术专家，还必须掌握基本的学理知识，从而对现代法律制度的内在精神与基本原理有着透彻的理解，对于道德与人文有着敏锐的直觉与意识。

二、了解充分的案件事实

法律职业者在法律咨询中要能够给出合情合理的建议，还必须充分了解案件事实。对于法律职业者，特别是对于律师来说，如果案件事实都没有弄清楚，就给出法律建议，很容易误导当事人。法律职业者在接受法律咨询时，首先，要认真听取当事人的陈述，不要随意干扰当事人的思路，即使当事人并不能完全准确地表述所有事实，法律职业者也要认真倾听，从而为当事人后续的合作与沟通提供必要的预期。其次，除了认真听取当事人的事实陈述外，法律职业者也必须对当事人进行"提问"，引导当事人陈述一些重要的案件事实。这是因为，当事人缺乏法律意识，可能会遗漏一些其认为不重要但在法律上很重要的事实，所以需要法律职业者有意识地引导当事人陈述出能够抽象为法律事实的重要事实。在前述所了解的事实的基础上，法律职业者再去芜存菁，分析和案件本身相关的法律条文，然后在此基础上作出准确、全面的法律判断。例如，在债务纠纷的法律咨询服务中，当事人仅仅陈述有人欠钱不还的事实是不够的，法律职业者还需继续向当事人了解债务发生的时间、原因、转账记录，以及其他关联交易，等等。只有在充分了解案件事实的基础上，法律职业者才能为当事人提供一个合理合法的法律建议。

三、具备基本的语言表达能力

语言表达能力也是法律职业者接受法律咨询必备的基本能力之一。法律咨询是一种语言沟通，即使我们拥有了充分的法律知识，也掌握了充分的法律事实，但如果不能清晰而又通俗易懂地表达出来，法律咨询就很难达到应有的效果。因此，法律咨询要求法律职业者具备一定的语言表达能力。这种语言表达能力包括三个方面：首先，关于法律观点与法律主张的专业表达能力。这种能力既是法律职业者从事其他法律活动应该具备的基本能力，也是从事法律咨询活动必备的基本技能。其次，将法律专业意见转化成通俗语言的能力。这一能力也很重要，因为当事人不懂得法律，法律职业者要向当事人展示可能遇到的法律收益与风险，帮助其作出合理的法律决定，就必须使当事人了解其行为的法律后果。最后，准确表达的能力。法律职业者无论是表达专业意见，还是将专业意见转化成通俗的语言，都必须能够准确地表达出来。这种能力是很重要的，如果表达不准确，引起当事人的误解，就可能导致当事人作出错误的法律决定。当然，并不是每一个法律职业者都拥有滴水不漏的出色口才，对于大多数法律职业者来说，说话三思而后行，就足以避免很多不严谨的表达。

第二节　从事法律咨询应该具备的技巧

为了达到法律咨询的效果，帮助当事人理解行为的法律性质并作出合理合法的决定，法律职业者应该具备一定的技巧。这些技巧可能很难从课本上学习到，更多来自实践经验。这种实践经验未必都和法律有关，也可能源自一般性的人际沟通技巧。

一、以当事人为中心，鼓励当事人充分描述所有事实与诉求

法律咨询应当以当事人为中心。所谓以当事人为中心，是指要尊重当事人，耐心听取当事人的意见，以当事人的关注点为导向，积极释明当事人的疑惑，尽职尽责维护当事人的合法利益。法律职业者在接受法律咨询时，不能高高在上，即使当

事人提出的要求是非法的或者超出了专业咨询范围，法律职业者也应当给予充分的解释与说明，不能让当事人感到不被尊重。只有以当事人为中心，法律职业者才能有效地鼓励当事人充分描述所有的事实与诉求，才能全盘掌握案件事实，也才能充分回应当事人的诉求。一方面，法律职业者在法律咨询中应当以当事人为中心，并在此基础上搜罗各种案件事实，进而提出针对性的法律意见，由此才能实现咨询目的，与当事人形成良好的信任关系。这能够帮助当事人作出合法与合理的决定。另一方面，当事人在此过程中也接受了法律教育，有利于培育守法意识。以当事人为中心也是其他法律活动的必然要求，只有以当事人为中心，当事人才能切身感受到法律给自己带来的好处，才会积极寻求法律的帮助。

二、以诚信为本，充分告知当事人收费标准及存在的法律风险

法律咨询应坚守诚信原则。如果不坚守诚信原则，那么不仅会给当事人的合法权益带来不必要的损害，也会严重破坏法律权威与法律职业群体的形象，进而使得公众对法律丧失信心。特别是面对一些带有营利性目的的法律业务，法律职业者更应恪守基本职业道德，坚持诚信为本。

《中华人民共和国律师法》《律师执业管理办法》均对律师的法律服务提出了诚信要求。[①] 法律咨询作为最常见的法律服务，同样需要以诚信为本，特别是诚实地告知当事人存在的法律风险。法律职业者不应为了争夺案源，而故意误导当事人，对当事人作出不符合法律规定或不切实际的承诺。同时，法律职业者也应当告知当

---

① 《中华人民共和国律师法》第38、39、40条规定，律师应当保守在执业活动中知悉的国家秘密、商业秘密，不得泄露当事人的隐私。律师不得在同一案件中为双方当事人担任代理人，不得代理与本人或者其近亲属有利益冲突的法律事务。律师在执业活动中不得有下列行为：私自接受委托、收取费用，接受委托人的财物或者其他利益；利用提供法律服务的便利牟取当事人争议的权益；接受对方当事人的财物或者其他利益，与对方当事人或者第三人恶意串通，侵害委托人的权益；违反规定会见法官、检察官、仲裁员以及其他有关工作人员；向法官、检察官、仲裁员以及其他有关工作人员行贿，介绍贿赂或者指使、诱导当事人行贿，或者以其他不正当方式影响法官、检察官、仲裁员以及其他有关工作人员依法办理案件；故意提供虚假证据或者威胁、利诱他人提供虚假证据，妨碍对方当事人合法取得证据；煽动、教唆当事人采取扰乱公共秩序、危害公共安全等非法手段解决争议；扰乱法庭、仲裁庭秩序，干扰诉讼、仲裁活动的正常进行。

《律师执业管理办法》第32、33、34、35、44条规定，律师出具法律意见，应当严格依法履行职责，保证其所出具意见的真实性、合法性。律师承办业务，应当告知委托人该委托事项办理可能出现的法律风险，不得用明示或者暗示方式对办理结果向委托人作出不当承诺。律师承办业务，应当及时向委托人通报委托事项办理进展情况；需要变更委托事项、权限的，应当征得委托人的同意和授权。律师承办业务，应当维护当事人合法权益，不得利用提供法律服务的便利牟取当事人争议的权益或者不当利益。律师承办业务，应当诚实守信，不得接受对方当事人的财物及其他利益，与对方当事人、第三人恶意串通，向对方当事人、第三人提供不利于委托人的信息、证据材料，侵害委托人的权益。律师承办业务，应当按照规定由律师事务所向委托人统一收取律师费和有关办案费用，不得私自收费，不得接受委托人的财物或者其他利益。

事人收费标准，不应在法律标准之外收取费用，或故意捏造名目额外收取费用。例如，律师向当事人收取好处费、活动费，一旦当事人发现律师的行为违反律师执业道德规范并举报，不仅律师的职业生涯会沾染上道德污点，而且这一违规行为会破坏法律职业者在公众心中的社会形象。

三、以非诉讼解决方式优先，尽量减少当事人的负担

任何法律职业者，特别是律师，在接受当事人的法律咨询时，都不应盲目地建议当事人选择诉讼作为解决纠纷的优先手段。总体而言，为了打一场官司，当事人需要支付各种成本，如诉讼费、律师费、鉴定费、交通费、住宿费，以及为应付诉讼所产生的机会成本，包括时间成本、停工所损失的收入、精神损害成本等。如果案件本来可以通过调解的方式尽快解决，贸然选择诉讼不仅费时费力，而且有可能激化矛盾。那么，此时法律职业者就没有尽到自己的职责。法律职业者应当区分矛盾的可诉性，对于可调和的矛盾，应尽量寻找和解存在的条件和可能性，说服咨询者与对方当事人互相谅解，通过调解及早、妥善地解决矛盾，以防止矛盾扩大和激化；对于不可调和的、非诉不可的矛盾，应及早告知当事人诉讼的成本与风险。

四、耐心对待每一个案件，维护专业形象

法律职业者应该表现出良好的职业素养，耐心对待每一个案件。一个法律职业者，无论是律师，还是其他类型的法律工作者，都可能面对各种各样的案件，简单的、复杂的、收费较低的、收费较高的、法律援助的等。不仅如此，法律职业者也会面对各色各样的当事人，默默承受型的、刨根究底型的、固执偏执型的、易怒冲动型的等。无论面对何种类型的案件与当事人，法律职业者都要表现出一以贯之的职业素养，尽心尽力地提供专业的法律咨询，耐心地回答当事人提出的每一个问题。法律职业者在接受法律咨询时，应该避免嫌贫爱富、挑肥拣瘦，无论案件标的额大小、收费高低，都应该给出充分的解释与回应。耐心对待每一个案件的良好职业素养对于促进法律职业者的个人发展、提升行业形象、维护职业声誉均有着积极意义。

五、充分展示所有利弊，帮助当事人独立作出决定

接受法律咨询的法律职业者虽然不能替代当事人作出决定，但应当将案件在法

律上可能存在的利弊，即法律行为的收益与风险，全部告知当事人。当事人向法律职业者咨询的每一个案件，都可能存在多种解决方案。是诉讼，还是和解，抑或是放弃权利？对于每一种方案，法律职业者还需要向当事人指明诉求获得支持的可能性、赔偿款的数额、律师费用及诉讼引发的其他问题等。当事人选择哪一种解决方案，应由当事人自己决定，但法律职业者应当在法律方面为当事人指出可能存在的各种收益与风险。例如，在笔者接受的一起法律咨询案件中，当事人因为其子女在医院就诊时发生了医疗事故，而试图提起诉讼申请损害赔偿，但笔者给出的意见是：第一，案件有胜诉的可能性，但不能期望太高，因为医疗行为很多时候必然会存在风险，医疗机构的行为即使处于合法合规的技术范围内，仍然可能存在手术失败的风险。第二，医疗诉讼一般实行举证责任倒置，由医疗机构来证明自己没有过错，但由于医疗机构在信息与知识上占据优势，这对于当事人来说往往是不利的。第三，医疗诉讼一般还需要进行司法鉴定，但司法鉴定需要支付一定的费用。第四，和医疗机构进行调解也许能够获得更大的收益，因为医疗机构基于人道主义可能会愿意给予超出法律标准的更高额的赔偿。因此，笔者并没有鼓动当事人去积极诉讼，而是告知其可能存在的收益与风险，最终是否诉讼仍由当事人自己决定。

· 咨询案例 ·

张三与李四、王五、甲建筑安装工程有限公司、某县重点工程建设管理处建设工程施工合同纠纷案

（一）案情介绍①

上诉人张三因与被上诉人李四、王五、甲建筑安装工程有限公司（以下简称甲公司）、某县重点工程建设管理处（以下简称管理处）建设工程施工合同纠纷一案，不服一审法院判决，向中级人民法院提起上诉。

甲公司承建管理处招标的某小区一期工程，后以"甲建筑安装工程有限公司某小区一期工程项目部"名义与王五签订《某小区一期工程水电、消防安装项目承包合同》，将水电、消防安装项目分包给王五施工。2017 年 5 月 28 日，王五与张三签订《某小区一期工程水电项目承包合同》，将水电项目分包给张三施工，施工材料由王五提供。李四是工地现场的负责人，很多工程施工证明都由其出具。2020 年 9 月 16 日，张三施工工程竣工并验收合格。2020 年 12 月 9 日，张三与李四进行结算，核算工程价款为 781 855 元，该结算有工程量结算单一份，并和前述的水电项目承

---

① 该案来自笔者所代理的一起诉讼案件，文中真实姓名均隐去。

包合同基本一致。但该工程量结算单明确标明该工程款需经实际承包人王五签字认可，方能生效。而该工程量结算单未经王五签字。李四虽然是现场负责人，但其和甲公司、王五之间是何种关系，目前缺乏明确的依据。实际情况是王五很少去公司，主要是李四负责工地的管理，李四也出具了很多工程施工证明。另查，王五、张三均无施工资质。总体上来看，现场工程管理非常混乱。王五已支付张三工程款 626 600 元，但王五、甲公司相互推诿，拒绝支付剩余的工程款。现张三要求各被告支付剩余工程款，案件一审败诉，张三提起上诉，并要求王五、甲公司承担连带责任。

（二）案例分析

该案件看似简单，但实际上颇为复杂，是一起典型的建设工程施工合同纠纷案。本案工程完工后的款项结算是由没有正式职员身份或代理身份的李四来代为进行，最终因为欠付工程款而发生争议。张三作为农民工，未学过法律知识，对于承包、转包、代理、职务行为等法律概念无法准确掌握，也很难通过法律规定来合理安排自己的行为，降低自己的法律风险。

在接受法律咨询时，可以将本案的关键争议点归纳如下：

第一，张三与李四之间签订的工程量结算单是否可以作为张三实际工程量的证明？

从法律角度来看，项目承包合同和工程量结算单能相互印证，可作为张三与王五之间的结算依据。

首先，工程量结算单记载的内容与项目承包合同约定的项目及其单价内容，完全一致。在司法实践中，工程量结算单具有双重法律性质，既具有协议性质，也具有证据性质。该案中的工程量结算单已经达到证明张三具体工程量与工程款的高度盖然性标准。即使工程量结算单作为协议无效，也不影响其作为证据的效力。王五的代理人认为，工程量结算单没有经过王五的签字，因此无效。该种说法仅能够表明张三与王五没有达成关于工程量及其价格的协议，但不能否定工程量结算单中的信息作为证据的法律效力。其次，工程量结算单是由李四撰写并签字的，李四是享有民事权利能力与民事行为能力的独立法律主体，而且其所出具的多个关于工程事务的证明，都表明其是现场工作人员，李四在现场对于工程量的计算，可以证明张三完成了相应的工程量。另外，李四也没有出庭否认这一工程量结算单的真实性，王五与甲公司也没有提出任何相反的证据来反驳这一证据。

第二，王五、甲公司是否应当承担连带责任？

一审法院已经认定张三系实际施工人。《最高人民法院关于审理建设工程施工合同纠纷案件适用法律问题的解释（一）》第 43 条规定："实际施工人以转包人、违法分包人为被告起诉的，人民法院应当依法受理。实际施工人以发包人为被告主张权利的，人民法院应当追加转包人或者违法分包人为本案第三人，在查明发包人欠付转包人或者违法分包人建设工程价款的数额后，判决发包人在欠付建设工程价款范围内对实际施工人承担责任。"根据该条规定，由王五承担付款责任，并由甲公司和管理处在其未支付的工程款范围内承担支付责任。甲公司、王五层层违法分包，又存在严重混乱的管理，导致实际施工人张三难以辨别现场工作人员的身份。因此，王五与甲公司在分包、转包上均存在严重过错，如果纵容此类行为，无疑会激励违法分包行为，对实际施工人也是极不公平的，再考虑到上述司法解释，由王五与甲公司承担连带责任是完全合法与合理的。另外，根据原劳动保障部、建设部公布的《建设领域农民工工资支付管理暂行办法》规定，"十二、工程总承包企业不得将工程违反规定发包、分包给不具备用工主体资格的组织或个人，否则应承担清偿拖欠工资连带责任"，本案张三实为农民工，他们在工程施工过程中提供的都是纯劳务，被告所拖欠的款项实质也是工资，因此，王五、甲公司作为违法发包人、分包人，对张三应承担连带责任。

第三，案涉工程是否具备付款条件？

案涉工程已经竣工验收合格，具备付款条件。王五与甲公司作为工程施工合同的实际受益人，工程管理混乱，在工程竣工验收合格后又拒绝支付工程款，对于张三来说极不公平。根据民法的原则与精神，民事活动应当遵循公平原则。而本案中，由于张三作为实际施工人，又是农民工，对于法律知识与合同知识均不熟悉，各方所签订的合同均存在瑕疵，但张三已经完成工程，并竣工验收合格，依据公平原则应由王五与甲公司向张三支付工程款。

思考与练习

1. 如何理解从事法律咨询所应当具备的学理知识？
2. 从事法律咨询应该具备哪些技巧？如何掌握这些技巧？
3. 在提供法律咨询时，法律职业者为什么应当以非诉讼机制作为解决纠纷的优先方法？

第三章 法律规范的解释与适用

法律咨询的基本前提是要能够掌握关于法律规范的解释与适用的基本知识。由于现代法律体系已经变得高度复杂，我们需要认识与了解法律规范本身的性质、分类与结构，从而形成对法律体系的总体把握。与此同时，法律规范本身并不能直接被适用，而是需要通过一系列的法律方法，如法律解释、法律推理与法律论证，将法律规范与法律事实联系起来，从而能够具体地适用于个别化的案件中。因此，我们还需要了解相关的法律解释与适用方法。

学习目标

1. 掌握法律规范的性质、分类与结构。
2. 掌握法律解释的方法。
3. 了解法律推理的不同类型与适用条件。
4. 掌握法律论证的概念与方法。

第一节 法律规范的性质、分类与结构

一、法律规范的性质和分类

（一）法律规范的性质

法律规范首先是一种规范。一般来说，"规范"往往与人的行为或活动相关，

是关于人们行为或活动的命令、允许和禁止。规范有很多种类，如社会规范、技术规范、语言规范等，其中社会规范又包括道德规范、宗教规范、法律规范等。在人类社会中，这些不同的社会规范共同发挥着控制社会、建构社会秩序的作用。

现代法学理论通说认为，法律规范是法律的要素之一，是构成法律的主要内容。法律规范是一种特殊的社会规范，它是由国家制定或认可，并由国家强制力保障实施的具有严密逻辑结构的行为规则。

从其定义来看，法律规范具有如下性质：

第一，法律规范是一种社会规范。与其他社会规范一样，法律规范是一般性的行为规则，它不针对某一特定主体，而是为较为广泛的主体提供行为模式。

第二，法律规范具有严密的逻辑结构。其对某种事实或者行为的法律意义和法律后果作出了明确的规定，通过肯定性后果来表明行为的合法性，通过否定性后果来表明行为的非法性，从而为人们提供明确的行为指引，人们依此而决定作或不作某种行为。

第三，法律规范是由国家制定或认可的，具有国家意志性，其是通过国家强制力来宣示国家对合法行为的肯定态度及对违法行为的否定态度。

第四，法律规范是法律功能的承载者。法律是法律规范的总和，法律规范是法律的构成细胞。法律的整体功能是阶级统治和社会公共职能的统一，不能只依靠单个法律规范，而是通过各种类型的法律规范以体系化的形式来完成。

（二）法律规范的分类

依据不同的标准和目的，可以将法律规范做出不同的分类。比如，按照其所在的法律部门不同，可以将法律规范分为刑法规范、民法规范、行政法规范、诉讼法规范等；按照其是否涉及实体价值目标，可以将法律规范分为实体性规范、程序性规范。在法律规范的解释与适用方面较为有意义的分类有以下几种：

1. 授权性规范、义务性规范和权义复合规范

从其内容上看，可以将法律规范分为授权性规范、义务性规范和权义复合规范。授权性规范是指示人们可以作为、不作为或要求别人作为、不作为的法律规范。例如，民商法中的大部分法律规范都是授权性规范。义务性规范是直接要求人们作为或不作为的法律规范。例如，刑法、治安管理法主要都是义务性规范。权义复合规范是兼具授予权利、设定义务两种性质的法律规范。权义复合规范大多是有关国家机关组织和活动的法律规范。

2. 强行性规范和指导性规范

按照法律规范的强制性程度不同，可以将法律规范分为强行性规范和指导性规范。

强行性规范又叫强制性规范，是指所规定的权利、义务具有强制性，不允许当事人以单方意志或多方的合意予以随意改变。义务性规范中包括了某些强行性规范，而且，强行性规范也只存在于义务性规范和权义复合规范之中。刑法、行政法等公法中的义务规则一般都属于强行性规范，法定优于约定是强行性规范领域中的普遍原则。

指导性规范是指所规定的权利、义务具有指导性，允许当事人以单方意志或多方的合意进行改变。例如，《民法典》所规定的签订合同的权利，《中华人民共和国公司法》（以下简称《公司法》）所规定的成立公司法人的权利。前述所讨论的授权性规范一般都属于指导性规范。例如，有关取得继承权的规范就是指导性规范，作为继承人的当事人既可以按照法律规范取得和行使继承权，也可以按照自己的意愿放弃继承权。

3. 调整性规范和构成性规范

按照法律规范的功能不同，可以将法律规范分为调整性规范和构成性规范。调整性规范是指对已有的行为进行调整的法律规范。其主要特征是，在法律规范产生之前，相关行为就已经存在，调整性规范只不过是对该行为进行调整，要么对其进行合法化，将其纳入特定的实体法与程序法规范当中；要么使之非法化，并予以禁止或限制。

构成性规范是指组织人们按规则规定的行为去活动的法律规范。例如，国家机关的各种组织性规范，在没有这些组织性规范之前，国家机关一般既不会存在，也不会有相应的职权。中华人民共和国国家监察委员会就是如此，如果《宪法》中没有关于监察委员会的特定条款，那么监察委员会就不会被设立，也不会享有相应的职权。

4. 规范性规范和标准性规范

规范性规范是指内容比较明确、具体，可以被直接适用的法律规范。标准性规范是指内容具有一定的弹性，需要经过适当的解释才可适用的法律规范。例如，民法中的公序良俗原则、诚实信用原则等需要法官根据具体情况来确定。法律制度中之所以有很多标准性规范，是因为如果法律规定过于具体、弹性太小，就会导致法律难以适应社会情势的变化。

二、法律规范的层级和结构

（一）法律规范的层级

我国是成文法国家，从效力层级上来看，法律规范整体表现为以宪法为核心，以其他规范性法律文件为主的形态。具体来看，法律规范主要有：

1. 宪法

宪法是具有最高法律效力的法律规范。宪法规定了一个国家社会关系中最基本、最重要的问题，调整范围十分广泛。与普通法律相比，宪法在内容上具有根本性、宏观性和全面性，而法律具有派生性、微观性和具体性。宪法通常规定了一个国家的国家性质、社会制度、经济制度、文化制度、国家政权组织形式、公民的基本权利和义务、国家机构的组织与活动原则及国家标志等。

2. 法律

法律的地位仅次于宪法。由于制定机关不同，法律可以分为两类：一类是基本法律，即由全国人民代表大会（以下简称全国人大）制定和修改的，规定和调整国家和社会生活中在某一方面具有根本性和全民性关系的法律，包括刑事、民事、国家机构和其他的基本法律；另一类是基本法律以外的法律，是指由全国人大常务委员会制定和修改的，规定和调整除基本法律以外的关于国家和社会生活某一方面具体问题与关系的法律，如《中华人民共和国文物保护法》《中华人民共和国商标法》等。在全国人大闭会期间，全国人大常务委员会有权对全国人大制定的基本法律进行部分修改和补充，但不得与该法律的基本原则相抵触。另外，全国人大及其常务委员会所作出的决议或决定，如果其内容属于规范的规定，而不是一般宣言或委任令之类的文件，那么也应视为狭义的法律。

3. 行政法规与部门规章

行政法律规范的地位仅次于宪法和法律。此类规范大多和政府的行政管理事务密切相关，涉及政府对经济、社会、文化、交通、医疗、教育等领域的社会管理。根据制定部门的不同，行政法律规范可以分为行政法规与部门规章。行政法规是指国务院为领导和管理国家各项行政工作，根据宪法和法律，按照法律规定的程序制定的政治、经济、教育、科技、文化、外事等各类法规的总称。部门规章是指国务院各组成部门及具有行政管理职能的直属机构根据法律和国务院的行政法规、决定、命令，在本部门权限内按照规定程序制定的规范性文件的总称。

4. 地方性法规与地方政府规章

地方性法规是指法定的地方国家权力机关依照法定权限，在不同宪法、法律和行政法规相抵触的前提下，制定和颁布的在本行政区域范围内实施的规范。根据《宪法》《中华人民共和国地方各级人民代表大会和地方各级人民政府组织法》《中华人民共和国立法法》（以下简称《立法法》）的相关规定，省、自治区、直辖市、设区的市、自治州的人民代表大会及其常务委员会有权制定地方性法规。设区的市的人民代表大会及其常务委员会可以对城乡建设与管理、环境保护、历史文化保护等方面的事项制定地方性法规。另外，省、自治区、直辖市、设区的市、自治州的人民政府，可以根据法律、行政法规、本地区的地方性法规，制定地方政府规章。地方性法规与地方政府规章的区别在于，地方性法规是由地方的人民代表大会或其常务委员会所制定的，而地方政府规章则是由地方政府所制定的。

5. 自治法规

自治法规主要是由自治条例和单行条例组成的。根据《宪法》《立法法》等法律规定，民族自治法规是民族自治地方的权力机关所制定的特殊的地方规范性法律文件，即自治条例和单行条例的总称。自治条例是民族自治地方的权力机关根据自治权制定的综合的规范性法律文件。单行条例则是民族自治地方的权力机关根据自治权制定的调整某一方面事项的规范性法律文件。

6. 经济特区的经济法规

经济特区在我国有着特殊的法律地位，有权制定符合经济特区权限和政策的法律规范。经济特区的经济法规是指我国经济特区根据国家授权所制定的一类规范性法律文件，主要涉及与经济特区有关的经济事务。由于经济特区的经济法规、规章是由全国人大和全国人大常务委员会授权制定的，其法律地位不同于一般法规和规章。

7. 国际法

国际法是指两个或两个以上国家或国际组织之间缔结或由超国家的国际组织所制定的，确定国家或其他国际法主体之间权利和义务的各种协议与规范。国际法不仅包括以条约为名称的各种协议，也包括国际法主体之间形成的宪章、公约、盟约、规约、专约、协定、议定书、换文、公报、联合宣言、最后决议书等。国际法不仅包括任何国家之间的任何协议，也包括各种超国家或独立于国家之外的国际组织所达成的规范或协议。

（二）法律规范的结构

法律规范的结构，即法律规范的逻辑结构，是指法律规范在逻辑意义上是由哪些要素组成的，以及它们之间的相互关系。在理论上，对法律规范的逻辑结构有不同的观点，主要有旧三要素说、两要素说及新三要素说。

旧三要素说将法律规范的逻辑结构分为假定、处理与制裁三部分。假定是指行为发生的时空、各种条件等实施状态的预设，是适用该规范的前提、条件或情况；处理是指具体要求人们做什么或禁止人们做什么的规定；制裁是指行为要承担的法律后果。这种三要素结构存在以下局限性：第一，制裁只是法律的否定性后果，但无法包括肯定性后果、奖励性后果或确认无效的后果，因为法律的后果不仅仅包括负面后果，还包括正面后果；第二，旧三要素说更适合分析义务性规范，而不太适合分析授权性规范。

两要素说则将法律规范的逻辑结构分为行为模式和法律后果两部分。行为模式是指法律规范规定的权利和义务，法律后果是指法律规范中指示的可能出现的法律反应。但是两要素说存在以下问题：在逻辑意义上，任何具有一定法律后果的行为模式都是在一定条件下的行为模式，也就是说，在一定条件下的行为模式才具有这样的法律后果，离开了特定条件，该行为模式就不一定产生这样的法律后果。

本书主张新三要素说，该学说认为法律规范是由假定条件、行为模式和法律后果三部分构成。假定条件，是指法律规范中有关适用该规范的条件和情况。它所要解决的是法律规范在什么时间、空间、对什么人适用，以及在什么情景下法律规范对人的行为有约束力的问题。假定条件的内容大致可以分为两类：一类是法律规范的适用条件，即什么时间在什么地方对什么人生效；另一类是行为主体的行为条件，即行为主体的资格构成和行为的情景条件，前者如贪污罪的主体资格，后者如贪污罪中"利用职务上的便利"条件。必须指出，在立法实践中立法者通过法律条文表述法律规范的内容时，有时可能会省略假定条件这一要素，这就需要根据法律教义进行理论上的补充。

行为模式，是指法律规范中规定人们如何具体行为的部分，是法律规范的核心部分。它是规范公民行为的标准。根据行为要求的内容和性质不同，法律规范中的行为模式包括三种：

（1）可为模式，是指在假定条件下，人们可以这样行为。

（2）应为模式，是指在假定条件下，人们应当或者必须这样行为。

（3）勿为模式，是指在假定条件下，人们禁止或者不准这样行为。

由于行为模式是法律规范的核心要素，所以，在立法实践中立法者在表述法律规范的内容时，行为模式是不可省略的。

法律后果，是指规定人们在假定条件下做出符合或者不符合行为模式要求的行为时，所应承担的相应结果，这也是法律规范对人们行为的态度。根据人们对行为模式所做出的实际行为的不同，法律后果又可分为两种：

（1）肯定性的法律后果，也称合法后果，是法律规范中规定人们按照行为模式的要求行为而在法律上予以肯定的后果。它表现为法律规范对人们行为的保护、许可或奖励，是法律发挥其对人们行为的激励功能的手段。

（2）否定性的法律后果，又称违法后果，是法律规范中规定人们不按照行为模式的要求行为而在法律上予以否定的后果。它表现为法律规范对人们行为的制裁、不予保护、撤销、停止或要求恢复、补偿等，是法律发挥其对人们行为的惩罚功能的手段。

第二节　法律解释

一、法律解释的必要性

法律解释是通过对法律、法规等法律文件或其部分条文、概念、术语的说明，揭示其中表达的立法者的意志和法律精神，进一步明确法定权利、义务及其界限，补充现行法律规定的一种国家活动，因而，只有被授权的国家机关才能进行法律解释。法律解释具有权威性和规范性。只要法律解释符合法的精神并符合法定的权限和程序，这种解释就具有与被解释的法律、法规相同的效力。

法律解释是一种寻求法律文本之意义的活动，从法律解释的目的来看，法律解释具有以下必要性：

首先，法律规范具有概括性、抽象性的特点，因此需要法律解释来化抽象为具体，变概括为特定。法律规范是抽象的、具有普遍性的行为规范，不可能对所有复杂的社会现实都作出规定，无法准确预见事件和行为可能发生的种种场合。因此，将具有概括性的法律规范适用于具体情况时，就会产生各种不同的理解。为了统一适用法律，就需要对法律的含义作出统一的、正确的解释。从这个意义上来说，法律解释是从法律制定到法律事实的桥梁。

其次，尽管人们想尽一切办法来完善立法，并且也曾一度相信立法确实达到了尽善尽美的程度，但法律实践的经验清楚地表明，所谓立法尽善尽美不过是一个高贵的美梦罢了，诸如法律漏洞、模糊、冲突、滞后等问题是不可能从根本上杜绝的，因此就需要法律解释来消除、弥补、改正法律规定的不足。

最后，法律是一种比较稳定的行为规范，只有经过法律解释，才能适应不断发展变化的社会生活。立法是对过去经验的总结，所立之法是要约束当下和未来的行为，因此法律规范必然与社会现实存在一定的差距。法律规范必须保持一定的稳定性，当法律规范存在滞后性时，通过法律解释可以使法律规范在一定范围内适应和指导现实生活。

需要注意的是，法律解释的过程必须以承认法律规范的有效性为前提，即以现行法律规范的效力作为法律解释的出发点。只有在承认法律规范有效性的基础上，相关的法律解释才能具有合法性。

二、法律解释的种类

根据《宪法》《立法法》等相关法律文件的规定，我国的法律解释包括立法解释、行政解释和司法解释三种。

1. 立法解释

从狭义上说，立法解释专指国家立法机关对法律所作的解释。从广义上说，立法解释则泛指所有依法有权制定法律、法规的国家机关或其授权机关，对自己制定的法律、法规进行的解释。这里所说的立法解释是广义的。它包括：①全国人大常务委员会对宪法的解释，以及对需要进一步明确界限或作补充规定的法律的解释；②国务院及其主管部门对自己制定的需要进一步明确界限或作补充规定的行政法规的解释；③省、自治区、直辖市和其他有权制定地方性法规的地方人民代表大会及其常务委员会对自己制定的需要进一步明确界限或作补充规定的地方性法规的解释。

2. 行政解释

行政解释是指国家行政机关在依法行使职权时，对有关法律、法规如何具体应用问题所作的解释。根据法律规定，行政解释包括两种情况：一种是国务院及其主管部门对不属于审判和检察工作中的其他法律如何具体应用问题所作的解释；另一种是省、自治区、直辖市的政府主管部门对地方性法规如何具体应用问题所作的解释。

3. 司法解释

司法解释是指国家最高司法机关在适用法律、法规的过程中，对如何具体应用法律、法规的问题所作的解释，包括审判解释、检察解释、审判与检察联合解释。这也是最高人民法院与最高人民检察院对于法律的具体适用问题所作的解释。

此外，我国为了正确实施法律，有时最高人民法院、最高人民检察院与公安部、司法部等国家行政机关会对法律应用中的共性问题进行联合解释，这种解释兼具司法解释和行政解释的性质，同样被视为具有普遍约束力的法律文件。

三、法律解释的方法

法律解释的方法是解释者在进行法律解释时，为了达到解释的目标所使用的方法。本书根据我国法律实践中的经验，将法律解释的方法分为一般解释方法和特殊解释方法两大类。

（一）一般解释方法

一般解释方法，也称常规解释方法，包括语法解释、逻辑解释、系统解释、历史解释、目的解释和当然解释等。

1. 语法解释

语法解释，又称文法解释、文义解释、文理解释，是指根据语法规则对法律条文的含义进行分析，以说明其内容的解释方法。语法解释是最常见的一种解释方法。

2. 逻辑解释

逻辑解释是指运用形式逻辑的方法分析法律规范的结构、内容、适用范围和所用概念之间的关系，以保持法律内部统一的解释方法。

3. 系统解释

系统解释是指将需要解释的法律条文与其他法律条文联系起来，从该法律条文与其他法律条文的关系、该法律条文在所属法律文件中的地位、有关法律规范与法律制度的联系等方面入手，系统、全面地分析该法律条文的含义和内容，以免孤立地、片面地理解该法律条文含义的一种解释方法。

4. 历史解释

历史解释是指通过研究立法时的历史背景资料、立法机关审议情况、草案说明报告及档案资料，来说明立法时立法者准备赋予法律的内容和含义的解释方法。

5. 目的解释

目的解释是指从法律目的出发对法律所作的说明。任何法律的制定都具有一定的立法目的。根据立法意图来解释法律规范，是法律解释的应有之义。

6. 当然解释

当然解释是指在法律没有明文规定的情况下，根据已有的法律规定，某一行为当然应该纳入该规定的适用范围内，对适用该规定的说明。

（二）特殊解释方法

1. 字面解释、扩充解释和限制解释

按照解释尺度的不同，法律解释可以分为字面解释、扩充解释和限制解释。

字面解释，是指严格按照法律条文的字面含义进行解释，既不夸大，也不缩小。扩充解释，也称扩张解释，是指当法律条文的字面含义过于狭窄，不足以表现立法

意图、体现社会需要时，对法律条文所作的宽于其字面含义的解释。限制解释，也称限缩解释，与扩张解释相反，是对法律条文所作的窄于其字面含义的解释。

2. 狭义解释和广义解释

按照解释自由度的不同，法律解释可以分为狭义解释和广义解释。

狭义解释和广义解释主要涉及不同司法体制对法律的不同解释风格。狭义解释是指严格按照法律条文的字面含义对法律进行的解释。在狭义解释中，法官与执法者一般不任意扩展法律条文的含义，只有当案件事实明确属于法律条文规定的范围，才会适用该法律条文。广义解释是指对法律条文进行比较自由的解释。法官与执法者可能会适度扩展法律条文的适用范围，即使某个案件事实还不能确定是否属于相关法律条文的适用范围，都将其归入该法律条文的适用范围内。狭义解释和广义解释都有一定的实践需要，由于具体的案件事实千变万化，法律规范不可能和这些事实都"丝丝入扣"，因此，需要在具体案件中进行适当的调整。

第三节　法律规范的适用

法律规范的适用就是将法律规范适用于具体的案件中，以确定权利义务的归属，并作出法律判决的活动。法律规范的适用，就是以法律规范为前提进行判断的思维活动，其主要包括法律推理和法律论证两个规则。

一、法律推理

法律推理是从已知的前提推导出法律结论的思维过程，其目的在于从既定的法律规范中推断出最终的判决，也就是说从法律推理中获得相对合理的判决。法律推理是逻辑思维方法在法律领域中的运用，是法律方法科学性的突出体现。但是必须注意的是，法律推理与纯粹的逻辑推理有很大的不同：逻辑推理只关注推理形式的准确性和无矛盾性，而法律推理不但要关注推理的形式，更要关注推理的前提，即法律规范和法律事实。法律职业者适用法律的过程，并非是一个纯粹逻辑的计算或演绎过程，而是一个价值判断的过程，即根据法律规定中的价值标准对具体的社会事实作出合乎情理的价值评价，因而法律推理过程中有两个要素起着根本性作用：一是概念，二是价值。

法律推理在种类上可以分为形式推理和辩证推理。所谓形式推理，就是根据形式逻辑进行规范和概念的技术操作。形式推理又分为演绎推理和归纳推理。还有一种形式推理方式是类比推理，即在法律规则不能被轻易发现或者说原本就没有既定的法律规则的情况下，将一个不是完全契合的法律规则适用于类似案件的推理方法，我们将其归入形式推理。辩证推理则是在法律规则表述不清楚、没有既定的法律规则或适用既定的法律规则会导致极端不正义的后果时，通过发挥司法活动主体的主观能动性进行判断的推理方式。辩证推理一般在法律规定含糊不清、不同的法律互有抵触，出现两种或两种以上可供司法工作者选择的条款，法律对某些新出现的事物未作规定，以及出现通常所说的"合理与合法"之间的矛盾等情况下适用。

（一）形式推理

形式逻辑是法律推理应当遵循的形式法则，能够使思维活动与推理活动保持稳定性与确定性。这种形式逻辑上的稳定性与确定性，能够确保法律行为最大限度地符合法律规范，使人们相信法律决定是源自法律规范本身的推导，而不是个人的主观任意决定。形式推理主要包括演绎推理、归纳推理、类比推理三种形式。

1. 演绎推理

在适用法律的过程中，当涉及形式推理的运用时，主要是指演绎推理，即从大前提和小前提出发得出结论的推理方法。演绎推理是从一般到特殊的三段论推理：法律规范是大前提，案件事实是小前提，结论就是判决或裁定。演绎推理是严格依照法律规范来进行的推理，它完全遵照法律进行，基本上保证了法律能够被严格、机械地适用，最大限度地尊重了法律规范本身及法治的价值。

我国是以制定法为主要法律渊源的国家，与实行判例法制度的国家不同，判例不被认为是法律的渊源之一。在"以事实为根据，以法律为准绳"这一原则中，"法律"仅指制定法，而不是判例法，因此，法官在适用法律时运用的形式推理主要是指演绎推理，或者说主要是指三段论的推理方式，即从一个共同概念联系着的作为大、小前提的两个判断出发，推论出另一个作为结论的判断。在这里，我们需要注意，演绎推理并不是从孤零零的法律条文大前提开始的，实际上在演绎推理过程中，大前提与小前提的发现是一个相互交织的过程。

2. 归纳推理

归纳推理是从特殊到一般的推理。归纳推理通过整理、概括多样化的经验事实，从而归纳出一般性规范。归纳推理的具体方法大致是，首先汇集个别化的大量事实，然后对这些事实进行比较、分类，从这些事实当中抽象出一般特征，进而形成一般性规则。在法律适用过程中运用归纳推理的典型是判例法制度。

法官在审理案件时，要将本案事实与以前类似案件的事实进行比较、总结、归纳，然后概括出相似或相同之处。由于判例可能非常多，需要法官从这些判例中总结出一个一般性的规则，并将其作为审理当下案件的依据。在我国，法官的判决一般以既有法条作为基础，因而在法律适用过程中，上述归纳推理方式使用较少，但近年来指导性案例在司法审理中也逐渐发挥着重要作用。

3. 类比推理

类比推理的法理在于，相类似的案件应当适用相同的法律，其推理过程同样可以分为三个步骤：第一，要选择一个在先的案例；第二，比较在先的案例与当下案例之间的异同；第三，判断是同多一点，还是异多一点。如果是同多一点，那么就可以适用在先案例中的规则，如果是异多一点，那么就不可以适用在先案例中的规则。

在我国，类比推理主要适用于非刑事案件的审理活动，只有在民事诉讼活动中才允许运用类比推理裁决案件。刑事诉讼活动不能适用类比推理，这是因为刑事诉讼活动涉及当事人的重大权利，如果适用类比推理，就有可能出现任意归罪的现象，也不符合刑法中法无明文规定不为罪的原则。因此，刑事判决必须严格参照法律规范，不允许进行类比推理。

（二）辩证推理

辩证推理，也可以称为实质推理，是指当出现两个或多个法律陈述时，这些陈述都有一定的依据和道理，但又相互矛盾，因此需要法官从这些陈述中选择其中一个或多个作为法律决定的依据。一般来说，在以下几种情况中可能需要进行辩证推理：

第一，法律对有关事实没有直接的明文规定，即法律存在漏洞。这属于法律本身的不完美，需要法官通过辩证推理进行灵活处理。

第二，法律规定本身的意义是模糊的。法律条文中存在大量模糊性条款，如各种法律原则的规定，以及立法者考虑到案件事实的复杂性，而故意在制定法律时留出一定的自由裁量空间。

第三，法律规定本身是自相矛盾的。即存在两种相互对立或矛盾的法律规定，法官需要从中进行合理而又正当的选择。

第四，法律规定已不适用于新情况。由于新情况的出现，如果适用既有法律规定，就会导致严重的不正义。

当遇到以上几种情况时，法官就需要进行辩证推理。辩证推理，需要根据常识、常理、社会共识、习惯、法理、立法精神或政策进行。辩证推理，要能够将案件事实与法律中的各种规范、目的、精神融合为自洽而又合理的整体，从而形成对当下在审案件的判断，这种判断能够为法律共同体与社会所接受。

二、法律论证

法律论证是指依据一定的根据和理由来证明某种立法意见、法律表述、法律意见和法律决定的正确性与正当性。法律论证包括法律推理与实践推理。在这里，我们可以看出法律论证是一个非常广泛的概念，任何被用于证明法律决定正确性与正当性的活动与行为都可以被视为法律论证。法律论证一般包括三个方面的问题：论证的参照标准、论证的方式及具体的论证规则。

论证首先要有一定的外在参照标准，没有一定的外在参照标准，论证的参与者就可能莫衷一是，争论不休。这个外在参照标准既可能是既定的法律规范，也可能是道德规范，也可能是某种政治共识，还可能是各种日常生活中的常识、常情、常理。当然，这里的外在参照标准并不是绝对的，而是取决于在作出法律决定时所能提取到的最大限度的共识。法律论证不仅包括以法律规范与法律原则为参照的法律推理，还包括实践推理。

法律推理就是前文提到的各种推理方式，运用这些推理方式的目的在于达成一个能够为当事人、公众或法律职业者所能接受的决定。实践推理就是根据我们日常生活中的常识、常情、常理所进行的推理，或根据社会中的普遍共识进行的推理。实践推理在法律实践中是必不可少的，因为法律规范总是存在着各种漏洞、缺陷，不能完全涵盖所有事实，更重要的是，对于法律事实的分析也需要进行实践推理。

法律论证作为一种理性的实践活动，需要遵循一系列的论证规则，这些论证规则在法庭辩论及司法决定的形成过程中皆需被遵守。一般来说，法律论证应遵循一系列一般性规则。例如，每个参与法律论证的人都享有平等的发言权；任何人说话都不能自相矛盾；任何人主张适用某一个规则时，该规则也应当适用于任何相同或类似的案件事实；任何人提出的主张都应当提供相应的证据，并根据对方的合理质疑来进一步提供证据与理由；任何人不得因为任何原因而被拒绝参与论证，如果因特殊情况无法参与，则可向法庭申请提供必要的援助，如法律援助、语言上的帮助等；任何人在参与法律论证过程中，都不应受到强迫；如果有人认为自己不应当遵守某一个普遍规则，则必须给出充分、合理的理由；任何参与法律论证的人，都必须就相关事务进行辩论，不得提及无关的事务；如果要提及，则必须给出充分的理由。除了上述一般性规则外，还需要在法庭辩论中遵循一系列特殊论证规则。例如，法官不得发表偏袒一方的言论；原被告双方可以平等地发表意见；当事人应该围绕案件事实进行辩论；对于对方当事人的合理质疑，当事人要进行回应；法官不应当引用非法律性规范，除非引用法律规范会导致极端不正义的后果或法律规范不清晰、存在漏洞；当事人不得使用情绪化的表达方式，应该理性表达自己的意见。

· 咨询案例 ·

刘某某诉某化妆品公司案

（一）案情介绍①

2004 年 1 月 26 日，原告刘某某购买了被告某化妆品公司生产的嫩肤液（中性肌肤适用）一瓶，净含量 130 毫升，价格 170 元。该嫩肤液外包装盒底部标注"限用日期：标注于底部或侧面"，内置玻璃容器底部标注"限用合格 2007. 11. 21"。刘某某购买该嫩肤液后即开瓶使用。当年 3 月 8 日，刘某某以该嫩肤液外包装上没有标注开瓶后的使用期限和正确的使用方法，致使自己难以正确使用为由，提起诉讼。某化妆品公司答辩称其公司产品上标注的日期是在未经启封条件下的保质期与安全使用期，他们认为自己已经尽到了对消费者的告知义务。该嫩肤液开瓶后即接触空气，加之温度、环境的变化，以及使用人的使用习惯和卫生条件不同，其活性成分容易发生变化，该产品的生产商认为自己在启封状态下也无法确定产品的安全使用期。

本案争议焦点：《中华人民共和国产品质量法》（以下简称《产品质量法》）第27 条规定"（四）限期使用的产品，应当在显著位置清晰地标明生产日期和安全使用期或者失效日期"；《中华人民共和国消费者权益保护法》（以下简称《消费者权益保护法》）第 8 条规定"消费者享有知悉其购买、使用的商品或者接受的服务的真实情况的权利"。限期使用产品的生产者，应当将该产品的安全使用期标注在显著位置，清晰地告知消费者。但上述规定没有明确生产者在仅仅告知未启封条件下的安全使用期限是否已经尽到了告知义务。因此这里的法律规定是比较模糊的。

法院判决意见认为：消费者购买化妆品，其目的不是长期收藏，而是要用来清洁、保护、美化肌肤。化妆品一旦变质，被消费者的肌肤吸收、渗透，必将对消费者的身体产生伤害。因此，消费者真正关心的不是化妆品在未启封条件下的保质期，而是启封后的使用期。《产品质量法》为确保消费者使用产品时的生命和财产安全，才在第 27 条第 1 款第 4 项规定，限期使用的产品，应当在显著位置清晰地标注生产日期和安全使用期或者失效日期。本案中，被告仅在嫩肤液内置玻璃容器底部标注

---

① 中华人民共和国最高人民法院公报. 刘雪娟诉乐金公司、苏宁中心消费者权益纠纷案［EB/OL］. (2004－05－25)［2022－08－28］. http://gongbao. court. gov. cn/Details/e7e16e2ba62419308c223b6baebff9. html.

了"限用合格日期"，在无特殊说明的情况下，原告将"限用合格日期"理解为其所关心的开瓶后的安全使用期，则在情理之中。因此，被告仅标注"限用合格日期"，不同时说明该日期真实含义的做法，不能使原告正确了解该嫩肤液的安全使用期限，对原告有误导作用。

法院判决：被告有义务告知原告产品开启后的安全使用期。被告仅仅标注了产品未启封条件下的安全使用期，侵害了原告刘某某和其他消费者依法享有的知情权。

（二）案例分析

以上案例就适用了辩证推理。适用辩证推理的一个重要原因是法律规范本身不甚清晰，没有法律规范是完美的，也没有法律规范可以涵盖一切事实，总有一些问题与纠纷可能是立法者预料不到的，这就需要适用辩证推理。辩证推理的作用在于，即使没有法律明文规定，法官的判决也能让当事人认为是合情合理的，是符合常识的。在本案中，辩证推理从常识的角度及《产品质量法》的基本精神对消费者的消费习惯与产品生产者的义务等方面进行了解读，即使法律规定并不绝对清晰，但根据常理，产品生产者是有义务告知消费者产品开启后的安全使用期限的。本案中法官的推理也是一种法律论证，在法律规范不明确的情况下根据常识来做出一定的判断，这种判断也是极具说服力的。

 思考与练习

1. 为什么需要进行法律解释？
2. 法律论证的规则是什么？
3. 形式推理与辩证推理的区别是什么？

第四章 证据的收集与评估

法律咨询的一个重要内容就是对事实有一个清楚的掌握。因此，法律职业者需要对证据进行细致的分析，只有在此基础上才能给出准确的咨询意见。而证据涉及法律上一系列的规定，这就需要法律职业者能够掌握证据的相关内容，以便充分地辨别不同的事实及其证据效力。

学习目标

1. 掌握证据的概念与种类。
2. 掌握证据的来源与收集方法。
3. 掌握证据效力的评估标准。

第一节 证据的概念与种类

一、证据的概念

证据是指证明案件事实或者与法律事务有关之事实存在与否的根据。① 证据问题是法律咨询关注的核心问题之一，只有收集的证据足够充分，事实才能清晰地展

---

① 何家弘，刘品新. 证据法学 [M]. 北京：法律出版社，2019：114.

示出来，由此提供的法律建议才有可能是合理中肯的。

二、证据的种类

《中华人民共和国民事诉讼法》（以下简称《民事诉讼法》）、《中华人民共和国行政诉讼法》《中华人民共和国刑事诉讼法》对于证据问题都有规定，但由于法律咨询主要涉及民事纠纷，因此在本书中主要对民事诉讼证据①进行介绍。综合来看，我们可以将证据概括为七类②。

（一）物证

物证是以其物质属性，包括外部特征、存在场所等证明案件事实的实物或物质痕迹。物的质量、颜色、材质、结构、性能、数量、大小或物所处的空间、持续的时间等都可以作为证据来证明案件事实。例如，发生交通事故后，破损的汽车就可以作为证据来证明事故的发生及损害的严重性。

（二）书证

书证是指以文字、图像或其他书面符号来证明案件事实。书证的核心是书证上的各种文字或图像符号所传达出来的思想和意义。例如，一份合同作为证据不在于其是打印在白纸上，还是打印在黄纸上，而在于合同上的文字所传达出来的思想和意义。

（三）证人证言

证人证言是指知道案件真实情况的人，就其所了解的案件情况，向司法机关或有关人员所作的陈述。《民事诉讼法》第75条规定："凡是知道案件情况的单位和个人，都有义务出庭作证。有关单位的负责人应当支持证人作证。"

（四）当事人陈述

当事人陈述是指当事人在诉讼中就案件事实向人民法院所作的陈述和承认。作为与案件联系最为密切的诉讼参与人，当事人陈述有助于推动诉讼的顺利进行，促

---

① 《民事诉讼法》第66条："证据包括：（一）当事人的陈述；（二）书证；（三）物证；（四）视听资料；（五）电子数据；（六）证人证言；（七）鉴定意见；（八）勘验笔录。"
② 易延友. 证据法学：原则 规则 案例［M］. 北京：法律出版社，2017：13.

使纠纷快速得到解决。

（五）鉴定意见

鉴定意见是指具有专门知识的鉴定人接受公安机关、人民检察院和人民法院的指定或者聘请，就案件中的专门问题进行鉴定后得出的结论性意见。鉴定意见须经质证方可成为定案根据。

（六）勘验、检查、辨认、侦查实验等笔录

检查、辨认、侦查实验等都属于刑事诉讼中特有的侦查手段，在民事诉讼中并不存在。因此在民事诉讼中，以上笔录只包括勘验笔录。勘验笔录是指人民法院为了查明案件事实，指派勘验人员对与案件争议有关的物品、现场进行查验、拍照、测量，并将查验情况与结果制成笔录。

（七）视听资料、电子数据

视听资料是指以特定载体为存储设备，以图像、声音等内容来证明案件真实情况的证据。常见的视听资料包括录音、录像资料。随着科技的不断发展，微信、QQ、电子邮件等新型的可用于查明、认定案件事实的电子证据也随之产生。《最高人民法院关于民事诉讼证据的若干规定》第14条对电子数据作了详细规定。[①]

第二节　证据的来源与收集方法

一、证据的来源

（一）当事人

当事人作为与案件处理结果有最直接利害关系的主体，对于案件事实最为知悉，

---

① 《最高人民法院关于民事诉讼证据的若干规定》第14条："电子数据包括下列信息、电子文件：（一）网页、博客、微博客等网络平台发布的信息；（二）手机短信、电子邮件、即时通信、通讯群组等网络应用服务的通信信息；（三）用户注册信息、身份认证信息、电子交易记录、通信记录、登录日志等信息；（四）文档、图片、音频、视频、数字证书、计算机程序等电子文件；（五）其他以数字化形式存储、处理、传输的能够证明案件事实的信息。"

因此是证据的主要来源之一。当事人在诉前可以自行收集证据，根据《民事诉讼法》第 67 条规定："当事人对自己提出的主张，有责任提供证据。"当事人作为某一案件事实的实际经历者，能够最大限度地及时保留证据。例如，签订合同后保存合同原件；发生交通事故后及时保存现场相关照片；当事人留存的微信聊天记录等。《民事诉讼法》对于当事人应当如何收集证据并未作出规定，但《最高人民法院关于适用〈中华人民共和国民事诉讼法〉的解释》第 106 条规定："对以严重侵害他人合法权益、违反法律禁止性规定或者严重违背公序良俗的方法形成或者获取的证据，不得作为认定案件事实的根据。"

（二）证人

证人是指除当事人以外亲身感知案件事实的人。《民事诉讼法》没有对向证人收集证据作出具体限制，但在实践中也应当遵循相关规定。根据《最高人民法院关于民事诉讼证据的若干规定》第 71 条规定："人民法院应当要求证人在作证之前签署保证书，并在法庭上宣读保证书的内容。但无民事行为能力人和限制民事行为能力人作为证人的除外。"

（三）网络信息系统

当下信息网络十分发达，许多信息都能在互联网中查到。例如，在国家企业信用信息公示系统上，可以根据企业名称查询企业的统一社会信用代码等信息。从各种互联网终端获得的电子数据也可以作为证据使用，如即时通信软件的聊天记录、电子邮件、实时网页截屏、网页视频、照片等。网络证据的特点是可以通过不同地点、不同空间在网络上获取，但同时也较容易被修改而不留痕迹。因此，在收集此类证据时应当合法取得并及时进行公证。

（四）国家机关

对于部分证据，当事人及其代理人难以取得但又确实有助于查明案件事实的，当事人及其代理人可以向相关国家机关申请出具证明文件，即向法院申请调取证据。《民事诉讼法》第 67 条第 2 款规定："当事人及其诉讼代理人因客观原因不能自行收集的证据，或者人民法院认为审理案件需要的证据，人民法院应当调查收集。"该法第 70 条规定："人民法院有权向有关单位和个人调查取证，有关单位和个人不得拒绝。"因此，相关国家机关应予以配合。

（五）专业机构

基于现代纠纷的复杂性，获取信息的手段也呈现出专业化、职业化趋势。当事人可以委托专业的调查公司或机构收集证据。对于一些专业性较强的问题，可以聘请专业机构如鉴定机构进行分析研究并得出专业的结论性意见。例如，法医鉴定，即运用法医临床学的理论和技术，对与法律有关的医学问题进行鉴定和评定；司法会计鉴定，即运用会计学知识，对有关财务、账目等依法进行审核鉴定；建设工程司法鉴定，即运用建筑学的理论与技术，进行建筑工程质量问题评定、工程质量事故鉴定、工程造价纠纷鉴定等。专业机构在出具意见时应当载明姓名、专业技术职称及给出意见的具体日期，并加盖机构印章。

二、证据收集的方法

证据收集应当根据案件事实的特点及其产生证据的情况，有针对性地采用与之相适应的、有效的收集方法，保障收集的证据客观、真实，同时注重收集程序和方法。在民事纠纷案件中，证据的收集主要采取以下几种方法：

（一）人民法院依职权进行调查收集

人民法院可以依据职权进行调查，获取证据。《最高人民法院关于适用〈中华人民共和国民事诉讼法〉的解释》第96条规定："民事诉讼法第六十七条第二款规定的人民法院认为审理案件需要的证据包括：（一）涉及可能损害国家利益、社会公共利益的；（二）涉及身份关系的；（三）涉及民事诉讼法第五十八条规定诉讼的；（四）当事人有恶意串通损害他人合法权益可能的；（五）涉及依职权追加当事人、中止诉讼、终结诉讼、回避等程序性事项的。除前款规定外，人民法院调查收集证据，应当依照当事人的申请进行。"

（二）当事人及其诉讼代理人自行调查收集

在民事纠纷中，这是最常见的证据收集方法。当事人可以收集自己在各种交易活动中的一切证据，如合同书、微信聊天记录、对现场进行拍照、邀请证人作证等。当然，很多证据的收集需要律师的协助，因为律师对于获取证据的方法有着更为全面的了解。

（三）律师持律师调查令调查收集

　　律师能够利用专业的法律知识收集更多有利于当事人的证据，是当事人收集证据手段的延伸。律师作为专门的法律职业者，与当事人自行收集证据相比，其收集证据的目标更明确、重点更突出、规范性更强，也更容易得到法官的认可和证据持有人的配合。目前，有些地方正在推行律师调查令制度。我国法律对此没有明确的规定。但从实践角度来看，律师调查令制度有助于帮助当事人收集证据，有助于法院查清事实，特别是在当前法院案多人少的情况下，更需要律师在证据的收集过程中提供必要的协助。

（四）当事人申请人民法院调查收集

　　除人民法院依职权调查收集证据以外，当事人也可以向人民法院申请调查收集证据。根据《最高人民法院关于民事诉讼证据的若干规定》第 20 条："当事人及其诉讼代理人申请人民法院调查收集证据，应当在举证期限届满前提交书面申请。申请书应当载明被调查人的姓名或者单位名称、住所地等基本情况、所要调查收集的证据名称或者内容、需要由人民法院调查收集证据的原因及其要证明的事实以及明确的线索。"当事人申请人民法院调查收集证据也应当遵守一定的程序，履行一定的手续。

第三节　证据效力的评估

　　证据的证据资格和证明力体现在证据是否具有客观性、关联性及合法性三个方面，而案件事实是由多个方面组成的，需要综合判断证据是否具有充分性。

一、客观性

　　证据的客观性是指作为证据的客观物质痕迹和主观知觉痕迹均为已经发生的案件事实的客观反映，均不以人们的主观意志为转移。证据的客观性是证据的本质属性，也是证据具有证据资格的前提。任何证据必须查证属实才能作为定案依据，因此查清证据的客观性是审查判断证据的首要任务。由于证据的客观性在现实生活中会受多方面因素的影响，审查主体在评价证据的客观性时要注意以下几个方面：

（一）审查判断证据的来源

任何证据都有一定的来源，来源不同，可靠程度也不同。在审查判断过程中，法官会查明证据是如何形成的，收集的方法是否科学，是否受到主客观因素的影响，等等。由中立的第三人或者没有利害关系的专业机构提供的证据相对来说比较可靠，如果证据是来自利害关系人或者当事人，则需要更多的证据来佐证。

（二）审查证据内容的客观真实性

对证据内容客观真实性的审查会从以下几个方面进行：第一，证据本身是否容易被伪造与篡改。例如，有些物证、书证或电子证据一旦形成，就很难被修改，但仍要防范被伪造、篡改的风险。第二，多个证据之间是否存在矛盾。如果不存在矛盾，并且可以相互印证，则该证据就具备了客观性。若证据内部自相矛盾，或与本案其他证据相矛盾，则其客观性存疑。另外，在法律实践中会有一些公认的"已知事实"，这些"已知事实"通常是诉讼双方都无异议的事实或者经查证属实的证据所证明的事实。第三，证据是否和人的主观性密切相关。以证人证言为例，只能是证人关于案件事实和情节的陈述，而不能是其对案件的推断，才具有客观性。[①]《最高人民法院关于民事诉讼证据的若干规定》第 92 条至第 94 条分别详细说明了人民法院对私文书证、电子数据两类证据真实性的认定标准。

二、关联性

证据的关联性，又称为证据的相关性，是指证据与待证案件事实之间的联系及联系程度。证据的关联性体现着证据与待证事实关系的深浅，如果关系较深，证据就能有力地证明案件事实。根据我国相关法律法规的规定和司法实践，证据的关联性主要从以下两个方面进行评价：

（一）证据的关联性是否客观存在

证据与待证案件事实之间的联系能够被认定为是客观存在的，而非主观臆想的。关联性的判断不应当是情绪化的，而应当是法官基于客观中立的第三者立场进行的理性判断。

---

① 何家弘，刘品新．证据法学［M］．北京：法律出版社，2007：384.

（二）证据与待证案件事实间的关联形式与程度

证据与待证案件事实间的联系十分复杂，法官会审查判断各种证据的证明对象及其与待证案件事实间的关联形式与程度，证据与待证案件事实间的关联形式与程度通常决定着其证明力的大小。证据与待证案件事实间的关联程度在一定程度上也取决于证据本身的确定性程度，如果单个证据比较薄弱，则可能需要多个证据来建立证据与待证案件事实之间的关联性。确定性程度高的证据通常可单独作为认定某一案件事实的证据，而确定性程度低的证据必须与其他证据结合在一起，才能作为认定某一案件事实的证据。①

三、合法性

证据的合法性，是指证据的形式及收集程序应符合我国现行法律法规的相关规定。根据目前我国相关法律法规的规定和司法实践，对证据合法性的审查判断应注意以下几个方面：

（一）证据形式合法

证据要符合法律规定的证据形式。如前所述，《民事诉讼法》规定的证据形式有当事人陈述、书证、物证、视听资料、电子数据、证人证言、鉴定意见、勘验笔录。不属于上述法定证据形式的，不能作为认定案件事实的根据，部分证据必须符合特定的形式要件。

（二）证据收集程序合法

最高人民法院于1995年曾以《最高人民法院关于未经对方当事人同意私自录音取得的资料能否作为证据使用问题的批复》（法复〔1995〕2号）批复河北省高级人民法院，认为："证据的取得首先要合法，只有经过合法途径取得的证据才能作为定案的根据。未经对方当事人同意私自录制其谈话，系不合法行为，以这种手段取得的录音资料，不能作为证据使用。"这是关于民事诉讼证据收集程序合法性的为数不多的规定。当然，证据收集程序合法性的判断不仅仅限于此，还包括不得使用强迫、伪造的方式收集证据。

---

① 卞建林，谭世贵．证据法学［M］.3版．北京：中国政法大学出版社，2019：333.

（三）证据应当经过法定程序查证属实

《民事诉讼法》及相关司法解释规定，人民法院应当按照法定程序，全面、客观地审查核实证据；证据应当在法庭上出示，并由双方当事人互相质证；未经质证的证据，不能作为认定案件事实的依据。

·咨询案例·

葛某诉 S 汽车运输有限公司、保险公司 A 分公司、保险公司 B 支公司道路交通事故损害赔偿纠纷案

（一）案情介绍[①]

原告葛某因与被告 S 汽车运输有限公司（以下简称 S 汽运公司）、保险公司 A 分公司、保险公司 B 支公司发生道路交通事故损害赔偿纠纷，向 N 省 N 市 J 区人民法院提起诉讼。

原告葛某诉称：葛某之父驾驶的轿车由西向东正常行驶，被鲍某驾驶的重型半挂车撞击，发生严重交通事故。事故导致史某（葛某之母）当场死亡，葛父、葛某、鲍某受伤。经公安机关交通管理部门认定，该事故属于交通意外事故。涉案牵引车、半挂车属于 S 汽运公司，并分别在保险公司 A 分公司、保险公司 B 支公司投保机动车交通事故责任强制保险（以下简称交强险）。故请求法院判令三被告赔偿医疗费 65 885.85 元、住院伙食补助费 990 元、营养费 1 080 元、护理费 4 500 元、残疾赔偿金 41 096 元、精神损害抚慰金 7 500 元、交通费 500 元、鉴定费 780 元，合计 122 331.85 元。

被告 S 汽运公司辩称：对原告葛某陈述的事故经过无异议，涉案牵引车、半挂车在保险公司 A 分公司、保险公司 B 支公司处投保，请求法院依法处理。

被告保险公司 A 分公司、保险公司 B 支公司辩称：对事故发生不持异议。由于该事故属于交通意外事故，双方均无责任，应当在交强险无责赔付限额内赔偿。原告葛某主张的医疗费、住院伙食补助费、护理费、残疾赔偿金、交通费、鉴定费合理，而其主张的营养费、精神损害抚慰金过高，不应当全部支持。

N 省 N 市 J 区人民法院一审审理查明：被告 S 汽运公司雇佣的驾驶员鲍某驾驶重型半挂车与由西向东正常行驶至此的由原告葛某之父驾驶的轿车相撞，该事故导致葛某之母史某当场死亡，葛父、葛某、鲍某三人受伤，车辆、路面受损。公安机

---

① 参见《最高人民法院公报》2010 年第 11 期（总第 169 期）。

关交通管理部门认定该起事故属于交通意外事故。

原告葛某伤后经医院诊断并住院治疗 55 天，L 司法鉴定所出具司法鉴定书，鉴定意见为：①葛某四根肋骨骨折，构成十级伤残；②葛某右上肢功能部分丧失，构成十级伤残。

另查明，事发当日鲍某驾车驶入高速公路前，对所驾车右边第二桥外面的轮胎进行了补胎修理。事故发生时，涉案车辆码表已损坏，装载情况为空载。牵引车、半挂车分别在被告保险公司 A 分公司、保险公司 B 支公司投保了交强险。

案件审理中，涉案双方就交强险赔偿达成一致意见：交强险赔偿限额优先赔偿伤者葛父、葛某，交强险赔偿限额剩余部分赔偿死者史某。

上述事实，有双方当事人的陈述、涉案机动车保险单、询问笔录、道路交通事故现场勘查笔录、道路交通事故车辆技术鉴定书、道路交通事故认定书、门诊病历、出院记录、医疗费票据、司法鉴定书等证据证实，足以认定。

本案一审的争议焦点是：公安机关交通管理部门认定该起事故属于交通意外事故，能否据此认定驾驶员鲍某无过错。保险公司主张在交强险无责赔付限额内进行赔偿能否予以支持。

N 省 N 市 J 区人民法院一审认为：本案中，虽然公安机关交通管理部门认定该起事故属于交通意外事故，但是交通意外事故并不等同于民法上的意外事件，交通事故责任并不等同于民事法律赔偿责任。民事侵权赔偿责任的分配不应当单纯以交通事故责任认定书认定的交通事故责任划分来确定，而应当从损害行为、损害后果、行为与后果之间的因果关系及主观方面的过错程度等方面综合考虑。本案中，鲍某在驾驶车辆码表已损坏的情况下，仍将具有安全隐患的车辆驶入高速公路，主观上具有过失。涉案车辆发生爆胎后，鲍某在车辆制动、路面情况均正常且车辆系空载的情况下，未能采取有效的合理措施，导致车辆撞断隔离带护栏后冲入逆向车道，与正常行驶的葛父驾驶的车辆发生碰撞，致使葛父、葛某受伤，史某死亡。鲍某的不当行为与损害事实的发生之间存在因果关系，其主观上亦存在一定过失。葛父驾车系正常行驶，主观上不存在任何过错。被告保险公司 A 分公司、保险公司 B 支公司认为事故系交通意外事故，鲍某在事故发生时无过错，主张应当在交强险无责赔付限额内赔偿，是对民法上"过错"含义的片面理解，S 汽运公司应对损害后果承担全部赔偿责任，保险公司 A 分公司、保险公司 B 支公司应在交强险责任赔偿限额内赔偿葛某的经济损失。

据此，N 省 N 市 J 区人民法院判决：①原告葛某因交通事故造成的损失 121 831.85 元，由被告保险公司 A 分公司在交强险责任赔偿限额内赔偿 36 938 元（含精神损害抚慰金 7 000 元），被告保险公司 B 支公司在交强险责任赔偿限额内赔偿 36 938 元；

②超出交强险责任赔偿限额部分的损失 47 955.85 元，由被告 S 汽运公司予以赔偿；③驳回原告葛某的其他诉讼请求。

保险公司 A 分公司不服一审判决，向 N 省 N 市中级人民法院提起上诉，请求撤销原判，依法改判。N 省 N 市中级人民法院经审理，确认了一审查明的事实，认为本案二审的争议焦点是交通事故认定书能否直接作为民事侵权损害赔偿责任分配的唯一依据。

N 省 N 市中级人民法院对争议焦点进行如下分析：《中华人民共和国道路交通安全法》（以下简称《道路交通安全法》）第 73 条规定："公安机关交通管理部门应当根据交通事故现场勘验、检查、调查情况和有关的检验、鉴定结论，及时制作交通事故认定书，作为处理交通事故的证据。交通事故认定书应当载明交通事故的基本事实、成因和当事人的责任，并送达当事人。"根据该条规定，交通事故认定书并非行政决定，而是公安机关交通管理部门处理交通事故作出行政决定的主要证据。交通事故认定书中交通事故责任的认定，主要是依据《道路交通安全法》《中华人民共和国道路交通安全法实施条例》（以下简称《道路交通安全法实施条例》）等法律、行政法规认定的。分析判断交通事故的责任认定，与民事审判中分析判断侵权案件适用全部民事法律法规有所区别，而且，认定交通事故责任的归责原则与民事诉讼中侵权案件的归责原则不完全相同。《道路交通安全法实施条例》第 91 条规定："公安机关交通管理部门应当根据交通事故当事人的行为对发生交通事故所起的作用以及过错的严重程度，确定当事人的责任。"从交通事故认定书划分责任的依据看，公安机关交通管理部门认定交通事故的责任有两个因素，即行为人对发生交通事故所起的作用和过错的严重程度。前述条款中的"作用"与"过错"并列，与民法中的"过错"不是同一概念，在交通事故中，行为人有同等的过错不一定承担同等的责任，过错大的不一定是交通事故的主要责任人。《道路交通安全法实施条例》第 92 条规定："发生交通事故后当事人逃逸的，逃逸的当事人承担全部责任。但是，有证据证明对方当事人也有过错的，可以减轻责任。当事人故意破坏、伪造现场、毁灭证据的，承担全部责任。"该条规定中，交通事故的归责依据不是发生侵权行为时的过错大小，而是侵权行为发生后的其他违法行为。因此，公安机关交通管理部门进行交通事故责任认定时的归责方法与民法上的归责原则存在区别。此外，在举证责任负担、责任人范围等方面，交通事故责任认定也与民事诉讼存在不同之处。综上，交通事故认定书是公安机关交通管理部门处理交通事故作出行政决定的主要证据，虽然可以在民事诉讼中作为证据使用，但由于交通事故认定与民事诉讼中关于侵权行为认定的法律依据、归责原则有所区别，同时，交通事故责任也不等同于民事法律赔偿责任。因此，交通事故认定书不能作为民事侵权损害赔偿责任分配的唯一依据，行为人在侵权行为中的过错程度，应当结合案情全面分析证据，根据民事诉讼的归责原则进行综合认定。

最终，N省N市中级人民法院认为一审判决认定事实清楚，适用法律正确，程序合法，判决驳回上诉，维持原判。

（二）案例分析

机动车交通事故责任纠纷是民事案件中最常见的一类纠纷，该类案件主要的争议点在于侵权责任的认定与赔偿金额的计算与分配。对于侵权责任的认定，当事人一般会提交事故认定书、机动车保险单等证据，用于证明侵权法律关系成立。本案中法院认为交通事故认定书是公安机关交通管理部门处理交通事故、作出行政决定的主要证据，虽然其可以在民事诉讼中作为证据使用，但由于交通事故认定结论的依据是相应行政法规，运用的归责原则具有特殊性，与民事诉讼中关于侵权行为认定的法律依据、归责原则有所区别，交通事故责任不完全等同于民事法律赔偿责任，因此，交通事故认定书不能作为民事侵权损害赔偿案件责任分配的唯一依据。行为人在侵权行为中的过错程度，应当结合案件实际情况，根据《民事诉讼法》的归责原则进行综合认定。

对于赔偿金额的计算与分配，原告一般可根据《最高人民法院关于审理人身损害赔偿案件适用法律若干问题的解释》中所列的"医疗费、误工费、护理费、交通费、住宿费、住院伙食补助费、营养费、残疾赔偿金、残疾辅助器具费、丧葬费、被扶养人生活费、死亡赔偿金、精神损害抚慰金"13项人身损害赔偿项目来主张损害赔偿。原告一般会提交尽可能多的证据用以支持诉讼请求，具体而言，主要的证据包括医疗记录、医学鉴定意见书、收入证明、居住证明、相关费用支出的发票或收据等证据。以本案为例，涉及的证据包括双方当事人的陈述、涉案机动车保险单、询问笔录、道路交通事故现场勘查笔录、道路交通事故车辆技术鉴定书、道路交通事故认定书、门诊病历、出院记录、医疗费票据、司法鉴定书等。其中涉案机动车保险单、道路交通事故认定书、门诊病历、出院记录、医疗费票据属于书证；双方当事人的陈述属于当事人陈述；询问笔录属于证人证言或书证；道路交通事故现场勘查笔录属于勘验笔录；道路交通事故车辆技术鉴定书、司法鉴定书属于鉴定意见。

根据民事诉讼"谁主张，谁举证"的原则，受损害一方即原告需要提供证据用以证明其事实主张，否则将承担不利的后果。赔偿项目中的每一项都需要原告提供相应的证据用于证明。例如，提供医疗机构的住院治疗证明、门诊病历、出院记录和相关发票、收据或付款凭证等用于证明医疗费项目，提供收入证明、误工证明用于计算误工费项目等。这也进一步提醒我们在日常生活中遇到纠纷时，要有证据收集意识，避免出现因无法提供证据而难以获得法院支持的情况。

本案出自《最高人民法院公报》2010 年第 11 期（总第 169 期），除了分析一般机动车事故责任纠纷的争议点，本案还对交通事故认定书的性质以及其能否直接作为民事侵权损害赔偿责任分配的唯一依据进行了分析。法院认为交通事故认定书不能作为民事侵权损害赔偿案件责任分配的唯一依据，行为人在侵权行为中的过错程度，应当结合案件实际情况，根据民事诉讼的归责原则进行综合认定。简而言之，公安机关交通管理部门制作的交通事故认定书不具有天然的民事诉讼证据的证明力，与其他证据一样，需要在法庭质证后才能转化为证明案件事实的依据。

 思考与练习

1. 偷拍偷录的材料能否作为民事证据使用？
2. 专家辅助人的意见属于民事诉讼证据种类的哪一种？
3. 复写件和复印件的证据效力如何？
4. 当事人能否通过悬赏方式取证？

第五章 法律意见书的出具

法律意见书是律师在实务中接受当事人委托而出具的一种法律服务类文书，能够为当事人之间解决争议、处理纠纷提供切实有效的建议和方案。本章主要阐述法律意见书的概念、类型、内容及格式，对法律意见书的撰写过程进行详细阐述，同时对法律意见书的内容做重点介绍。

学习目标

1. 掌握法律意见书的概念与类型。
2. 掌握法律意见书的内容。
3. 学习撰写法律意见书。

第一节 法律意见书的概念与类型

一、法律意见书的概念

法律意见书是一种基于法律规定和当事人需求而产生的综合性书面文件。我们可以将法律意见书分为广义和狭义两种。广义的法律意见书是指律师事务所、公证机关或法学专家等机关或个人对委托人提供的事实材料进行法律分析，基于该分析形成的书面法律建议。狭义的法律意见书是指律师事务所根据当事人的委托，基于事实材料和调查进行分析，为委托人提供的书面法律结论。在实践当中，法律意见书主要是指狭义的法律意见书，可以从以下几方面来理解：首先，法律意见书是律师根据委托人的委托制作的；其次，法律意见书是律师根据委托人提供的事实争议进行的法律层面分析；最后，法律意见书是提出解决问题方案的书面法律意见。

具体而言，对法律意见书概念的界定逻辑也是依照以下三方面开展的：

1. 提出问题

律师必须根据案件事实来总结归纳委托人的争议焦点，前提是必须通过尽职调查、文件查阅、询问当事人等方式了解案件的基本事实。

2. 分析问题

对案件事实梳理清楚之后，律师需要对案件事实进行法律上的分析，律师还必须基于现有的法律框架，总结出问题的焦点，即问题在事实与法律上的争议点。

3. 得出结论

律师要提出相应的解决方案，以及这些解决方案可能存在的风险或者在法律上的合理与必要之处。在对争议焦点进行法律分析之后，律师必须要提出专业的建议、意见或解决方案。该建议、意见或解决方案不必然是完全确定的，可以倾向于肯定，也可以倾向于否定。

二、法律意见书的类型

法律意见书的类型丰富，适用于各种法律服务领域，最为常见的法律意见书主要包含合同类法律意见书，劳动纠纷类法律意见书，监管要求类法律意见书，制度审查、法规诠释类法律意见书，私人定制类法律意见书，等等。

（一）合同类法律意见书

合同类法律意见书是律师为企业提供法律服务过程中最为常见的一种法律意见书，律师主要负责的任务包含合同风险识别和瑕疵修改两项。此类法律意见书以维护和保障委托人的利益为宗旨，因此撰写此类法律意见书的时候，必须坚持以委托人的需求为原则，依法合规地为委托人提供切实可行的法律意见。该类法律意见书通常包含如下内容。

1. 合同整体合规性分析

对合同整体合规性的分析，律师首先应当了解合同所涉及业务的交易背景，了解合同制定的前提是否合规，确定项目本身是否存在法律瑕疵，为出具法律意见书做好充分的准备；其次应当对合同相关的各类文件进行整体审查，查看是否存在合同无效或违规等重要问题。

2. 合同修改意见

律师应当对合同中存在的问题进行具体分析，提出具体的修改意见，将修改理由阐述清楚，注意突出重点问题，进而提出最终结论。

（二）劳动纠纷类法律意见书

劳动纠纷类法律意见书是指律师接受劳动纠纷当事人的委托，就委托人所要求的事项进行调查分析之后出具的法律意见书。这一类意见书很多是由用人单位委托出具的，因为用人单位可能面临着大量的劳动人事纠纷。律师撰写劳动纠纷类法律意见书时要注意劳动合同的合规性审查、企业人事制度与人事决定的合法性，进而为用人单位提供合法合规的制度改革建议或人事政策建议。

（三）监管要求类法律意见书

在特定领域中，法律法规明确规定或相关政府部门明确要求企业进行特定活动时需要出具法律意见书，基于此，律师接受委托人的委托而出具法律意见书。例如，私募基金管理人登记、资产证券化等情形下，均需依照监管规定出具法律意见书。

（四）制度审查、法规诠释类法律意见书

根据委托人的请求，律师针对具有普适性的制度进行审查，或者针对出台的新规进行分析，确保公司的制度规范及业务活动合法合规。此类法律意见书的主要目的是提供对于法律法规的正确理解，并在此基础上分析企业制度的合法性与合规性，最终提出对于公司制度与公司行为进行整改的建议。

（五）私人定制类法律意见书

律师根据委托人的需求，针对特定的行为或业务提供法律意见。例如，是设立股份有限公司还是设立有限责任公司，是股权收购还是资产收购等。律师应当对客户提出的问题进行逐一分析和评价，提出相对较优的方案供委托人选择。

第二节　法律意见书的内容与撰写

一、法律意见书的内容

（一）事实根据的来源说明

事实根据的来源说明是撰写法律意见书的依据，主要包括事实根据和法律根据。

1. 事实根据

首先，事实根据包括委托人提供的相关证据和材料，这是律师形成法律意见的基础，也是律师认定事实的直接来源。其次，事实根据还包括律师独立调查获得的材料，这一部分资料是指律师在委托人提供的证据和资料之外，对出具的事实进行核实或补充的其他资料。① 律师收集事实与证据材料的过程中，应当尽可能向当事人进行询问，防止遗漏任何当事人认为不重要但在法律上很重要的事实。律师还应当通过合法手段收集相关案件事实。例如，在国家企业信用信息公示系统中了解相关企业的诉讼状况、被执行状况、股东状况、注册资本状况，这些事实对于证据资料的构成与诉讼策略的选择都极为重要。

2. 法律根据

法律根据，即出具法律意见书所依据的法律规定。律师应当围绕案件事实，确定相关的法律条文，根据具体的委托请求和事实来确定需要援引的法律规定。法律规范体系非常复杂，很多法律规定可能存在一定的重叠，对于这些法律规定，需要根据案件事实与指导性案例进行细致的思考与分析，然后选择最恰当的法律规范。

（二）事实分析

1. 事实分析的前提

优秀的法律意见书要对法律事实进行完整、准确的分析与描述。律师在进行事实分析之前必须要确保收集到了足够的证据材料，这些证据材料应是目前能够收集

---

① 郭林虎. 法律文书情境写作教程［M］. 5 版. 北京：法律出版社，2018：477.

到的最充分的材料。在掌握了这些证据材料之后，律师需要进行甄别、分析与梳理，迅速、准确地梳理出有价值的部分，因为并不是任何证据材料都是有用的，也不是每一个案件事实都是相关的，由此才能为法律意见书的撰写提供充分的事实基础。

2. 事实分析的范围

律师要根据当事人的诉求对案件事实、证据材料进行分析与选择。法律意见书的事实分析必须要指出争议焦点，以便有针对性地分析解答。很多案件事实千头万绪，但律师要根据争议焦点进行选择，抓住重点。同时，对事实的描述一般应以时间为序表述案件的发展过程，因为时间是一个最为显著的线索，以时间为线索进行表述，能够将案件的发展脉络最大限度地、清晰地展示出来，特别是在法律关系复杂的案件中，时间脉络能够提供一条清晰的分析路径。撰写事实部分，以时间为序是一个既符合事物发展规律，又符合人们认识规律的好办法。但是，由于许多案件事实本身的复杂性，特别是一些案件又带有一定的特殊性，所以有些事实部分除以时间为序进行表述之外，还应对一些特殊情况、特殊情节做出特别交代。对于关键性细节，无论是某个时间、地点，还是关键的人物、事件，都应该进行着重的强调与分析。①

（三）法律分析

法律分析部分主要运用论证与说理的表现方法进行撰写。所谓论证与说理，是指运用概念、判断、推理的思维形式，阐明相关的法律关系与事实关系，揭示案件的法律性质与法律后果。在法律意见书的制作过程中，论证与说理就是引用法条，阐述法理，发表意见，反驳错误观点或主张，提出措施与方案的表述方法。

1. 法律分析的前提

法律分析必须以事实为依据，以法律为准绳。进行法律分析要做好两方面的前提性工作：一是把握案件的法律事实；二是明确案件的法律适用。法律分析的前提之一是掌握充分的案件事实，并在此基础上寻找合适的法律规范依据，且能够将案件事实纳入特定的法律范畴当中。由于法律规范体系非常复杂，律师不仅仅要收集由全国人大及其常务委员会所制定的正式法律，还应收集相关的司法解释；如果有需要的话，则还需要收集相关指导性案例。指导性案例在很多时候指明了某些法律

---

① 张庆，刘宁. 法律意见书的研究与制作［M］. 2 版. 北京：法律出版社，2009：55.

条文的适用方法与适用范围。

2. 法律分析的范围

委托人到律师事务所进行法律咨询，尤其是请求出具法律意见书的案件，大多是疑难、复杂的案件。无论如何，法律分析要围绕当事人的诉求来进行，不能随意地将一些当事人没有提出诉求的事实纳入法律分析的范围。这意味着法律意见书的撰写要以当事人的诉求为中心，律师不能自作主张。

3. 法律分析的方法和技巧

律师在撰写法律分析部分时应掌握一定的方法和技巧，由此才能够向当事人传达清晰的法律意见，帮助其理解相关的法律事实与法律条文，并作出合理的法律决定。首先是突出重点，案件当中有很多事实，当事人也有很多法律诉求，但某些事实与法律诉求应当是重点，这就需要对其进行重点分析。其次是层次分明，不同的事实与法律诉求的重要性肯定不一样，因此应当分清主次，以一种有条理、有层次的方式将不同的事实与法律诉求分析清楚，使人一目了然。最后是充分说理，无论是对于事实的法律分析，还是对于诉求的法律分析，以及最后给出的法律意见，律师都要给出充分的理由，由此当事人才能辨别其中可能存在的法律收益与风险。

（四）结论

结论是当事人依据法律意见书作出决策的直接依据。律师在结论部分应当言简意赅地告知当事人应当做什么、应当如何做。对于能够明确判断符合法律法规等规定而又具有可行性的情形，律师应当作出肯定性结论；对于无法查证的事实或者在尽职的基础上仍不能确定是否合法的情形，律师应当如实告知当事人，作出说明或发表保留意见。

二、法律意见书的撰写

（一）法律意见书的格式

目前，我国法律尚未对法律意见书的写作格式作出具体要求，但基于实践需要，法律意见书一般包括如下内容：

1. 首部

（1）标题。标题一般是在文书顶端居中标明"法律意见书"字样，也可以结合法律意见书的内容对标题进行高度概括。例如，居中标明《关于_____合同审查的法律意见书》《关于_____劳动纠纷处理的法律意见书》。

（2）目录。目录并非是每份法律意见书的组成部分，对于篇幅较长的法律意见书，目录可以帮助委托人清晰地了解法律意见书的内容和结构。

（3）称谓。所谓称谓，是指在标题的下一行顶格写明接受文书的单位名称或人名。例如，"致××有限责任公司""尊敬的××先生或××女士"。

（4）说明。说明是指要用简明扼要的文字概括交代解答的是什么内容，即就提出的问题予以答复，这是法律意见书的开头部分。此部分应当明确写作的缘起与背景、明确基本材料等。例如，

_____律师事务所（以下简称本所）接受_____股份有限公司筹委会（以下简称股份公司）的委托，担任贵公司的特聘法律顾问，就发起设立_____股份有限公司事宜进行审查并出具法律意见书。

2. 正文

正文是法律意见书的主体部分。正文通过法律、法规来详细解答委托人所提出的问题。一般而言，这一部分需要进行严密的论证、科学的分析，从而给委托人一个圆满的答案。正文的内容既可以单列一项，就问作答，也可以分为若干个问题，用分题标号形式一一作答，具体如何写，要依据委托人所提问题的多少来决定。

（1）事实根据的来源说明。本部分是指出具法律意见书所依据的事实的来源。法律意见书仅对已经掌握的事实负责。事实一般包括委托人提供的事实以及律师自行调查的事实。

（2）事实分析。事实分析必须做到全面、准确，对所涉及的事实应当调查清楚，从中归纳出争议焦点，为进一步进行法律分析做好铺垫。

（3）法律分析。根据归纳的争议焦点，寻找适用的法律依据，对问题进行梳理、分析、比较，从中归纳出正确答案，做到合理合法，切实可行。

（4）结论。结论是法律意见书中具有实质性内容的一部分，依据上文的事实分析和法律分析，对委托人与其他当事人之间的争议一一做出详细解答，为委托人提出解决问题的方案、对策和方法。

3. 尾部

正文结束之后应当另起一行，对所述问题进行概括总结，对全文起到归纳作用。最后在法律意见书末尾右下角注明落款及制作日期。落款可以分为简要式落款和独立签章式落款两种形式。

简要式落款直接在法律意见书末尾右下角注明出具法律意见书的律师事务所名

称，并加盖印章即可。例如，

_____律师事务所

××年××月××日

独立签章式落款是指单独设置一页用于律师事务所和律师独立签名盖章。例如，

（本页无正文，为《×××律师事务所关于_____的法律意见书》的签章页）

_____律师事务所

执业律师（签名）：_____

××年××月××日

（二）法律意见书的模板

关于_____的法律意见书

致（致接受文书的单位名称或人名）：

_____律师事务所是具有中华人民共和国职业资格的律师事务所。现接受_____的委托，就_____（相关问题），出具法律意见书。

出具本法律意见书的主要依据：_____

_____

律师对委托事项的事实分析：_____

_____

律师对委托事项的法律分析：_____

_____

律师对委托事项的处理意见：_____

_____

律师及律所对出具法律意见书应承担的责任声明：_____

_____

本法律意见书一式两份：_____与_____律师事务所各持一份。

_____律师事务所

执业律师（签名）：_____

××年××月××日

·咨询案例·

上诉人某公司与被上诉人崔某某、原审第三人白某某、于某某股东资格确认纠纷案

（一）案情介绍①

某公司成立于2009年6月2日，该公司系一家经营混凝土加工、生产、销售的有限责任公司（自然人投资或控股），公司注册资本为1 000万元，实收资本为300万元。2009年6月18日，某公司变更注册资本为1 200万元，实收资本为1 200万元。公司股东为白某某、梅某某、于某某三人，其中白某某的出资额为960万元，出资比例为80%；梅某某的出资额为216万元，出资比例为18%；于某某的出资额为24万元，出资比例为2%。2011年8月18日，某公司出具欠条一份，欠条载明："今欠崔某某水泥款伍拾万元整（50万元）。"并在欠条上加盖公司印章及法人白某某的印章。2012年1月20日，某公司出具欠条一份，欠条载明："今收到崔某某水泥票据33张，计捌拾壹万柒仟贰佰壹拾元整（817 210元）。"并在欠条上加盖公司印章及法人白某某的印章。

2012年4月1日，某公司（甲方）与崔某某（乙方）签订《（入股）协议书》，协议约定：

（1）经双方共同协商特签订以下（入股）协议书：甲方自愿转让乙方固定资产（计壹仟陆佰万元整，1 600万元）的20%（计叁佰贰拾万元整，320万元）股份于乙方。

（2）固定资产如下：①车辆、搅拌楼设备、实验室设备；②泵车2辆、拖泵；③搅拌车11辆；④办公车3辆；⑤自卸车5辆；⑥搅拌设备全套HZS180（附搅拌楼）；⑦以上固定资产的欠款与乙方无关，由甲方承担固定资产欠款的偿还。

（3）入股方式：①乙方于2012年4月1日前首付甲方壹佰伍拾万元（150万元）的入股资金，剩余的壹佰柒拾万元（170万元）于2013年1月30日前付清；②2012年4月1日前的资金（包括欠款、销售款、混凝土欠款、材料款）与乙方无关，由甲方负责偿还和使用；③自2012年4月1日起某公司所需的原材料和周转资金，由甲乙双方按入股的百分比共同承担；④土地按照土地出租协议执行，征收时按照入股比例付款；⑤本协议一式三份，甲乙双方各持一份，公司存档一份；⑥本协议的解释权由甲方保留，双方签字后生效。某公司在合同甲方处盖章，白某某签字，崔某某在乙方处签字。

---

① 本案来自笔者所代理的一起案件，案件材料中的真实姓名均已隐去。

2013 年，某公司年度报告中公司股东及出资信息载明：①股东崔某某，认缴出资额为 320 万元，认缴出资时间为 2012 年 4 月 1 日，认缴出资方式为货币；②股东刘某某，认缴出资额为 320 万元，认缴出资时间为 2012 年 4 月 1 日，认缴出资方式为货币。

某公司 2013 年 5 月份和 6 月份的现金收支明细表（内部资料）显示了该公司当月的收入和支出，这两份明细表下部载明："注：①招待白总；②招待崔总、刘总；③其他。"根据某公司每月的账目记录，该公司 2012 年至 2015 年的利润总额为 10 618 301 元。2017 年 5 月 1 日，某公司（甲方）与崔某某、刘某某（乙方）签订了《商品混凝土搅拌站租赁合同》，合同约定出租人（甲方）为某公司，承租人（乙方）为崔某某、刘某某。甲方股权说明：法定代表人白某某（占股份的 60%），入股人崔某某（占股份的 20%），入股人刘某某（占股份的 20%）。甲乙双方就租赁事宜经协商达成如下协议……该合同第 3 条约定：本合同租金为全年 460 万元，白某某为 276 万元，三年总租金为 828 万元；崔某某为 92 万元，三年总租金为 276 万元；刘某某为 92 万元，三年总租金为 276 万元。租金支付方式为现金转账。白某某委托赵某某为租金接收方，崔某某、刘某某三年租金各自自行消化。某公司在协议出租人处盖章，白某某签字，崔某某、刘某某在承租人处签字。

后崔某某向人民法院提起诉讼，要求某公司及其法定代表人白某某确认上述 20% 的股权，某公司及其法定代表人白某某一审败诉。后某公司提起上诉。现在崔某某要求××律师事务所出具一份法律意见书，要求分析其诉求是否成立。

（二）法律意见书

××律师事务所就上述案件接受崔某某的委托出具以下法律意见书：

关于股权确认的法律意见书

尊敬的崔某某先生：

结合案件一审的现有证据材料及一审法院的判决意见，现就上诉人某公司与被上诉人崔某某、原审第三人白某某、于某某的股东资格确认纠纷案提出以下意见：

一、崔某某是否享有某公司 20% 的股权

崔某某在某公司应当享有 20% 的股权，某公司应当为崔某某办理工商变更登记手续，具体理由如下：

1. 崔某某与某公司签有《（入股）协议书》。

2012 年 4 月 1 日，双方签订《（入股）协议书》，明确约定："甲方（某公司）自愿转让乙方（崔某某）固定资产（计壹仟陆佰万元整，1 600 万元）的 20%（计叁佰贰拾万元整，320 万元）股份于乙方。"该协议系双方自愿签订，且不违反法律法规的强制性规定，真实合法有效。

2. 崔某某虽然未见到某公司关于增资扩股或直接吸收股东的决议，但崔某某认为某公司及其股东应对此予以知情和同意。

2012 年 4 月 1 日崔某某入股至今，没有任何股东提出过异议。

2012 年 4 月 1 日至 2015 年由崔某某参与管理经营期间，从未见过梅某某、于某某主张过异议，更未见他们参与分配利润。

自 2017 年 5 月 1 日起的 3 年内，由崔某某和刘某某承包经营期间，也未见过梅某某、于某某提出过任何异议，更未见他们参与分配利润。

2013 年，某公司在国家企业信用信息公示系统中对崔某某占有某公司 20% 的股权及实缴出资额进行公示登记时，也未提出过任何异议。

至今某公司没有就梅某某、于某某是否出资，以及是否召开过股东会、是否分配过利润、是否参与公司经营等作为股东应有的行为进行过正面回复。

实际上，结合上述各种事实，我们有充分的理由认为梅某某、于某某对股权的变动是知情与同意的，这也足以表明某公司实为白某某的一人公司，崔某某参股某公司应得到法院支持。

3. 退一步来说，即使把某公司当成普通的有限责任公司，其增资扩股的行为在法律上也是有效的。

白某某和崔某某签订的《（入股）协议书》，不涉及原有股东梅某某、于某某的股权转让，其性质偏向于增资扩股协议（这一增资扩股得到企业信用信息公示报告的确认，白某某在 2009 年出资 960 万元，刘某某后来在 2012 年出资 320 万元，崔某某也在 2012 年出资 320 万元，出资后的总资本为 1 600 万元，三个人的股份照此计算分别为 60%、20%、20%，符合入股协议书的约定，也符合增资扩股的法律标准）。上诉人的代理人提出入股协议仅仅是白某某个人的意思表示，即便这一点属实，根据《公司法》的规定，增资扩股需要经过三分之二股东表决权的通过，而根据企业信用信息公示报告，在 2009 年，白某某作为某公司最大股东，其最初的出资额为 960 万元，而某公司原总资本为 1 200 万元，白某某的持股比例为 80%，因此，即便在 2012 年白某某一个人同意崔某某入股，在法律上也是有效的。

4. 崔某某已经向某公司实际出资。

出资包括以往某公司欠付的 1 317 210 元货款，另受托向法定代表人白某某配偶账户转款 50 万元（崔某某银行账户较多，现无法查询，即便忽略不计，剩余用当年利润冲抵已经足够），另外剩余全部出资款为 2012 年至 2015 年某公司利润的冲抵。

另外，某公司在 2012 年 4 月 1 日向崔某某出具了 150 万元的入股金的收条，也能够部分佐证崔某某缴纳了出资款。

《（入股）协议书》约定的出资尾款支付日期为 2013 年 1 月 30 日，但 2012 年已经产生利润 1 516 304 元，某公司未予分配利润的原因是双方商定以利润冲抵崔某某部分出资款，未来再据实结算。

即便没有双方未来结算的约定，由于某公司 2012 年未分红，崔某某也可以行使先履行抗辩权，要求先分红，再履行顺序在后的出资尾款的支付义务。

另，2012 年至 2015 年某公司利润总额为 10 618 301 元，按照崔某某 20% 的股权分红，不仅冲抵完毕，尚有余额。

5. 某公司事后多次自认崔某某享有某公司 20% 的股权并已经完成出资。

其一，某公司 2012 年至 2015 年的财务资料中显示了白某某、崔某某、刘某某的招待费用，由此可见白某某、崔某某、刘某某作为股东身份参与了某公司的运营。

其二，2017 年 5 月 1 日，某公司与崔某某、刘某某签订的《商品混凝土搅拌站租赁合同》的前言部分是这样明确的："甲方（某公司）股权说明：法定代表人白某某（占股份的 60%）；入股人崔某某（占股份的 20%）；入股人刘某某（占股份的 20%）。"

其三，在《商品混凝土搅拌站租赁合同》第 3 条约定了全年的租金额及每个人所占的份额，并约定了租金支付方式、租金接收方等。

其四，《商品混凝土搅拌站租赁合同》的附件一中第 2 条约定，崔某某、刘某某在支付完白某某投资本期租赁期限内的 100 万元设备款中的 40 万元后，享有该设备 40% 的股份，这也印证了崔某某对公司享有 20% 的股权。因为该新设备属于某公司新投资的租赁设备，如果崔某某不是股东，不可能要求其按 20% 的持股比例进行出资。

6. 某公司在国家企业信用信息公示系统的企业信用信息公示报告中对外公示：崔某某已经于 2012 年 4 月 1 日完成认缴及实缴出资，并将崔某某以股东身份记载于"股东及出资信息栏"。

崔某某自 2012 年即入股某公司，部分入股资金系用某公司经营欠款冲抵；自 2017 年至 2020 年由刘某某、崔某某承包经营并支付租金，所以某公司主张其他登记股东不知情，显然不符合常理，与客观事实不符。

综上，关于崔某某持有某公司 20% 股权并实际出资的事实，不仅有某公司的自认，也有工商登记信息加以佐证。其中从双方最初签订的《（入股）协议书》及后期的《商品混凝土搅拌站租赁合同》都直接对崔某某的股权占比进行了明确，并确认崔某某已经完成了实际出资，也佐证了崔某某一直以股东的身份参与某公司的经营管理。

二、某公司以其他登记股东不知情为由否定崔某某持有的股权是否成立

某公司以其他登记股东不知情为由进行的抗辩不能成立，理由如下：

第一，某公司在回答其他股东是否投资、如何投资、是否参加过股东会并形成会议纪要、是否参与分配股东利润等作为股东的基本权利和义务相关情况时，某公司不是不正面回答，就是表示与本案无关，完全以存在其他登记股东来扰乱法庭视听。其实法院在送达时的不顺利也已印证了这一点。某公司设立时实为白某某的一人公司，自然无法提供梅某某、于某某等早期股东向公司出资、参加股东会、参与公司运营的任何证据。

第二，崔某某参与经营某公司 3 年（2012 年至 2015 年）和承包经营 3 年（2017 年至 2020 年），这么多年均没有其他股东参与公司的运营和分配利润，更没有人来主张过任何权利。

三、崔某某提起本次诉讼的法律依据是否具备

崔某某具备提起本次诉讼的法律依据，理由如下：

1. 崔某某主张的股权直接来源于对某公司的出资即投资，是对公司股权的重新构造，更偏向于增资扩股或直接吸收为股东（股东人数增加，注册资本不变，新股东出资额直接变为资本公积金），而非原股东受让。

根据《最高人民法院关于适用〈中华人民共和国公司法〉若干问题的规定（三）》第 22 条规定："当事人之间对股权归属发生争议，一方请求人民法院确认其享有股权的，应当证明以下事实之一：（一）已经依法向公司出资或者认缴出资，且不违反法律法规强制性规定……"本案中，崔某某已经向某公司实际出资，对股权进行了扩充，且不存在任何违反法律强制性规定的情况，所以股东身份应予以认定。

2. 根据法律规定，即便其他股东为实际股东，崔某某也会因某公司同意而当然成为股东。

根据《最高人民法院关于适用〈中华人民共和国公司法〉若干问题的规定（三）》第 23 条规定：当事人依法履行出资义务或者依法继受取得股权后，公司未根据公司法第三十一条、第三十二条的规定签发出资证明书、记载于股东名册并办理公司登记机关登记，当事人请求公司履行上述义务的，人民法院应予支持。据此可见，崔某某提出的诉讼请求于法有据，应依法予以支持其诉讼请求。

四、结论

从事实与法律的角度来看，崔某某应当享有某公司 20% 的股权，某公司应当为其办理股权登记。

本法律意见书仅对一审的证据材料负责。

本法律意见书仅供当事人参考，不作当事人决策和其他用途。

××律师事务所

执业律师：×××

××××年×月×日

（三）案例分析

在上述案件中，律师就当事人的请求出具了一份关于股权确认的法律意见书，这份意见书对于案件中的争议焦点进行了详细的分析，特别是白某某向崔某某的股权转让是否有效，律师在法律意见书中做出了非常细致、全面的梳理与分析，非常具有说服力地表明了股权转让的有效性。

 思考与练习

1. 试述法律意见书的概念与类型。
2. 对比法律意见书与诉讼文书，阐述两者的不同。
3. 简述法律意见书在实务中的作用。

第六章 具体事务的法律咨询

在法律咨询活动中，涉及的事务是非常复杂的，如合同、婚姻、财产、劳动、侵权等。任何一类事务，都涉及不同的法律规定，在从事法律咨询时要掌握不同的法律知识，也要具备不同的分析技巧。

学习目标

1. 掌握物权类事务咨询的知识与技巧。
2. 掌握合同类事务咨询的知识与技巧。
3. 掌握婚姻家庭类事务咨询的知识与技巧。
4. 掌握劳动纠纷类事务咨询的知识与技巧。
5. 掌握侵权类事务咨询的知识与技巧。

第一节　物权类案件的法律咨询

一、物权与物权类纠纷概述

"物权"一词最早始于罗马法，发展至近当代，已经成为大陆法系民法财产权的重要基石。概言之，物权是指人们对物可以直接支配，且可对抗一般人的财产权。①

---

① 梁慧星，陈华彬. 物权法 [M]. 7版. 北京：法律出版社，2020：4 – 5.

（一）物权的概念

物权是反映和表现人与人之间对于财产的所有和利用关系的制度。[①] 由此，我们可以对物权作出以下定义：物权是指权利人对特定物所享有的直接支配和排他的权利，是一项重要的财产权。根据《民法典》第205条规定："本编调整因物的归属和利用产生的民事关系。"对于该法条可以从以下几个方面理解：第一，物权是财产权，其标的物是社会财富的最广泛的表现形式——物。第二，物权的法律关系就是对物的归属和利用所产生的民事权利义务关系。归属即表现为所有权，利用则表现为他物权，在物权编中则表现为土地承包经营权、建设用地使用权、宅基地使用权、居住权和地役权，以及抵押权、质权及留置权。[②]

（二）物权的效力

除去绝对的支配性，无论何种物权，都存在着某些共同的效力，它们是物权所固有的本质属性，使物权表现出与其他权利不同的特性。

1. 排他效力

所谓排他效力，是指在同一标的物上不得同时存在两个以上内容互不兼容的物权。

（1）所有权的排他效力。同一标的物上不能同时存在两个所有权。

（2）他物权的排他效力。同一标的物上不得成立两个在内容上相互冲突的他物权。所有权不能在同一物上共存，但是某些他物权的共存是可能的。例如，将某地设定了建设用地使用权后，不能再为他人设定建设用地使用权，但是可以将该地抵押，设定抵押权，两种权利并不冲突。[③]

2. 优先效力

（1）物权对债权的优先效力。同一标的物上同时存在物权和债权时，物权优先于债权。例如，甲有一件祖传字画，与乙达成协议，以5万元价格出售，次日付款交货。丙知晓后，当晚就找到甲表示欲以6万元价格购买，甲同意并当即付款交货。虽然甲与乙之间的合同在先，但他们之间仅存在债权关系，丙自完成交付时起便对该字画拥有所有权，应优先保护丙对该字画的所有权。

---

① 梁慧星，陈华彬. 物权法［M］. 7版. 北京：法律出版社，2020：5.
② 杨立新. 中华人民共和国民法典释义与案例评注：物权编［M］. 北京：中国法制出版社，2020：3.
③ 王利明. 物权法［M］. 2版. 北京：中国人民大学出版社，2021：5.

（2）物权相互间的效力。同一标的物上存在多个他物权时，成立在先的物权，优先于后成立的物权。《民法典》第 414 条第 1 款规定："同一财产向两个以上债权人抵押的，拍卖、变卖抵押财产所得的价款依照下列规定清偿：（一）抵押权已经登记的，按照登记的时间先后确定清偿顺序；（二）抵押权已经登记的先于未登记的受偿；（三）抵押权未登记的，按照债权比例清偿。"

3. 追及效力

物权的追及效力，是指标的物无论流通到何人之手，物权人均有权追索该物，要求占有者返还原物。[①] 该效力规则不仅适用于所有权，也适用于用益物权和他物权。例如，《民法典》第 406 条规定："抵押期间，抵押人可以转让抵押财产。"抵押权不因抵押财产的所有权移转而消灭，不论抵押财产落于何人之手，抵押权人都可支配该抵押财产。[②]

4. 物上请求权

物上请求权是指物权人在其权利受到侵害时，基于物权而要求特定侵权人恢复物权圆满的权利。《民法典》第 235、236 条赋予了物权人请求他人返还原物、排除妨碍、消除危险的权利。需要注意的是，因侵害物权而产生的损害赔偿请求权虽由物权发生，但其为债权请求权，而非物上请求权。

（三）物权的客体

1. 物权客体的特征

物权客体的实践意义在于其在"人—财产（物）"之间创造了联系，以概念工具的形式被纳入民法理论体系。[③] 物权支配其物而享受其利益，作为支配权，其客体必须是特定的物，具备以下特征：

（1）物权的客体必须存在于人身之外。人的身体及身体的组成部分不能成为物权的客体。

（2）物权的客体必须能够为人力所支配。只有能够被人所控制和支配，才能确定权利的归属和范围。例如，目前火星上的矿产非人力所能支配，所以其不能成为物权的客体。

（3）物权的客体必须具有使用价值和交换价值。物权是一种财产权，支配其物

---

①　王泽鉴. 民法物权［M］. 2 版. 北京：北京大学出版社，2010：50.

②　高圣平，罗帅.《民法典》不动产抵押权追及效力规则的解释论［J］. 社会科学研究，2020（5）：27 - 37.

③　梅夏英. 民法权利客体制度的体系价值及当代反思［J］. 法学家，2016（6）：29 - 44，176.

享受其利益。若物并不存在价值，则不会产生财产关系，也无必要设立财产权利。[①]

2. 物权客体的分类

（1）不动产和动产。所谓不动产，即"土地及其定着物"[②]。建筑物附着于土地，无论是地上还是地下，其总是与土地在物理上是相连的。所谓动产，则是指不动产以外的物，通常可以自由移动，并不附着于土地上，如自行车、风扇等。

（2）主物和从物。两个物在物理上相互独立，必须结合使用才能发挥经济效益，起主要效用的为主物，起辅助和配合作用的为从物。从物并非主物的组成部分，却和主物同属一人，如船和桨。《民法典》第320条规定："主物转让的，从物随主物转让，但是当事人另有约定的除外。"从物随主物一同转让本就是为了更好地发挥主物的经济效能，这是经济实践的反映，但两者是独立存在的客体，在当事人另有约定的情况下，法律应当尊重。[③]

（3）原物和孳息。孳息是原物所产生的收益，可分为天然孳息和法定孳息。天然孳息与获取物的方式无关。例如，树上掉落的果实和人工剪下的羊毛都是天然孳息。法定孳息是根据法律规定，通过对原物实施一定的法律行为而产生的收益，如租金、利息等。

《民法典》第321条对孳息的归属作出了规定，法律尊重当事人的意思自治，若当事人没有约定的，天然孳息原则上由所有权人取得，既有所有权人又有用益物权人的，由用益物权人取得；法定孳息则按照交易习惯取得。

（四）物权类纠纷的内容

物权类纠纷在法律实践中非常常见，如与房地产、土地、动产、担保等有关的纠纷。特别是随着我国城市化进程的发展，房地产类纠纷更是频发与突出。具体而言，物权类纠纷主要包括以下内容：

第一，物权登记纠纷。取得不动产及某些特殊动产的所有权都需要进行登记，因为此类登记发生的纠纷，在日常生活中也非常常见。例如，买方买房后，卖方未按照合同约定为买方办理房产过户登记手续所引发的纠纷。

第二，物权确认纠纷。涉及所有权、用益物权、担保物权的确认纠纷。例如，很多小区公共区域的车位或小区内公共建筑物所有权的归属问题。开发商在小区的公共区域设置了车位，然后高价卖给业主，但业主认为这些车位属于小区全体业主所有，由

---

① 王利明. 物权法 ［M］. 2 版. 北京：中国人民大学出版社，2021：13.
② 王泽鉴. 民法物权 ［M］. 2 版. 北京：北京大学出版社，2010：42.
③ 杨立新. 中华人民共和国民法典释义与案例评注 ［M］. 北京：中国法制出版社，2020：319 – 320.

此相持不下，导致产生冲突与纠纷。对于此类纠纷，需要由人民法院来确认相关权属。

第三，返还原物纠纷。《民法典》第 235 条规定："无权占有不动产或者动产的，权利人可以请求返还原物。"返还原物纠纷产生的原因一般是占有者不享有所有权或使用权，或因为不当得利、担保等致使占有不合法。例如，车主将汽车借与他人使用后，他人无故不归还汽车，这便会引发返还原物纠纷。

第四，排除妨碍纠纷。造成排除妨碍纠纷的原因可能有多种。例如，楼道堆放物品妨碍通行，高层建筑妨碍采光，在他人建筑物上放置设施，制造噪声影响他人正常休息，等等。现在我国很多城市小区高楼林立，导致原有的老建筑物采光变差，这时原有业主可以提起排除妨碍诉讼，要求不得建设高楼。

第五，消除危险纠纷。如果某个所有物对他人造成了危险，即使还没有造成实际损害，也可以请求消除危险。例如，业主将电动车停放在公共区域或楼道内，电动车的电池容易引发火灾，这给其他业主的生命财产安全带来威胁，对此，其他业主可以提起诉讼，要求电动车所有者消除危险。

第六，修理、重作、更换纠纷。如果某种动产或不动产质量不合格，因为修理、重作、更换问题达不成一致意见，就可能导致此类纠纷。例如，某消费者去购买汽车，汽车刚开出店不久就发生漏油现象，而商家拒绝更换或退款。消费者由此怀疑汽车是二手车，商家存在欺诈的嫌疑。在此类纠纷中，消费者可以要求商家修理或更换，甚至要求惩罚性赔偿。

第七，恢复原状纠纷。对于某些财产，如果存在恢复原状的可能性，权利人可以请求恢复原状。这一般适用于合同无效、合同被撤销的情形，也可适用于物权侵权的情形。例如，权利人将物品借与他人或委托他人保管，若他人擅自改动、破坏物品，权利人则可以要求其恢复原状。

第八，财产损害纠纷。当他人破坏了财产所有权人的财产时，财产所有权人不仅可以要求修理、重作、更换或恢复原状，还可以要求赔偿损失。任何对于物权的侵权，都有可能产生财产损害赔偿。例如，承租人在入住房屋后，未经出租人同意，擅自改装房屋，破坏了房屋的原有结构，出租人作为权利人有权要求财产损害赔偿。又如，建筑公司在修路过程中不慎损坏了公共电缆，相关权利人也可以要求其赔偿损失。

二、物权法的基本内容

《民法典》对物权作了详细规定，包括物权的产生、变更与消灭，物权的类型，以及物权的保护等。

（一）物权的变动

1. 物权变动的含义与形态

物权变动是指物权的产生、变更与消灭。

（1）物权的产生。当事人依据法律规定的要件，通过一定的法律行为或其他方式设立物权，从当事人的角度看，即物权的取得。物权的取得可以分为原始取得和继受取得。

原始取得，是指非基于他人既有的权利而取得物权。行为人可以通过生产、获取孳息、先占、添附、拾得遗失物和漂流物、发现埋藏物或者隐藏物、善意取得等方式取得物权。原始取得是全新的权利，标的物上的一切负担皆归于消灭。

继受取得，是指基于他人既有的权利而取得物权，又可分为移转取得和创设取得。移转取得并不改变标的物的原状，基于买卖、赠与等方式受让他人的所有权；创设取得指在他人的所有权上设定用益物权或担保物权。①

（2）物权的变更。物权的变更在广义上包括主体变更、客体变更和内容变更。一般来说，物权的变更多指客体变更和内容变更。物权客体的变更，指的是标的物在量上的增减。例如，所有权的客体因附合、混合而增加，抵押权的客体因部分毁损而减少。物权内容的变更，是指物权在内容上发生改变，如定限物权存续期限的变更。②

（3）物权的消灭。物权的消灭，是指物权依照法律规定，在事实上暂时的或永久的消灭。③ 物权的永久消灭，即物权的客体在客观上毁损灭失，不复存在；物权的暂时消灭则是指物权脱离原主体，而与另一主体相结合。

2. 物权变动的原因

物权变动的原因主要有三个：第一，法律行为。法律行为是物权变动的最主要原因，无论是单方法律行为还是双方法律行为，都可以导致物权的变动。第二，事实行为。常见的事实行为有先占、添附、混同等。所有权与他物权属于同一个人时，他物权因为混同而消灭。例如，在不动产上设定抵押权时，当抵押权人买下抵押物后，此时抵押权就消灭了。第三，公法上的原因。例如，行政征收、没收或人民法院作出的判决书、调解书或强制执行裁定、仲裁裁定等都可以导致物权的变动。④

---

① 王泽鉴. 民法物权［M］. 2 版. 北京：北京大学出版社，2010：55.
② 王泽鉴. 民法物权［M］. 2 版. 北京：北京大学出版社，2010：39.
③ 王利明. 物权法［M］. 2 版. 北京：中国人民大学出版社，2021：61.
④ 房绍坤. 法院判决外之法律文书的物权变动效力问题研究［J］. 法商研究，2015，32（3）：141 - 150. 刘耀东. 论基于法律文书发生的不动产物权变动：以《物权法》第 28 条为中心［J］. 东方法学，2016（1）：33 - 47.

3. 物权变动的模式

《民法典》第 208 条规定："不动产物权的设立、变更、转让和消灭，应当依照法律规定登记。动产物权的设立和转让，应当依照法律规定交付。"公示公信原则是物权法的基本原则，其基本含义是物权经过法定公示办法取得公信力。由法律行为引起的物权变动不仅与交易的当事人有关，也会对潜在的其他民事主体产生影响，为避免第三人遭受损害并保护交易安全，物权变动必须以法定的公示方法向社会公开。

《民法典》第 209 条规定："不动产物权的设立、变更、转让和消灭，经依法登记，发生效力；未经登记，不发生效力，但是法律另有规定的除外。"不动产变动的公示方法是登记，不动产物权变动只有经过登记，才能发生法律效果，否则法律不予保护。该条的但书规定法律有特别规定的，遵照法律特别规定。例如，《民法典》第 374 条规定："地役权自地役权合同生效时设立。"

《民法典》第 224 条规定："动产物权的设立和转让，自交付时发生效力，但是法律另有规定的除外。"《民法典》实际上确立了一种"以债权形式主义为原则，以公示对抗主义为例外的多元物权变动模式"[1]。动产物权的变动自动产交付时生效，这是动产物权变动的公示方式。《民法典》第 224 条所规定的是动产的现实交付，即动产由一方直接占有转移给另一方直接占有。《民法典》第 226、227 和 228 条规定了三种与现实交付相对应的观念交付方式，即简易交付、占有改定和指示交付。观念交付方式不是现实的转移占有，而是以观念上的占有转移代替现实的占有转移，实现物权的变动。

（二）物权的类型

物权的类型主要包括所有权、用益物权、担保物权。

1. 所有权

（1）所有权的含义。"所有权为现行私法的秩序之基本"[2]，是其他物权产生的前提和基础。《民法典》第 240 条规定："所有权人对自己的不动产或者动产，依法享有占有、使用、收益和处分的权利。"所有权包含占有、使用、收益和处分四项权能，但所有权并非这四项权能的简单相加，而是一种完整的支配权。这种支配权有权排除他人对自己物权的不正当干涉，也称为消极权能，表现为物权请求权。除去一般规定，所有权分编还包括国家所有权和集体所有权、私人所有权、业主的建

---

① 王利明. 物权法 [M]. 2 版. 北京：中国人民大学出版社，2021：62.

② 史商宽. 物权法论 [M]. 北京：中国政法大学出版社，2000：59.

筑物区分所有权、相邻关系、共有，以及所有权取得的特别规定。

（2）所有权的特性。所有权是一种全面、完整的支配权。所有权是全面的支配权，对标的物概括地享有占有、使用、收益和处分的权能，是他物权的源头。①《民法典》第241条规定："所有权人有权在自己的不动产或者动产上设立用益物权和担保物权。用益物权人、担保物权人行使权利，不得损害所有权人的权益。"所有权通过权能的分离设立用益物权和担保物权。

所有权具有单一性。所有权是对标的物的统一支配，而非占有、使用、收益和处分权能的简单相加，在内容上不可随意分割。②

所有权具有恒久性。所有权在存续期间不存在限制，也不得预定其存续期限。除非因为标的物毁损灭失、所有权人抛弃等，否则所有权永久存续，但这也不妨碍所有权人实施处分行为时附加条件或者期限。③

所有权具有自我恢复性。所有权人为他人在标的物上设立他物权，即使占有、使用等权能与所有权人发生分离，但只要所有权尚未消灭，他物权消灭后，所有权仍会恢复到完整的权利状态。

2. 用益物权

（1）用益物权的含义。《民法典》第323条规定："用益物权人对他人所有的不动产或者动产，依法享有占有、使用和收益的权利。"用益物权是指非所有权人对他人所有的不动产或者动产享有占有、使用和收益的权利，包括土地承包经营权、建设用地使用权、宅基地使用权、居住权和地役权。

（2）用益物权的特性。用益物权作为一种定限物权，其支配的主要是物的使用价值，在内容上存在限制。

用益物权是在他人物上设立的物权。用益物权之所以是他物权，是因为需要就他人的物而设立，离开他人所有之物，他物权无从设定。

用益物权的设立具有特殊性。尽管《民法典》第323条规定用益物权的客体包括动产，但目前用益物权的客体皆为不动产，原则上都要求通过订立合同取得，并以登记作为设立的生效要件。由于我国目前不动产登记制度发展仍不完善，因此只有建设用地使用权和居住权实行登记生效。

3. 担保物权

（1）担保物权的含义。《民法典》第386条规定："担保物权人在债务人不履行

---

①　史商宽. 物权法论［M］. 北京：中国政法大学出版社，2000：61.

②　史商宽. 物权法论［M］. 北京：中国政法大学出版社，2000：61.

③　梁慧星，陈华彬. 物权法［M］. 7版. 北京：法律出版社，2020：130.

到期债务或者发生当事人约定的实现担保物权的情形，依法享有就担保财产优先受偿的权利，但是法律另有规定的除外。"所谓担保物权，是指债权人为确保债权的清偿，在债务人或第三人财产上设立的，若发生债务人不履行到期债务或发生当事人约定的情形，即可优先受偿的权利，主要包括抵押权、质权和留置权。

（2）担保物权的特性。担保物权具有从属性。被担保债权的合法有效是担保物权存在的前提，即所谓从属性。这种从属性还体现在担保物权随债权的移转而移转，因债权的消灭而消灭。《民法典》第 393 条规定："有下列情形之一的，担保物权消灭：（一）主债权消灭；（二）担保物权实现；（三）债权人放弃担保物权；（四）法律规定担保物权消灭的其他情形。"前三种都是债权消灭的情形。

担保物权具有不可分性。担保物权人在全部债权清偿前，可就担保物之全部行使担保物权，即担保物权的不可分性。不论担保物是否被分割或者部分毁损灭失，还是被担保的债权已被部分清偿或者消灭，担保物权的整体性均不受影响。[①]

担保物权具有物上代位性。《民法典》第 390 条规定："担保期间，担保财产毁损、灭失或者被征收等，担保物权人可以就获得的保险金、赔偿金或者补偿金等优先受偿。被担保债权的履行期限未届满的，也可以提存该保险金、赔偿金或者补偿金等。"担保物权人可就因担保物权的标的物被拍卖或者变卖所得到的欠款、毁损灭失所得到的赔偿金或者代偿物行使权利，此即物上代位性。

（三）物权的保护

《民法典》第 234 条至 238 条规定了物权保护的六种方式，即确认权利、返还原物、排除妨害、消除危险、恢复原状、损害赔偿。这六种方式，可以单独适用，也可以根据权利被侵害的情形合并适用。在程序上，如果权利人认为自己的权利受到侵害，可以向人民法院提起诉讼、申请仲裁或调解，也可以与当事人进行和解。

· 咨询案例[②] ·

案例一：

某银行支行诉某海运公司、某船舶实业公司船舶抵押合同纠纷案[③]

（一）案情介绍

2007 年 5 月 14 日，某海运公司（以下简称海运公司）向某船舶实业公司（以

---

① 董开军. 论担保物权的性质 [J]. 法学研究，1992（1）：28 – 34.
② 以下案例均发生在《民法典》实施前，为使其有现实咨询讲解意义，均适用《民法典》条文。
③ 参见（2016）闽民终 1518 号判决书。

下简称船舶公司）订造一艘货船，双方签订建造船舶合同书，约定船名为"26 000吨双舷侧散货船"，建造该货船的船舶公司不得为该船设立抵押。在案涉船舶建造过程中，船舶公司与甲造船厂（系船舶公司所属分公司）于 2008 年 9 月 11 日虚假签订船舶建造加工合同，并据此虚假合同及船舶相关资料，为案涉船舶在甲海事局办理了船名为"乾利山 19"号轮、船舶所有人为船舶公司的船舶所有权证书。其后，船舶公司在 2010 年 2 月 8 日与其理财顾问单位某银行支行签订最高额抵押合同，约定船舶公司以其所有的在建船舶"乾利山 19"号轮为向该支行的借款提供抵押担保，并办理了抵押登记手续。

船舶于 2012 年 3 月 14 日建造完工，同年 3 月 22 日，海运公司与船舶公司签订船舶交接协议书，并办理了交接手续。2012 年 3 月底，海运公司在乙海事局办理了船舶所有权登记。登记证书记载船名为"天祥 69"号轮，船舶所有权人为海运公司。

（二）事实分析

本案争议的焦点在于海运公司是否应当知道案涉船舶上的抵押权。"乾利山 19"号轮与"天祥 69"号轮为同一物。案涉船舶由海运公司与船舶公司约定建造，船舶公司与甲造船厂虚假签订加工合同，并注册了"乾利山 19"的船名和所有权证书。本案船舶于 2012 年 3 月 22 日完成交接后，某银行支行本应与船舶公司就"乾利山 19"号轮的抵押权登记办理注销，但未予办理。2012 年 3 月 22 日，海运公司支付了相应的对价，同船舶公司办理了船舶交接手续，后续海运公司也办理了所有权登记，并为案涉船舶更名为"天祥 69"号轮，善意取得了案涉船舶的所有权。

（三）法律分析

根据《民法典》第 313 条规定："善意受让人取得动产后，该动产上的原有权利消灭。但是，善意受让人在受让时知道或者应当知道该权利的除外。"海运公司已经支付了相应的对价，且案涉船舶并非二手转让取得，海运公司并无义务也无从审查船舶的在建登记。换言之，在正常的经营活动中，海运公司难以在船舶公司恶意隐瞒的情况下预见案涉船舶已经被第三人设立了抵押权，因此其善意取得了案涉船舶。

（四）结论

海运公司不应当知道案涉船舶上的抵押权，属于善意取得，该船舶上设立的抵押权随之消灭。

案例二：

陈某志诉夏某学土地承包经营权纠纷案①

（一）案情介绍

某村村民委员会以家庭承包的方式，将某地块承包给原告陈某志，承包期限自1994年1月1日起至2043年12月31日止。被告夏某学因开办养殖舍需要，于2017年12月与原告陈某志协商互换土地，并于2017年12月11日签订《土地互换协议》，约定夏某学把自己的土地与陈某志的土地互换。协议签订后夏某学即在互换后的土地上栽种农作物，开始管理使用土地。后陈某志反悔不愿意互换土地，遂以互换合同未经村民委员会备案为由，请求法院判决双方签订的《土地互换协议》无效，并要求被告夏某学立即停止侵权、排除妨碍、恢复原状。

（二）事实分析

本案争议的焦点在于原、被告已履行的互换土地承包经营权的合同是否有效。原告陈某志与被告夏某学双方签订《土地互换协议》，系双方真实意思表示。在合同签订后，双方已履行合同义务，将土地交付对方管理使用，被告夏某学已经在交换后的土地上栽种农作物。

（三）法律分析

根据《民法典》第335条规定："土地承包经营权互换、转让的，当事人可以向登记机构申请登记；未经登记，不得对抗善意第三人。"登记非必要条件，本案中也不存在第三人，双方的《土地互换协议》是否备案并不影响其效力。当事人土地承包经营权互换、转让的，自互换、转让合同生效时发生效力。陈某志与夏某学签订的协议系双方真实意思表示，未违反法律、行政法规的强制性规定，也未违背公序良俗。

（四）结论

原、被告已履行的互换土地承包经营权的合同是合法有效的。

案例三：

常某某诉甲公司、乙公司等返还原物纠纷案②

（一）案情介绍

2015年9月，原告常某某向被告甲公司支付了购买轿车的价款，并将车辆提

---

① 参见（2018）黔02民终2311号判决书。
② 参见（2016）云01民终5615号判决书。

走。被告甲公司于次日向原告出具了购车发票及相应资料，但未将车辆合格证交付给原告。之后，原告向被告乙公司（甲、乙公司存在互帮销售的事实）讨要。2015年12月，乙公司向原告出具《承诺书》，承诺在2016年3月15日前将车辆合格证给予原告。如不能在规定期限内交付车辆合格证，按每天200元赔偿原告，并给予原告一张价值3 000元的售后VIP充值卡。但被告至今未将车辆合格证随车交付。原告遂诉至法院。

经法院查明，本案案涉车辆由被告丙公司生产，车辆出厂后（含车辆相关资料）交付给丁公司销售。丁公司、甲公司、某银行分行三方根据《金融服务网络协议从属协议》约定，甲公司向第三人某银行分行贷款，甲公司以现有及将有的车辆（包括本案案涉车辆）向某银行分行提供抵押担保，并在工商行政管理机关处办理了抵押登记，但某银行分行仅就案涉车辆合格证进行了监管质押，车辆及其他手续实际由甲公司掌控。若甲公司将案涉车辆销售款交付给某银行分行，即可换取质押的车辆合格证。后因甲公司未能将案涉车辆销售款交付给某银行分行，导致本案纠纷的发生。

（二）事实分析

本案中，常某某与甲公司签订了汽车买卖合同，系真实意思表示，其在支付合理购车款提走车辆后，依法取得案涉车辆的所有权。在交付过程中，甲公司仅向常某某交付了车辆，对该车辆的合格证却未予交付。因车辆合格证是车辆不可分割的单证，是机动车整车出厂合格的证明及车辆上户时必备的证件，应随车辆一并转让。某银行分行以办理车辆抵押登记为由持有案涉车辆的合格证，致使被告甲公司无法向常某某履行交付车辆合格证的义务。

（三）法律分析

首先，根据《民法典》第598条规定："出卖人应当履行向买受人交付标的物或者交付提取标的物的单证，并转移标的物所有权的义务。"故甲公司应当按合同约定向常某某交付车辆合格证。其次，根据《民法典》第404条规定："以动产抵押的，不得对抗正常经营活动中已经支付合理价款并取得抵押财产的买受人。"某银行分行虽已办理车辆抵押登记，但其抵押权不得对抗正常经营活动中已支付合理价款并取得抵押财产的常某某。最后，《民法典》第236条规定："妨害物权或者可能妨害物权的，权利人可以请求排除妨害或者消除危险。"

（四）结论

某银行分行应当将车辆合格证交付给常某某。

思考与练习

1. 物权在学理上有哪些类型？

2. 判断汽车与轮胎是否是主物和从物的关系，简述理由。

3. 2021 年 3 月，甲向乙借款 120 万元，一个月后，甲又向丙借款 100 万元，用房屋给丙设定抵押并办理了登记。后房屋被丁公司拆迁，甲从丁公司获得拆迁款 100 万元。两笔债务履行期限同时届满，乙和丙该如何受偿？

第二节　合同类案件的法律咨询

一、合同与合同类纠纷概述

（一）合同的概念与特征

合同是规范交易的法律形式。《民法典》第 134 条规定："民事法律行为可以基于双方或者多方的意思表示一致成立，也可以基于单方的意思表示成立。"《民法典》第 464 条规定："合同是民事主体之间设立、变更、终止民事法律关系的协议。"根据这一规定，合同是作为平等主体的自然人、法人、其他组织之间设立、变更、终止民事权利义务关系的意思表示一致的协议。

合同的特征如下：

1. 合同是一种合意

合同的本质在于合意或协议。由于合同是合意的结果，因此其必须包括以下要素：第一，合同的成立必须要有两个或两个以上的当事人。第二，各方当事人须互相作出意思表示。这就是说，当事人各自从其追求的利益出发而作出意思表示。第三，意思表示是一致的，即当事人达成了一致的协议。

2. 合同是发生法律上效果的民事法律行为

合同不是一种事实行为，而是一种民事法律行为，即能发生当事人所预期的法律效果。但合同是基于双方或多方的意志而产生的，而不是一种单方的民事行为，一方当事人的单方的债务免除、单方允诺等都不是合同行为。由于合同是一种民事行为，因此民法关于民事行为的一般规定，如民事行为的生效要件、民事行为的无效和撤销等，均可适用于合同。

3. 合同以设立、变更或终止民事权利义务关系为目的和宗旨

作为一种反映交易关系的制度工具，合同以设立、变更或终止民事权利义务关系为目的和宗旨。这就是说，一方面，尽管合同主要是有关债权债务关系的协议，但也不完全限于债权债务关系，而会涉及整个民事关系。另一方面，合同不仅导致民事法律关系的产生，而且可以成为民事法律关系变更和终止的原因。无论当事人订立合同旨在达到何种目的，只要当事人达成的协议依法成立并生效，就会对当事人产生法律效力，当事人依照合同的规定享有权利和履行义务。[①]

（二）合同类纠纷的特征

合同类纠纷主要指合同纠纷案件，是平等的自然人、法人、非法人组织之间因签订或履行合同及其他经济往来或非经济往来发生纠纷而形成的案件。其具有以下特点：

1. 合同纠纷案件的主体范围较广

合同纠纷案件主体既包括法人之间、法人和非法人组织之间、法人和自然人之间，也包括自然人之间的纠纷。只要是在平等主体之间发生的经济往来或非经济往来而形成的合同关系纠纷都属于合同纠纷。

2. 合同纠纷案件种类繁多，涉及的范围非常广泛

买卖合同纠纷是最为常见的合同纠纷，涉及合同履行不到位、合同款项未能支付、合同条款争议、拒绝履行合同等情形。除了买卖合同纠纷外，还有很多其他类型的合同纠纷，如贷款合同纠纷、建筑工程施工合同纠纷、代理合同纠纷、承包经营合同纠纷、租赁合同纠纷等。

3. 合同纠纷案件具有财产性特征

一般只有在涉及财产的情况时，才容易引发纠纷。在市场经济条件下，各种以价格为前提的产品、劳务、技术成果等标的物的交换，容易发生利益上的争执，进而导致纠纷。

（三）合同类纠纷的内容

根据合同类纠纷发生原因的不同，合同类纠纷主要包括以下几类：

1. 因合同无效而发生的纠纷

无效合同与有效合同的性质不同，所产生的民事责任也不相同，它的处理原则、

---

① 王利明，杨立新，王轶，等．民法学［M］．6 版．北京：法律出版社，2020：562.

方法和处理结果也是不同的。有效合同受法律保护，发生纠纷时，应按照合同条款追究违约责任。而无效合同是相对于有效合同而言的，凡不符合法律规定的要件的合同，都不能产生合同的法律效力，都属于无效合同。无效合同自始无效，法院不承认合同所签订的条款，法律对合同条款不予保护，对无效合同所引起的财产结果，不能按合同条款处理，而应当依法采取返还、赔偿、补偿等方法处理。

2. 因一方或双方违约而发生的纠纷

从司法实践来看，合同纠纷产生的原因往往是当事人存在过错，不履行或不完全履行合同义务。在此情形下，违约方就可能需要承担违约责任，由无过错方追究其不履行或不完全履行合同义务的违约责任。《民法典》第 584 条规定："当事人一方不履行合同义务或者履行合同义务不符合约定，造成对方损失的，损失赔偿额应当相当于因违约所造成的损失，包括合同履行后可以获得的利益；但是，不得超过违约一方订立合同时预见到或者应当预见到的因违约可能造成的损失。"

3. 因合同条款不明确而发生的纠纷

在现实生活中，由于事务本身的复杂性及当事人法律知识的欠缺，合同条款就会出现不完整或存在重大漏洞的现象。一旦发生争议，如何确定合同的内容就会变得极为棘手。

4. 因合同履行而发生的纠纷

很多合同的履行极为复杂。例如，建筑工程施工合同，此类合同条款复杂，周期长，履行时间不对称，质量问题涉及多方面的因素，此类工程是否合格，不合格的情况有多严重，都极易引发争议。因此，建筑工程类纠纷在法律实务中是一种较为难处理的纠纷。

二、合同相关的法律

合同相关的法律主要体现在《民法典》的合同编中，以下将从合同的订立、效力、履行、解除、违约责任等方面来展开列举，由于《民法典》中与合同相关的法条较多，此处仅列举部分重点法条。

（一）合同的订立

1. 合同的订立方式

当事人订立合同可以采取多种形式，如书面形式、口头形式，还有电子邮件等形式。另外，在电子商务非常发达的时代，电子合同也极为普遍。按照《民法典》第 469 条规定："以电子数据交换、电子邮件等方式能够有形地表现所载内容，并可以随时调取查用的数据电文，视为书面形式。"电子合同在法律上被视为书面合同。

2. 合同的内容

合同的内容由当事人约定，一般包括当事人的姓名或者名称、住所、标的、数量、质量、价款或者报酬、履行期限、地点和方式、违约责任和解决争议的方法。

3. 要约和承诺

当事人订立合同，可以采取要约、承诺方式或者其他方式。

4. 格式条款

格式条款是当事人为了重复使用而预先拟定，并在订立合同时未与对方协商的条款。格式条款在市场交易与日常生活中极为普遍，有利于降低协商成本，提高交易效率。对于某些比较专业的合同，由于当事人自主拟订合同存在困难，一般也采用格式合同，如房屋买卖合同、电力工程施工合同等。采用格式条款订立合同的，提供格式条款的一方应当按照公平原则确定当事人之间的权利和义务，并采取合理的方式提示对方注意免除或者减轻其责任等与对方有重大利害关系的条款，按照对方的要求，对该条款予以说明。提供格式条款的一方未履行提示或者说明义务，致使对方没有注意或者理解与其有重大利害关系的条款的，对方可以主张该条款不成为合同的内容。

为了限制格式条款被滥用，《民法典》第 497 条规定了格式条款无效的情形，如具有民事法律行为无效的情形；提供格式条款一方不合理地免除或者减轻其责任、加重对方责任、限制对方主要权利；提供格式条款一方排除对方主要权利。

另外，根据《民法典》第 498 条规定，对格式条款的理解发生争议的，应当按照通常理解予以解释。对格式条款有两种以上解释的，应当作出不利于提供格式条款一方的解释。格式条款和非格式条款不一致的，应当采用非格式条款。这些规定的目的都在于限制提供格式条款一方利用自己的优势地位不公平地压榨另一方。

5. 赔偿责任

当事人在订立合同过程中有下列情形之一，造成对方损失的，应当承担赔偿责任：假借订立合同，恶意进行磋商；故意隐瞒与订立合同有关的重要事实或者提供虚假情况；有其他违背诚信原则的行为。另外，如果在订立合同过程中泄露他人的商业秘密，则也应当承担赔偿责任。当事人在订立合同过程中知悉的商业秘密或者其他应当保密的信息，无论合同是否成立，都不得泄露或者不正当地使用；泄露或者不正当地使用该商业秘密或者信息，造成对方损失的，应当承担赔偿责任。

（二）合同的效力

1. 合同的生效

依法成立的合同，自成立时生效，但是法律另有规定或者当事人另有约定的除外。依照法律、行政法规的规定，合同应当办理批准等手续的，依照其规定。但应当办理申请批准等手续的当事人未履行义务的，对方可以请求其承担违反该义务的责任。

2. 几种特殊的情形

无权代理人以被代理人的名义订立合同，被代理人已经开始履行合同义务或者接受相对人履行的，视为对合同的追认。

法人的法定代表人或者非法人组织的负责人超越权限订立的合同，除相对人知道或者应当知道其超越权限外，该代表行为有效，订立的合同对法人或者非法人组织发生效力。

当事人超越经营范围订立的合同的效力，不得仅以超越经营范围确认合同无效。

3. 免责条款

合同中的下列免责条款无效：造成对方人身损害的；因故意或者重大过失造成对方财产损失的。

（三）合同的履行

1. 当事人的义务

当事人应当按照约定全面履行自己的义务。当事人应当遵循诚信原则，根据合同的性质、目的和交易习惯履行通知、协助、保密等义务。当事人在履行合同过程中，应当避免浪费资源、污染环境和破坏生态。

2. 补充协议

合同生效后，当事人就质量、价款或者报酬、履行地点等内容没有约定或者约定不明确的，可以协议补充；不能达成补充协议的，按照合同相关条款或者交易习惯确定。

3. 合同约定不明

当事人就有关合同内容约定不明确，依据《民法典》其他规定仍不能确定的，适用下列规定：

（1）质量要求不明确的，按照强制性国家标准履行；没有强制性国家标准的，按照推荐性国家标准履行；没有推荐性国家标准的，按照行业标准履行；没有国家标准、行业标准的，按照通常标准或者符合合同目的的特定标准履行。

（2）价款或者报酬不明确的，按照订立合同时履行地的市场价格履行；依法应当执行政府定价或者政府指导价的，依照规定履行。

（3）履行地点不明确，给付货币的，在接受货币一方所在地履行；交付不动产的，在不动产所在地履行；其他标的，在履行义务一方所在地履行。

（4）履行期限不明确的，债务人可以随时履行，债权人也可以随时请求履行，但是应当给对方必要的准备时间。

（5）履行方式不明确的，按照有利于实现合同目的的方式履行。

（6）履行费用的负担不明确的，由履行义务一方负担；因债权人原因增加的履行费用，由债权人负担。

上述规定分别对质量、价款或者报酬、履行地点、履行期限、履行方式、履行费用在出现合同约定不明确的情况下，作了原则性的规定。但是要根据具体的案件事实来确定，包括当地的交易习惯、常识、常情、常理等来确定。例如，订立有一定保质期限的蔬菜类合同，其关于履行方式的确定，必然不同于买卖建筑材料的合同。

（四）合同的解除

1. 债权债务终止

债权债务终止的情形：债务已经履行；债务相互抵消；债务人依法将标的物提存；债权人免除债务；债权债务同归于一人；法律规定或者当事人约定终止的其他情形。合同解除的，该合同的权利义务关系终止。债权债务终止时，债权的从权利同时消灭，但是法律另有规定或者当事人另有约定的除外。

债权债务终止后，当事人应当遵循诚实信用等原则，根据交易习惯履行通知、协助、保密、旧物回收等义务。

2. 解除合同的情形

当事人协商一致的，可以解除合同。当事人可以约定一方解除合同的事由。解除合同的事由发生时，解除权人可以解除合同。

当事人可以解除合同的情形：因不可抗力致使不能实现合同目的；在履行期限届满前，当事人一方明确表示或者以自己的行为表明不履行主要债务；当事人一方迟延履行主要债务，经催告后在合理期限内仍未履行的；当事人一方迟延履行债务或者有其他违约行为致使不能实现合同目的；法律规定的其他情形。

以持续履行的债务为内容的不定期合同，当事人可以随时解除合同，但是应当在合理期限之前通知对方。

3. 解除期限

法律规定或者当事人约定解除权行使期限，期限届满当事人不行使的，该权利消灭。法律没有规定或者当事人没有约定解除权行使期限，自解除权人知道或者应当知道解除事由之日起 1 年内不行使，或者经对方催告后在合理期限内不行使的，该权利消灭。

4. 解除前的通知义务

当事人一方依法主张解除合同的，应当通知对方。合同自通知到达对方时解除；通知载明债务人在一定期限内不履行债务则合同自动解除，债务人在该期限内未履行债务的，合同自通知载明的期限届满时解除。对方对解除合同有异议的，任何一方当事人均可以请求人民法院或者仲裁机构确认解除行为的效力。

当事人一方未通知对方，直接以提起诉讼或者申请仲裁的方式依法主张解除合同，人民法院或者仲裁机构确认该主张的，合同自起诉状副本或者仲裁申请书副本送达对方时解除。

5. 合同解除后的处理

合同解除后，尚未履行的，终止履行；已经履行的，根据履行情况和合同性质，当事人可以请求恢复原状或者采取其他补救措施，并有权请求赔偿损失。合同因违约解除的，解除权人可以请求违约方承担违约责任，但是当事人另有约定的除外。主合同解除后，担保人对债务人应当承担的民事责任仍应当承担担保责任，但是担保合同另有约定的除外。

（五）违约责任

当事人一方不履行合同义务或者履行合同义务不符合约定的，应当承担继续履行、采取补救措施或者赔偿损失等违约责任。

当事人一方明确表示或者以自己的行为表明不履行合同义务的，对方可以在履行期限届满前请求其承担违约责任。

关于违约责任的承担，如果能够继续履行，则应当继续履行，但对于那种不能继续履行的情况，只能通过赔偿损失等方式来追究违约责任。根据《民法典》第580 条的规定，当事人一方不履行非金钱债务或者履行非金钱债务不符合约定的，对方可以请求履行，但是有下列情形之一的除外：①法律上或者事实上不能履行；②债务的标的不适于强制履行或者履行费用过高；③债权人在合理期限内未请求履行。有上述情形之一，致使不能实现合同目的的，人民法院或者仲裁机构可以根据当事人的请求终止合同权利义务关系，但是不影响违约责任的承担。

·咨询案例·

案例一：

孙某与上海某美容有限公司服务合同纠纷案

（一）案情介绍①

2010 年 7 月 18 日，原告孙某与被告上海某美容有限公司（以下简称美容公司）签订了服务协议，协议约定：本协议的期限自 2010 年 7 月 18 日起至 2011 年 1 月 18 日止。原告选择被告提供的价值人民币 10 万元的尊贵疗程，所有项目疗程单价按 85 折从卡内扣。如原告未按计划及进程表接受被告提供的服务，经被告善意提醒，仍未能有改善，且超过本协议约定的服务期限的，则视为原告放弃被告提供的服务。原告保证遵照被告制定的方案，适时参加各类项目及正确使用相关产品，如因原告自身原因不能按被告制定的方案切实履行，则原告不能要求退还任何已支付给被告的费用；原告保证在被告的合理安排下，参加协议约定的各类项目，如因自身原因连续 3 个月不能参加相关项目，则被告有权终止服务，原告保证不得向被告要求退赔任何费用；根据个人情况的不同，被告提供的服务期限一般为 3 ~ 12 个月，原告保证努力遵守被告制定的方案及进程，以配合被告服务的实施。原告任何懈怠的态度或违反方案及进程的行为，经被告善意提醒而未有改善的，被告有权终止对原告的服务，原告不得要求被告退赔任何费用。被告为确保双方协议完整履行，特向原告发布声明书，郑重声明："为促使您达到理想的疗体效果，您必须：（1）遵从我司的顾问指示；（2）配合营养师的指导调整进食时间；（3）配合纤体部之安排并参与所有纤体疗程。如因您个人原因，不能配合我司上述之安排而导致纤体疗程失败或进度缓慢，我司一概不负任何责任，也不会因此退还余款，并保留按照协议追究违约责任的权利。"原告在该声明书上签字予以确认。2010 年 7 月 18 至 20 日，原告分两次向被告支付了人民币 10 万元的服务费。原告于 2010 年 7 月 19 至 31 日在被告处多次接受相应的瘦身疗程服务，后原告因体重未能减轻，停止在被告处接受

---

① 参见（2012）黄埔民一（民）初字第 95 号判决书。

瘦身疗程。原告于2011年2月以原、被告之间所签订的服务合同未约定具体的服务内容，对原告显失公平，且原告对服务协议存在重大误解为由诉至法院，要求撤销原、被告之间于2010年7月18日所签订的服务协议，并要求被告返还服务费人民币10万元。

（二）事实分析

因原、被告双方签订的服务协议明确约定本协议的期限自2010年7月18日起至2011年1月18日止，现该协议已经期满失效，无须再予解除。鉴于原、被告双方签订的服务协议系双方真实意思的表示，对双方均具有法律约束力，当事人应当按照约定履行自己的义务，不得擅自变更或者解除合同。原告于2010年7月19日至31日在被告处接受了不到1个月的服务，而要想达到瘦身效果需要原、被告双方配合，其中饮食、疗程、运动等诸多因素均可对瘦身效果产生影响。原告以不到1个月的疗程效果不理想而对被告疗效丧失信心为由，不愿再继续接受被告服务，属于不履行合同义务。且原告放弃继续接受被告服务的行为本身亦违反了双方服务协议中原告所做的承诺："原告保证遵照被告制定的方案，适时参加各类项目及正确使用相关产品，如因原告自身原因不能按被告制定的方案切实履行，则原告不能要求退还任何已支付予被告的费用。"被告亦在声明书中明确告知了原告如因个人原因不配合疗程服务的相应后果。

（三）法律分析

根据案情，原、被告双方于2010年7月18日签订的服务协议属于非典型合同，根据《民法典》第467条规定："本法或者其他法律没有明文规定的合同，适用本编通则的规定，并可以参照适用本编或者其他法律最相类似合同的规定。"该服务合同与承揽合同相类似，承揽属于提供服务的典型交易形式，因此，法律对于承揽合同所设置的法律规则，对其他提供服务的合同具有参照适用的效力，案涉合同可参照适用承揽合同的法律规则。

合同约定的"本协议的期限自2010年7月18日起至2011年1月18日止"，说明该合同属于附期限的合同。根据《民法典》第160条规定："民事法律行为可以附期限，但是根据其性质不得附期限的除外。附生效期限的民事法律行为，自期限届至时生效。附终止期限的民事法律行为，自期限届满时失效。"合同是典型的民事法律行为，因此该合同自约定的期限届满之日起便已终止，无须当事人诉请法院解除。

合同约定了双方的权利与义务，且经双方签字确认，可认为是双方真实意思表示，具有法律上的约束力，合同一方违反约定属于违约行为，应当承担相应的违约责任。在该案中，原告以不到1个月的疗程效果不理想而对被告疗效丧失信心为由，不愿再继续接受被告服务，属于不履行合同义务。

合同还约定了"如因您个人原因，不能配合我司上述之安排而导致纤体疗程失败或进度缓慢，我司一概不负任何责任，也不会因此退还余款，并保留按照协议追究违约责任的权利"这一条款，该条款从性质上属于格式条款，根据法律规定，经营者不得以格式合同、通知、声明、店堂告示等方式作出对消费者不公平、不合理的规定，格式合同、通知、声明、店堂告示等包含上述内容的，该内容无效。在原告签订的服务协议及声明书中虽写明原告放弃或不按照被告的安排接受服务，则不退还余款，但这些余款不退的约定系由被告预先拟定的格式条款，而且纵观服务协议及声明书的内容，仅对原告的权利进行了约束，而丝毫没有诸如是否需达到服务效果、被告在无法达到服务效果时是否应承担责任、被告在不能提供相应服务时应承担何种责任等对被告进行相应约束的约定。而作为消费者的原告一旦预付了服务期内的所有费用，即使对服务效果不满意也无法放弃接受服务。显然，提供格式条款的被告并未遵循公平原则来确定其与原告之间的权利和义务，服务协议及声明书中关于原告放弃服务不退还余款的约定明显加重了原告的责任，排除了原告的权利，这些约定条款应属无效。

（四）结论

该案例涉及的合同属于无名合同，根据其性质可以参照适用承揽合同的规定；该合同属于附期限的合同，合同约定的期限届满，合同自然终止；双方在合同中约定了权利义务，拒绝履行合同义务将会承担违约责任；作为具有优势地位的服务提供者，在制定合同条款时，应该秉持公平原则，加重对方责任或者限制对方权利会导致合同条款无效。

案例二：

鲁某某与李某某买卖合同纠纷案

（一）案情介绍①

2020 年 10 月 16 日，鲁某某向李某某购买二手挖掘机一台，双方口头约定售价31 600 元。鲁某某于协议当日向李某某微信转账3 600 元作为定金，并开走了挖掘机。2020 年 11 月 1 日，鲁某某向李某某微信转账2 万元。2021 年 5 月 12 日，鲁某某向李某某微信转账2 000 元。2021 年 7 月 12 日，因挖掘机需修理，李某某支付挖掘机修理费 13 150 元。2021 年 7 月 14 日，鲁某某向李某某微信转账6 000 元。2022

---

① 参见（2022）云 09 民终 745 号判决书。

年 2 月 28 日，鲁某某向李某某出具欠李某某货款及修理费 9 000 元的欠条一份，承诺于 2022 年 3 月 8 日前支付完毕，逾期未支付则返还李某某挖掘机。2022 年 3 月 25 日，李某某拖走了鲁某某购买的挖掘机。鲁某某认为，李某某侵犯了鲁某某的合法权益，为此提起诉讼，要求李某某返还挖掘机、赔偿另行租赁挖掘机自 2022 年 3 月 25 日起至挖掘机实际归还之日止按每月 1 800 元计算的损失，以及由李某某负担案件受理费。

（二）事实分析

在本案当中，鲁某某和李某某以口头的方式达成了合意，双方订立了买卖合同。虽然在一般人看来，签订合同必须要有一个书面形式，但合同双方口头达成的合意，并不影响合同的成立。只要双方达成一致意见，就订立了合同。只要有证据表明口头合同成立，双方均应严格履行合同义务，不履行或不完全履行口头合同中的义务的，同样要承担违约责任。

（三）法律分析

买卖合同是出卖人转移标的物所有权于买受人，买受人支付价款的合同。合同生效后，当事人就质量、价款或者报酬、履行地点等内容没有约定或者约定不明确的，可以协议补充；不能达成补充协议的，按照合同相关条款或者交易习惯确定。履行期限不明确的，债务人可以随时履行，债权人也可以随时请求履行，但是应当给对方必要的准备时间。买受人应当按照约定的时间支付价款。对支付时间没有约定或者约定不明确，依据《民法典》第 510 条的规定仍不能确定的，买受人应当在收到标的物或者提取标的物单证的同时支付。本案中，因鲁某某、李某某的买卖合同是以口头方式订立的，鲁某某向李某某购买挖掘机，李某某将挖掘机交付鲁某某后，鲁某某未支付完货款，货款的履行时间约定不明确。李某某以鲁某某未支付完货款为由收回挖掘机后，对挖掘机进行修理，支出了修理费。后鲁某某、李某某对未支付完的货款、修理费达成补充协议，由鲁某某尽快支付李某某货款、修理费，挖掘机由鲁某某取回。鲁某某取回货物后，向李某某支付了部分货款、修理费。经鲁某某、李某某再次协商，确定了支付金额、期限，鲁某某向李某某出具欠条，书面承诺履行期限，若逾期未支付货款、修理费，则挖掘机由李某某收回。逾期后，李某某以鲁某某违反承诺为由按约定收回了货物。在货款支付时间约定不明阶段，鲁某某就应当在收到挖掘机的同时向李某某支付货款；双方补充协议另行确定支付金额及支付期限，鲁某某逾期未向李某某履行，达到李某某收回挖掘机的条件，故李某某收回挖掘机于法有据。

（四）结论

在日常生活中，口头合同占大多数，口头合同具有简单快捷这一优点，可以涵盖人们生活的方方面面。但是，对于比较复杂的事务，口头合同就难以杜绝争议，特别是如果一个国家还没有建立完善的征信体系，那么口头合同更容易遭遇违约。因此，对于标的额较大，法律关系较为复杂的事项，应当签订书面合同，从而确保交易的安全性。

案例三：

赵某某与梁某某房屋租赁合同纠纷案

（一）案情介绍①

2018 年 7 月 23 日，梁某某（甲方、出租方）与赵某某（乙方、承租方）签订《房屋租赁合同》，约定甲方向乙方出租案涉房屋，租期为 2018 年 8 月 2 日至 2019 年 8 月 1 日。租金为每月 7 700 元；付款方式为每三个月支付一次，提前 3 天预付；押金为 7 700 元。在合同到期时，待结清相关费用后，甲方退还乙方押金。甲方应为乙方提供水、电、煤气等的正常使用。乙方在租赁期内所用的水、电、煤气，甲方每月按实际用量结算，乙方按单交付。如果不续租房屋，乙方须配合甲方提前 1 个月看房。据此，赵某某向梁某某支付了押金；梁某某向赵某某交付了案涉房屋。案涉房屋内有液化煤气罐。合同到期后，双方口头约定续租。赵某某交纳了 2021 年 1 月 31 日前的租金。租赁期间双方因开锁问题协商过分担费用的事项。2019 年 1 月，赵某某支付了液化煤气罐租瓶费 150 元。

2020 年 5 月，因疫情原因，双方协商减免部分租金。

2020 年 12 月 27 日，赵某某通过微信提出租赁期间房屋经常出现问题，无法居住，可能要退租。梁某某答复如果不满意房屋，可以退租，不构成违约。次日，梁某某表示待年后再说。2021 年 1 月 5 日，赵某某称因受到楼下邻居的辱骂和威胁，需解除合同。梁某某表示同意，但须配合看房，等租出去了才会退还押金。此后，梁某某委托案外人带人看房，赵某某予以了配合。

2021 年 1 月 28 日，赵某某告知梁某某已搬离案涉房屋，梁某某称曾告知对方待出租后再退还押金，且年后为淡季不易出租。赵某某表示异议，希望对方于 2021 年 1 月底来交接。

2021 年 2 月 7 日，赵某某告知梁某某将在 2 月 9 日离开该市，催促梁某某尽快退还押金并交接房屋。梁某某坚持再次出租后方可退还押金。

2021 年 2 月 28 日，赵某某再次催促退还押金，认为不退押金则不交钥匙。梁

---

① 参见（2022）京 02 民终 8252 号判决书。

某某表示不予同意。当日，梁某某自行开锁，控制案涉房屋。案涉房屋的钥匙、换气证、购电卡、购水卡及液化煤气罐均在赵某某处。

赵某某向一审法院提起诉讼，其诉讼请求为：①判令梁某某向赵某某退还押金7 700元；②判令梁某某赔偿赵某某下水道、厨房墙壁维修费等损失费共计170元；③判令梁某某支付液化煤气罐租瓶费150元；④判令梁某某赔偿赵某某门锁维修费430元；⑤判令梁某某退还赵某某房屋租赁费200元。

梁某某向一审法院提起反诉，其诉讼请求为：赵某某支付梁某某房门损失费1 000元，空调维修费1 000元，柜子维修费1 200元，水费100元，液化煤气罐补瓶费190元。

（二）事实分析

本案中租赁期限届满，双方口头约定续租，应为不定期租赁合同。不定期租赁，当事人可以随时解除合同，但是应当在合理期限之前通知对方，故赵某某提前通知解除合同的行为，于法有据。在合同解除后，承租人应当返还租赁标的，出租人也应当配合交接。双方当事人均有避免损失扩大的义务。鉴于梁某某明知案涉房屋已经腾空，在赵某某明确表示拒绝交付钥匙后，其负有及时减损的义务，应当及时收回房屋，故双方当事人对于房屋空置均有过错，应当分担此期间产生的使用费及相应的换锁费用。法院根据双方过错，确定各自负担的费用。第一，梁某某应当退还押金。第二，关于门锁维修费一项，鉴于赵某某认可已在租金中扣除，故对该项诉讼请求不予支持。第三，关于液化煤气罐租瓶费一项，鉴于赵某某认可租瓶费已在租金中扣除，且其将煤气罐搬离，故对赵某某的此项诉讼请求不予支持；因此梁某某的补瓶费属于合理费用，梁某某虽未对补瓶费进行举证，但其主张的标准低于法院调查之结果，故对梁某某此项诉讼请求予以支持。第四，关于水费一项，赵某某应支付其使用期间的水费。第五，关于赵某某所述下水道等维修费，属于使用损耗，应当由梁某某负担。第六，关于梁某某主张的家具及家电维修费用一项，首先柜子及房门的损坏并非日常之损耗，梁某某不能证明房屋交付时存在上述损坏，故法院不予支持；其次关于空调维修费，双方均认可空调存在故障，但对于故障的表现、原因、维修费用及当事人之间的告知等情况均未举证，梁某某的证据不足以证明维修费用的准确或合理金额。第七，关于赵某某要求退还租金200元的诉讼请求，鉴于合同履行时间较长，而双方在合同履行中租金存在多次抵扣，且双方因疫情曾协商过减免租金，赵某某均未提及超付租金一事，故其主张与常理不符。

（三）法律分析

根据《民法典》第707条规定："租赁期限六个月以上的，应当采用书面形式。当事人未采用书面形式，无法确定租赁期限的，视为不定期租赁。"案涉租赁合同的租期为 1 年，根据法律规定需采用书面形式，当事人未采用书面形式，故该合同为不定期租赁合同。又根据《民法典》第 563 条规定："有下列情形之一的，当事人可以解除合同：（一）因不可抗力致使不能实现合同目的；（二）在履行期限届满前，当事人一方明确表示或者以自己的行为表明不履行主要债务；（三）当事人一方迟延履行主要债务，经催告后在合理期限内仍未履行；（四）当事人一方迟延履行债务或者有其他违约行为致使不能实现合同目的；（五）法律规定的其他情形。以持续履行的债务为内容的不定期合同，当事人可以随时解除合同，但是应当在合理期限之前通知对方。"本案中赵某某通知梁某某解除合同的行为符合法律规定。梁某某明知案涉房屋已经腾空，负有及时减损的义务，应当及时收回房屋，且梁某某拒绝退还押金，要求房屋再出租后才能退还押金，缺乏依据，故对于房屋空置的损失其应承担相应责任。赵某某明确表示拒绝交付钥匙，对于房屋空置的损失亦应承担责任。

（四）结论

通过上述案例，我们可以看到哪怕是一份非常简单的合同，在履行过程中都有可能产生各种各样的争议。在本案中，因为租赁期限、租赁期间的房屋维修、押金退还、合同解除后的附随义务与责任承担，都产生了争议与矛盾。此类争议与矛盾看似简单，但需要将矛盾要点准确地梳理出来，并给出合理的处理建议。

 思考与练习

1. 合同具有什么特征？
2. 试述合同无效的情形。
3. 租赁合同具有什么特点？处理租赁合同纠纷时要注意什么？
4. 如果合同对相关内容的约定不明确，那么应如何处理？

第三节　婚姻家庭类案件的法律咨询

一、婚姻家庭类纠纷概述

（一）婚姻与家庭的概念

婚姻是男女两性共同生活的制度化形式。家庭是基于婚姻、血缘或其他机制所形成的一种组织，组织成员之间具有某种情感、抚养、赡养、经济协作或共同生活的关系。婚姻家庭法律关系，就是婚姻双方、家庭成员及其他亲属之间的权利义务关系，既包括婚姻关系，也包括家庭关系和其他亲属关系。①

按照我国法律规定，婚姻是男女之间的结合，同性婚姻目前不受我国法律的认可。

从法律的角度来看，家庭是一种有着独特权利义务内容的组织，其不同于企业、学校、政府。其他类型的组织可能是一种纯粹的、没有情感的法律关系，但家庭的内在逻辑决定了其内部的权利义务关系不可能是纯粹的法律关系，这也决定了法律对于家庭生活的规范与调整应遵守特定的界限，其调整方法也有别于一般性的人际关系。例如，家庭内部矛盾，应首先适用调解的方法解决。

（二）婚姻家庭类纠纷的内容

1. 婚前协议纠纷

婚前协议主要是指夫妻双方可以约定婚姻关系存续期间相互之间的权利义务关系或者所得的财产及婚前财产归各自所有、共同所有或部分各自所有、部分共同所有的协议。婚前协议如果涉及财产就属于约定财产制。约定财产制是相对于法定财产制而言的。法定财产制是依照法律规定直接适用的财产制，约定财产制是夫妻以契约的形式依法选择适用的财产制。约定财产制优先于法定财产制适用，只有在没有约定或者约定不明的情形下，才适用法定财产制。婚前协议容易引发纠纷。例如，很多男女在恋爱期间会签订一份权利义务极不对等的协议，约定结婚后若离婚，则一方给予对方多少钱，不做家务将赔偿多少钱，结婚后将所有房产过户到另一方名下，等等。在此协议下，男女双方若后期感情破裂，则很容易引发矛盾。

2. 结婚引发的纠纷

我国实行婚姻自由的基本原则，但结婚不仅仅是男女两性的两情相悦，而是两个家庭之间的关系互动，在此过程中极容易引发各种矛盾纠纷。例如，彩礼与嫁妆的安排、婚礼中财务的分配、婚房的购买、房产的登记等，此类纠纷不胜枚举。

3. 离婚引发的纠纷

离婚是婚姻关系终止的基本原因之一，是指夫妻双方在婚姻关系存续期间依照

---

① 杨大文，龙翼飞. 婚姻家庭法［M］. 7 版. 北京：中国人民大学出版社，2018：17.

法律规定终止婚姻关系的法律行为。离婚引发的纠纷更为突出，离婚意味着感情已经破裂，财产分割、孩子抚养权等都是争论不休的问题。例如，财产分割问题，一旦夫妻双方离婚，婚姻生活关系中的一切财产利益都要计算清楚，但实际上又很难计算得清楚，因此就会引发争议。孩子抚养权问题，也是争议的焦点，特别是双方都可能将孩子视为未来人生的寄托，都会极力争取孩子的抚养权。

4. 抚养相关纠纷

抚养子女是父母的法定义务。抚养义务不因是婚生子女和非婚生子女而有不同，也不因夫妻是否离婚而有不同。抚养关系的处理应坚持以未成年人利益最大化为原则。父母应该在抚养子女的过程中尽心尽责，不应侵害子女的合法权益，应帮助子女健康成长。父母即使离婚，仍然要给予子女充分的物质与精神支持。父母不应虐待子女，不应遗弃未成年子女。在抚养关系中，如果父母离婚，则也应适当地照顾父母的精神权利，如探望的权利。抚养相关纠纷较为常见的是，一方抚养子女，但拒绝另一方探望子女，或者另一方拒绝支付抚养费。为此类纠纷打官司的情况很多，很多时候只能通过调解来解决。调解既能使得此类纠纷快速、圆满地解决，也能为孩子的健康成长营造良好的环境，使其能够同时得到父母的关爱。

5. 赡养相关纠纷

赡养父母不仅是中华民族的传统美德，也是子女的法定义务。赡养人应当履行对老年人经济上供养、生活上照料和精神上慰藉的义务，照顾老年人的特殊需要。因赡养引发的纠纷也比较突出。对于多子女家庭，可能存在互相推诿、拒不赡养老人的情况；而对于独生子女家庭，则可能存在无人赡养老人的情况。赡养老人的背后可能还涉及财产问题，因为老年人的赡养费与医疗费是一笔不小的支出，很多并不宽裕的子女可能试图回避此类义务，这就可能引发纠纷和诉讼。

二、婚姻家庭类法律的基本内容

（一）婚姻方面的法律

1. 与结婚有关的法律规定

《民法典》第 1046 条规定："结婚应当男女双方完全自愿，禁止任何一方对另一方加以强迫，禁止任何组织或者个人加以干涉。"首先结婚的主体必须是男女两性，其次是双方完全自愿，这是婚姻自由原则的要求。男女双方在决定是否结婚时，禁止一方强迫另一方，同样也禁止男女双方之外的其他组织、家庭成员对婚姻当事人的婚姻自由进行干涉。

《宪法》第 49 条第 4 款中规定，"禁止破坏婚姻自由"。根据该条规定，婚姻自由是《宪法》规定的一项公民基本权利，也是《民法典》婚姻家庭编中规定的基本婚姻制度。具体体现为婚姻自主权这一人格权利，即自然人有权在法律规定的范围内，充分享有自主决定本人婚姻的权利，不受其他任何人强迫与干涉。婚姻自由包括结婚自由和离婚自由，二者共同构成婚姻自由原则的完整含义。

《民法典》第 1048 条规定："直系血亲或者三代以内的旁系血亲禁止结婚。"《民法典》继承了《中华人民共和国婚姻法》中关于禁止近亲结婚的规定，但删除了"患有医学上认为不应当结婚的疾病"的规定。《民法典》第 1049 条规定："要求结婚的男女双方应当亲自到婚姻登记机关申请结婚登记。符合本法规定的，予以登记，发给结婚证。完成结婚登记，即确立婚姻关系。未办理结婚登记的，应当补办登记。"根据本条规定，男女双方结婚，除符合结婚的实质性要件外，还应当履行法定的程序，到婚姻登记机关办理结婚登记手续。结婚登记既是结婚的必经程序，亦是婚姻成立的形式要件。

2. 婚姻无效的法律规定

《民法典》第 1051 条规定："有下列情形之一的，婚姻无效：（一）重婚；（二）有禁止结婚的亲属关系；（三）未到法定婚龄。"该条所述情形严重违反了法律的强制性规定，因此应属无效。

当事人或者利害关系人向人民法院申请宣告婚姻无效的，应当符合一定的条件或在一定期限内行使权利。根据《最高人民法院关于适用〈中华人民共和国民法典〉婚姻家庭编的解释（一）》第 10 条规定："当事人依据民法典第一千零五十一条规定向人民法院请求确认婚姻无效，法定的无效婚姻情形在提起诉讼时已经消失的，人民法院不予支持。"该条规定意味着提起诉讼时，法定的婚姻无效情形在提起诉讼时应当仍然存在。根据该解释第 14 条规定："夫妻一方或者双方死亡后，生存一方或者利害关系人依据民法典第一千零五十一条的规定请求确认婚姻无效的，人民法院应当受理。"

3. 可撤销婚姻的法律规定

根据《民法典》第 1052 条规定："因胁迫结婚的，受胁迫的一方可以向人民法院请求撤销婚姻。请求撤销婚姻的，应当自胁迫行为终止之日起一年内提出。被非法限制人身自由的当事人请求撤销婚姻的，应当自恢复人身自由之日起一年内提出。"在可撤销婚姻纠纷中，法律赋予当事人一定的选择权，即可以不撤销，从而为那种带有一定强迫性、但当事人总体还能够接受的婚姻保留了合法存在的空间。

这一条款将婚姻撤销权的行使限制在一年的期限内，目的在于使社会关系尽快稳定下来。

《民法典》第1053条规定："一方患有重大疾病的，应当在结婚登记前如实告知另一方；不如实告知的，另一方可以向人民法院请求撤销婚姻。请求撤销婚姻的，应当自知道或者应当知道撤销事由之日起一年内提出。"对于重大疾病的具体范围，《民法典》未作明确规定。根据《中华人民共和国母婴保健法》（以下简称《母婴保健法》）第8条的规定："婚前医学检查包括下列疾病的检查：（一）严重遗传性疾病；（二）指定传染病；（三）有关精神病。"这一条可以作为认定重大疾病的参照。

4. 与离婚有关的法律规定

《民法典》第1076条规定："夫妻双方自愿离婚的，应当签订书面离婚协议，并亲自到婚姻登记机关申请离婚登记。离婚协议应当载明双方自愿离婚的意思表示和对子女抚养、财产以及债务处理等事项协商一致的意见。"本条规定明确了离婚协议是夫妻双方申请离婚登记的必备条件，并规定了离婚协议应当包含的具体内容。《民法典》第1077条规定："自婚姻登记机关收到离婚登记申请之日起三十日内，任何一方不愿意离婚的，可以向婚姻登记机关撤回离婚登记申请。前款规定期限届满后三十日内，双方应当亲自到婚姻登记机关申请发给离婚证；未申请的，视为撤回离婚登记申请。"本条规定为新增条文，设置了离婚冷静期制度。离婚冷静期是法律强制要求当事人在正式离婚前冷静反思婚姻关系，以决定是否离婚的考虑期。这一程序在某种程度上是有用的，很多当事人确实收回了最初的冲动之心。这一条款也是对当今我国社会高离婚率的回应，高离婚率不仅不利于家庭和谐，也不利于未成年子女的健康成长。

5. 与财产分割有关的法律规定

根据《民法典》第1062条规定，夫妻在婚姻关系存续期间所得的下列财产，为夫妻的共同财产，归夫妻共同所有：①工资、奖金、劳务报酬；②生产、经营、投资的收益；③知识产权的收益；④继承或者受赠的财产，但是本法第1063条第3项规定的除外；⑤其他应当归共同所有的财产。根据《民法典》第1063条规定，下列财产为夫妻一方的个人财产：①一方的婚前财产；②一方因受到人身损害获得的赔偿或者补偿；③遗嘱或者赠与合同中确定只归一方的财产；④一方专用的生活用品；⑤其他应当归一方的财产。婚姻关系存续期间，财产如何分配往往是各种婚姻纠纷的重点。上述两条法律规定对此就作出了原则性的规定。

另外，《民法典》第1066条规定，婚姻关系存续期间，有下列情形之一的，夫妻一方可以向人民法院请求分割共同财产：①一方有隐藏、转移、变卖、毁损、挥霍夫妻共同财产或者伪造夫妻共同债务等严重损害夫妻共同财产利益的行为；②一方负有法定扶养义务的人患重大疾病需要医治，另一方不同意支付相关医疗费用。近年来，随着当事人法律意识的增强和观念的变化，当事人在婚姻关系存续期间诉求分割夫妻共同财产的情形日益增多。在婚姻关系存续期间所形成的共同财产，自然应当用于夫妻共同生活，法律规定如果一方存在非法滥用财产的行为，另一方可以对共同财产进行分割。

（二）抚养方面的法律

《民法典》第 1058 条规定："夫妻双方平等享有对未成年子女抚养、教育和保护的权利，共同承担对未成年子女抚养、教育和保护的义务。"这一条规定了对未成年子女的抚养、教育和保护的权利义务由夫妻双方平等享有和承担，强调了夫妻共同承担未成年子女健康成长的义务和责任。这一条规定既涉及抚养的权利，也涉及抚养的义务。很多时候，抚养对于父母来说不仅仅是一种义务，也是一种权利，因为抚养也隐含着父母的情感需求。

根据《民法典》第 1084 条规定："父母与子女间的关系，不因父母离婚而消除。离婚后，子女无论由父或者母直接抚养，仍是父母双方的子女。离婚后，父母对于子女仍有抚养、教育、保护的权利和义务。离婚后，不满两周岁的子女，以由母亲直接抚养为原则。已满两周岁的子女，父母双方对抚养问题协议不成的，由人民法院根据双方的具体情况，按照最有利于未成年子女的原则判决。子女已满八周岁的，应当尊重其真实意愿。"此条第一款、第二款明确了父母离婚不影响父母与子女之间的权利义务关系，其立法目的在于明确父母对子女的监护职责，从而使子女的合法权益不因父母离婚而受到损害。抚养纠纷的处理，应以未成年子女的利益为最高原则，父母抚养权利义务的安排应尽可能照顾到未成年子女的健康成长。

（三）赡养方面的法律

根据《民法典》第 1067 条规定："父母不履行抚养义务的，未成年子女或者不能独立生活的成年子女，有要求父母给付抚养费的权利。成年子女不履行赡养义务的，缺乏劳动能力或者生活困难的父母，有要求成年子女给付赡养费的权利。"本条规定以"缺乏劳动能力或者生活困难"为判断标准，只要符合"缺乏劳动能力"和"生活困难"条件之一的，成年子女就应当赡养父母。缺乏劳动能力是指父母年老体衰或身体有疾病，以致无法通过自己的劳动来获取生活来源。生活困难是指父母现有的收入不足以维持正常的生活。

根据《民法典》第 1129 条规定："丧偶儿媳对公婆，丧偶女婿对岳父母，尽了主要赡养义务的，作为第一顺序继承人。"这一条款是为了激励非血亲家属尽到赡养的义务。通过将儿媳、女婿列为第一顺序继承人，来激励这些没有血亲关系的家属在子女缺位的情况下能够继续赡养老人，减少老无所养的情况。关于如何判断是否尽到了赡养义务，可以从以下几个方面入手：第一，在经济上供养老人，老人主要依靠其提供的经济来源生活；第二，为老人的日常生活提供各种帮助，如经常照料、为老人做饭、打扫卫生、生病时进行照看或护理等；第三，对于老人的赡养应当是经常性与长期性的，而不是偶尔的照顾与看望。

·咨询案例① ·

案例一：

李某与张某离婚纠纷案

（一）案情介绍②

原告李某、被告张某于 2010 年 1 月 31 日登记结婚，婚后育有一子张小某。2014 年 11 月 2 日，双方协议离婚并签订《离婚协议书》，对婚姻关系、子女抚养及共同财产分割作出明确约定。2015 年 1 月 15 日双方复婚，2017 年 7 月中旬，双方因感情不和开始分居。现李某诉至法院要求离婚并处理子女抚养、共同财产分割问题。张某辩称双方系因购房办理假离婚，《离婚协议书》中的共同财产分割内容是双方串通的虚假意思表示，应属无效，要求重新分割。另查，2014 年 11 月 3 日，李某与案外人签订房屋买卖合同购买了 501 号房屋。当日，李某支付了购房定金、居间费和保障服务费。2015 年 1 月 12 日，李某申请贷款支付房款 200 万元。之后，501 号房屋登记于李某名下。

法院认为，李某、张某是自由恋爱，在相互了解后缔结婚姻关系，且共同育有一子，但婚后双方未能注重感情培养，导致感情破裂，现双方均表示愿意解除婚姻关系，此点各方没有异议。考虑到婚生子张小某正处于成长、发育的关键时期，本着不随意改变子女成长环境和未成年人利益最大化的原则，结合双方的抚养能力，应确定张小某由李某直接抚养；结合子女生活地域、实际需要和张某的收入等因素，张某每月给付子女抚育费 5 000 元。

---

① 本部分案例依据最高人民法院发布的指导性案例改编。
② 参见（2020）京 02 民终 2214 号判决书，有改动。

就共同财产处理问题，本着照顾子女及女方权益的原则，婚后购买的家具、家电应归李某所有，由李某给付张某折价补偿。李某提出异议的银行存款转出部分，结合法院查明的事实，扣除李某能够进行合理解释和来源、出处对应的款项部分，约有 36 万元李某未能充分举证证明系经张某同意处分，法院对李某的处分行为不予确认，视为李某用于此后的子女抚养和房屋还贷。关于李某抗辩 2016 年 8 月 24 日向其母转账的 20 万元中，有用于偿还其母向其转账款项，李某未能就其母向其转账款项的性质进行充分举证，该笔款项涉及案外人权益，应另案处理。

关于 501 号房屋的分割问题，首先应明确房屋的法律性质，张某上诉主张其与李某于 2014 年 11 月 2 日的协议离婚为假离婚，进而主张双方签订的《离婚协议书》中关于财产分割的条款无效，法院对其前述主张不予认可，具体理由如下。

首先，501 号房屋的中介经办人黄某虽向法院出具了证明，表示李某与张某在办理购房手续的过程中双方均到场，关系和谐并仍以夫妻相称。但在后续审理中，黄某提交了书面说明并出庭接受询问，表示前述证明并非其本意，系无奈之下书写的。同时称办理购房手续时李某与张某已是离婚状态，并未以夫妻相称。

其次，本案中，张某与李某离婚、购房、复婚的时间节点虽结合得较为紧密，但综合本案现有证据，缺乏能够证明张某与李某当时协议离婚并非双方真实意思表示的直接证据。例如，离婚后签署的财产约定或当时的往来通信记录等。

最后，张某受过专业的法学教育，本身具有一定的法学理论基础，其应知晓签署离婚协议的法律后果，因此，其在签署离婚协议时应较一般人更为审慎。但本案中，张某与李某签署离婚协议后并未签订其他协议，且在协议中亦存在"双方承诺对该协议书的字词义非常清楚，并愿意完全履行本协议书，不存在受到胁迫、欺诈、误解情形"的内容，前述事实均与张某主张双方系假离婚存在相悖之处。故综合考量本案实际情况，法院认定 2014 年 11 月 2 日双方协议离婚系双方真实意思表示，离婚时签订的《离婚协议书》应为有效。李某在双方离婚后复婚前用协议书中约定归其所有的银行存款购买 501 号房屋，用其个人财产支付房屋首付款并以个人名义办理银行贷款，而房屋亦登记在李某名下，故 501 号房屋应属于李某的个人财产。

法院综合考量 501 号房屋的购买时间、购买主体、购房款组成和产权登记等事实，确定 501 号房屋归李某所有，由李某对复婚后张某参与共同还贷及房屋对应增值部分进行补偿并无不当，结合双方确定的房屋市场价值、双方共同还贷时间等因素，确定李某给付张某 501 号房屋共同还贷及对应增值部分 638 700 元亦无不当。张某主张平均分割 501 号房屋不能成立，法院不予支持。

最后，某市人民法院判决如下：

（1）李某与张某离婚。

（2）婚生子张小某由李某抚养，张某按月给付子女抚育费5 000元至张小某年满18周岁止。

（3）501号房屋归李某所有，李某给付张某房屋共同还贷及对应增值部分638 700元。

（4）驳回双方的其他诉讼请求。

（二）事实分析

本案的争议焦点为李某与张某于2014年11月2日协议离婚是否为虚假离婚。从客观事实的角度来看，近年来很多人出于对获得购房时的优惠政策的考虑，办理假离婚，即夫妻感情没有变化，仍然在一起生活，但在民政机关办理了离婚手续。基于客观事实，假离婚是客观存在的。但从法律事实的角度来看，此类假离婚在法律上很难被认定为法律事实，当事人一般很难提出证据证明假离婚是真的假离婚。当事人所签订的离婚协议及办理的离婚登记手续，在法律上都是真实的。因此，面对这种情况，法院一般都不承认假离婚，最终按照真离婚的规范来决定婚姻关系及相关的财产分配。

（三）法律分析

依照《民法典》关于合同订立的相关规定，一般情况下，任何合同，只要出于当事人的自愿，没有强迫、欺诈，也没有违反法律的强制性规定，都应当是有效的。而在本案中，协议当中明确提到"双方承诺对该协议书的字词义非常清楚，并愿意完全履行本协议书，不存在受到胁迫、欺诈、误解情形"，这意味着该协议的签订，完全出于双方自愿，因此，该协议在法律上是有效的。当事人不能主张因为是假离婚而判定协议无效。

就本案中的假离婚而言，当事人在2014年11月2日所办理的离婚手续符合法律规定，在法律上也是有效的，并应根据这种有效的离婚手续来安排相关的法律关系。

（四）结论

根据"谁主张，谁举证"的举证责任规则，此类离婚案件中一般由主张双方系假离婚的一方承担举证责任。目前我国法律及司法实务对此并无明确规定，假离婚涉及的事实亦较为繁杂，认定双方是否达成虚假离婚合意依赖于法官的自由裁量。如果要认定假离婚，则一般可以从以下几个方面予以考虑：离婚后是否仍然在一起生活，是否一起接送孩子，相关对话记录是否反映出夫妻关系状态，是否签订了有确认假离婚的额外协议，是否出于规避某种国家政策，是否在离婚后立刻购买房屋，等等。如果不能通过证据证明上述情况，法院就很难认定是假离婚。

案例二：

刘某与高某撤销婚姻纠纷案

（一）案情介绍①

原告刘某与被告高某于 2017 年相识恋爱，于 2018 年 10 月举行结婚仪式，同年 12 月 7 日办理结婚登记。刘某与高某均系再婚，婚后未共同生育子女。高某自 2015 年起就患有轻度抑郁症，并多次就医治疗。2020 年 11 月 7 日，刘某以高某婚前患有重大疾病并对此进行隐瞒为由诉至法院，请求法院撤销双方的婚姻关系。

法院认为，本案中，高某婚前患有轻度抑郁症，刘某认为高某对其进行了隐瞒，但刘某并无证据证明高某对其隐瞒病情的事实。并且刘某仅能证明高某自 2015 年起就患有轻度抑郁症，后因流产转为中度抑郁症，高某的疾病并未达到需要限制结婚的重大疾病范畴。此外，因抑郁症具有一定的外部表现，如持续性情绪低落、苦恼忧伤等，被告与原告相识前就已患病且双方两年后才登记结婚，作为与被告朝夕相处的原告应能感知到，刘某也未能提供证据证明女方对其隐瞒病情的事实，故不能认定被告未履行如实告知义务。

根据《民法典》第 1053 条的规定，一方患有重大疾病的，应当在结婚登记前如实告知另一方；不如实告知的，另一方可以向人民法院请求撤销婚姻。一方主张撤销婚姻，需要同时证明对方在婚姻关系缔结前发病，且该病属于重大疾病、婚前未能如实告知等事实。本案中，高某婚前患有轻度抑郁症，刘某认为高某对其进行了隐瞒，但诉讼中，刘某并无证据证明高某对其隐瞒病情的事实。

根据《母婴保健法》第 8 条的规定，婚前医学检查包括对下列疾病的检查：①严重遗传性疾病；②指定传染病；③有关精神病。该法第 38 条规定，有关精神病，是指精神分裂症、躁狂抑郁型精神病及其他重型精神病。刘某仅能证明高某自 2015 年起就患有轻度抑郁症，后因流产转为中度抑郁症，但因高某的疾病并未达到需要限制结婚的重大疾病范畴，故对刘某要求撤销婚姻的诉讼请求不予支持。关于刘某请求判令高某赔偿其精神损害抚慰金 10 万元的诉讼请求，无事实和法律依据，不应予以支持。

最后，法院根据《最高人民法院关于适用〈中华人民共和国民法典〉时间效力的若干规定》第 3 条，《民法典》第 1053 条、第 1054 条之规定，判决驳回原告刘某的全部诉讼请求。

---

① 参见（2021）皖 03 民终 99 号判决书，有改动。

（二）事实分析

第一，抑郁症不属于法律所规定的重大疾病。尽管法律对于何谓重大疾病并没有明确规定，但参照《母婴保健法》第 8 条、第 38 条的规定，我们有理由认为，抑郁症不属于重大疾病。

第二，本案中刘某认为高某隐瞒精神疾病，缺乏证据支持。在与刘某相识前，高某就已患病且双方认识两年后才登记结婚，在朝夕相处中，刘某应该知道高某患有一定的抑郁症。

（三）法律分析

根据《民法典》第 1053 条规定："一方患有重大疾病的，应当在结婚登记前如实告知另一方；不如实告知的，另一方可以向人民法院请求撤销婚姻。请求撤销婚姻的，应当自知道或者应当知道撤销事由之日起一年内提出。"但本案不属于一方患有重大疾病的情况。而且如果本案被判决离婚，也不符合情理，本案的被告正处于疾病状态，作为丈夫的刘某应该耐心加以抚慰，而不是提起离婚。如果离婚，则可能会加重高某的病情，导致更严重的精神损害，这也不利于保护妇女的正当权益。

（四）结论

缔结婚姻作为一种民事活动，应当遵循自愿原则，而遵循自愿原则的前提是准备缔结婚姻关系的男女双方都应当履行告知义务。在婚姻登记前拟缔结婚姻的当事人互相负有就重大疾病如实告知的义务。如果患有重大疾病的一方存在隐瞒相关疾病的故意，对方就有权利提出撤销婚姻的诉讼。但本案中被告不属于隐瞒疾病的情况，而且基于其疾病状况，应获得情理上的抚慰，而不是直接被判决离婚。

案例三：

王某与周乙、周丙赡养纠纷案

（一）案情介绍①

王某、周某某夫妇育有四子，即周甲（已故）、周乙、周丙、周丁（已故）。周某某已于 2008 年 11 月 30 日去世，王某年迈，生活需要他人照料，每月领取国家养老补贴，无其他收入。现王某与周甲之妻张某世共同生活。周乙、周丙均系某村农民，周丙为低保户，每月领取低保金。现王某因赡养事宜诉至法院，要求周乙、周丙支付 2008 年 12 月至 2020 年 2 月的赡养费 23 万元。

---

① 参见（2020）京 02 民终 9274 号民事判决书，有改动。

法院认为，子女对父母有赡养扶助的义务，子女不履行赡养义务时，无劳动能力或生活困难的父母，有要求子女给付赡养费的权利。赡养费系基于血缘或抚养关系产生的子女对父母的法定义务，赡养费的数额应结合子女数和收入水平、父母的经济来源及父母维持日常生活所需的实际开销等情况综合确定，而非单纯考虑子女的收入水平。根据我国法律规定，赡养父母是每个子女应尽的义务。某个子女在自愿的情况下支付比其他子女更多的医疗费用或者给予更多的生活照顾等是其履行赡养义务的方式，并不存在履行义务超出其应当承担份额的问题。依据本案事实，王某起诉时年满88周岁，早已丧失劳动能力，且行动不便，每月仅靠领取国家养老补贴700余元生活，王某在丈夫周某某去世后，一直与长子周甲一家共同生活，2009年起曾在周丙家短暂居住过17个月。周甲于2015年12月1日去世后至2020年2月，王某与周甲之妻张某世共同居住，由张某世照顾王某的衣食起居。鉴于王某现居住在张某世家，由张某世照顾其生活起居，其要求周乙、周丙支付赡养费用并无不当，周乙、周丙应向王某履行赡养义务。

根据《老年人权益保障法》第14条规定："赡养人应当履行对老年人经济上供养、生活上照料和精神上慰藉的义务，照顾老年人的特殊需要。赡养人是指老年人的子女以及其他依法负有赡养义务的人。赡养人的配偶应当协助赡养人履行赡养义务。"周甲在世时，其对王某履行了赡养义务，周丙也曾履行过部分赡养义务，故对于王某主张的2015年12月之前的赡养费，本院不予支持。赡养费的数额应当结合当地的经济水平、被赡养人的实际需要、赡养人的经济能力等综合予以确定。

综上所述，法院认为，王某的部分请求成立，应予以支持。依照《民事诉讼法》第170条第1款第2项之规定，法院判决如下：

（1）周乙、周丙于本判决生效之日起7日内每人支付王某2015年12月至2020年2月期间的赡养费2万元。

（2）驳回王某的其他诉讼请求。

（二）事实分析

本案属于非常常见的赡养纠纷案。原告王某本来长期被周甲所赡养，但周甲现已经去世，王某现在与周甲妻子张某世居住在一起，张某世对王某的饮食起居进行照顾。张某世作为周甲的妻子，对王某并无赡养的义务；周甲、周乙、周丙作为王某的子女则有赡养的义务。2015年已经去世的周甲在赡养王某的过程中承担了较多的义务，而周乙、周丙承担的赡养义务较少。现在王某要求周乙、周丙支付赡养费，且还要求周乙、周丙支付2015年周甲去世之前他们应该承担的赡养费。

（三）法律分析

第一，根据《民法典》第 26 条规定，成年子女对父母负有赡养、扶助和保护的义务；《民法典》第 1074 条规定，有负担能力的孙子女、外孙子女，对于子女已经死亡或者子女无力赡养的祖父母、外祖父母，有赡养的义务。据此，对老年人负有法定赡养义务的人主要系子女及孙子女、外孙子女等与老年人具有血亲关系且依法负有赡养义务的人。根据《民法典》第 1067 条第 2 款规定，成年子女不履行赡养义务的，缺乏劳动能力或者生活困难的父母，有要求成年子女给付赡养费的权利。按照法律规定的精神，每一个子女都有赡养父母的义务，不存在份额分配的问题，即使一方子女在赡养父母上承担了较多的义务，其他子女在赡养父母上承担了较少的义务，父母也不能要求承担义务较少的子女进行额外补偿，而承担较多义务的子女也不能要求承担较少义务的子女对其进行补偿。赡养父母是法定义务，任何子女在有能力与有条件的情况下都应当赡养父母，法律并未对多个子女赡养义务的分割作出预先的规定。原则上，只要父母能够被适当地赡养，份额如何分担在法律上是无关紧要的。本案中，周甲承担的赡养义务较多，周乙、周丙承担的赡养义务较少，但王某作为父母不能要求周乙、周丙补足 2015 年周甲去世之前所少承担的赡养义务。当然，对于经济比较困难的子女，法官在分配赡养义务上应当做出适当的照顾。

第二，儿媳对于公婆而言一般仅仅具有协助赡养的义务。儿媳对公婆的赡养义务系基于婚姻关系产生。根据《老年人权益保障法》第 14 条规定，"赡养人的配偶应当协助赡养人履行赡养义务"。根据此条规定，儿媳对公婆的赡养义务系基于婚姻关系产生的协助赡养义务，配偶一旦去世，另一方的协助赡养义务也就自然终止。因此，丧偶儿媳对公婆没有法定的赡养义务。本案中，张某世在周甲去世后，对于王某不再有赡养的义务。

（四）结论

根据《民法典》第 1043 条规定，家庭应当树立优良家风，弘扬家庭美德，重视家庭文明建设。家庭成员应当敬老爱幼，互相帮助，维护平等、和睦、文明的婚姻家庭关系。子女应该积极履行赡养义务，不应等到对簿公堂。子女不应计较赡养义务的多少，都应在自己力所能及的范围内给予老人经济支持和精神慰藉，使老人能够安享幸福晚年。

思考与练习

1. 如何从法律意义上界定婚姻、家庭。

2. 试述结婚的法定条件。

3. 试述可撤销婚姻的概念及婚姻撤销的原因。

4. 在《民法典》婚姻家庭编中父母子女间有哪些权利和义务?

第四节　劳动纠纷类案件的法律咨询

一、劳动与劳动纠纷概述

劳动纠纷是指在劳动过程中或因为劳动合同所产生的各种纠纷。对于法律职业者来说,劳动纠纷也是一类非常重要的法律问题,其要求法律职业者立足事实依据,运用劳动法律规范,向当事人提出合理合法的劳动争议解决方法。劳动纠纷类案件的处理以劳动法律规范为依据,因此理解劳动纠纷需要从劳动与劳动法开始。

(一) 劳动与劳动关系

1. 劳动法意义上的劳动

劳动是人类社会的基本活动,是指人们在物质生产、精神生产过程中,使用劳动力,运用劳动资料作用于劳动对象,创造价值以满足需要的活动。[①]

劳动法意义上的劳动符合以下特征:第一,应当是合法劳动。劳动者符合法定条件,从事的是合法劳动。第二,基于合同关系。劳动基于劳动合同产生,区别于基于家庭内部关系产生的劳动分工。第三,劳动法意义上的劳动是有偿性的。劳动者通过劳动获取报酬。第四,劳动一般表现出某种职业性的特征。劳动一般带有职业属性,即劳动在外观上具有独特的社会特征,在行为模式上表现出稳定性。例如,超市收银员所从事的行为就呈现出稳定的职业行为模式。第五,劳动者的从属性。劳动者在劳动中处于从属地位,受内部劳动规则的约束与支配。[②]

2. 劳动关系的概念与认定

劳动关系是劳动活动中所产生的社会关系,是指劳动者与用人单位为实现劳动过程而发生的,一方有偿提供劳动力,而另一方提供生产资料的社会关系。

---

① 王全兴. 劳动法 [M]. 北京:法律出版社, 2017:30.

② 秦恩才. 劳动与社会保障法学 [M]. 2 版. 郑州:郑州大学出版社, 2009:29.

劳动关系的认定标准包括实质标志和形式标志。首先，关于实质标志。第一，用人单位对于劳动力的支配性。根据《中华人民共和国劳动合同法》（以下简称《劳动合同法》）第7条规定，建立劳动关系的标志是劳动者的劳动力处于被用人单位控制的状态，包括劳动力被实际使用，以及虽然还未被实际使用但用人单位有权实际使用。第二，劳动者对于用人单位的从属性。所谓从属性，是指劳动者劳动的内容、手段、时间和地点等事项受到用人单位的控制，劳动者应当遵守用人单位的规章制度，保守用人单位的商业秘密。

其次，关于形式标志。书面劳动合同、员工名册、工作证、工资支付凭证等形式化的标志，都可以被用来认定是否存在劳动关系。在实践中，形式标志易于识别，因此判定劳动关系往往优先寻求形式标志，在没有形式标志或者形式标志与实质标志不一致时，应当依实质标志认定劳动关系。[①]

（二）劳动法律关系的概念与特征

劳动法律关系是指劳动关系经劳动法调整后在当事人之间产生的法律上的权利义务关系。劳动法律关系的产生、变更与消灭由劳动法律事实所引起。劳动者与用人单位之间形成的劳动法律关系是最重要的劳动法律关系。

劳动法律关系的构成要素包括主体、客体与内容。

劳动法律关系的主体是依照劳动法律规范参与劳动法律关系，并享有权利、承担义务的当事人，包括劳动者与用人单位。劳动者必须达到法定年龄，且具备劳动行为能力，各国法律都禁止使用童工。而用人单位既可以是企业，也可以是事业单位、国家机关、个体工商户与个人。劳动法律关系的客体指的是劳动者与用人单位的权利和义务所共同指向的对象，即劳动行为。[②] 劳动法律关系的内容为劳动者与用人单位之间的权利和义务，这种权利义务体现于劳动合同、劳动法当中。

劳动法最重要的调整对象是劳动者与用人单位之间的劳动法律关系。因此，司法实践中劳动法律关系主要涉及劳动关系的建立与确认，劳动合同的订立、履行、变更、解除，竞业限制与服务期，社会保险待遇，工资、工时、休息休假等劳动基准，劳务派遣、非全日制用工等特殊用工方式。

劳动法律关系具有如下特征：

第一，劳动者在劳动法律关系中存在一定的被支配性。在劳动法律关系中，劳动者与用人单位在实质上是不对等的，劳动者必然处于一种被支配与被管理的地位。

---

① 王全兴. 劳动法［M］. 北京：法律出版社，2017：37.
② 王全兴. 劳动法［M］. 北京：法律出版社，2017：78.

尤其在涉及用人单位单方解除劳动关系等问题时，用人单位表现得更为强势，部分内部管理不规范的用人单位为降低成本甚至借助支配地位有意损害劳动者的合法权益，因此在劳动法律关系中，法律对于劳动者有着一系列的特殊保护。

第二，劳动法律中权利义务的规定一般属于强行性规范。很多劳动法律规范实质上是国家对契约自由的直接限制与干预。很多劳动法律关系中的权利义务是不允许用人单位与劳动者之间进行自由协商的，以防止用人单位利用自己的信息与资本优势地位压榨劳动者。如果允许用人单位借着自己的强势地位，任意修改劳动合同的形式、劳动条件、工伤保险等，这必然对劳动者是不公平的。

第三，劳动法律关系纠纷解决程序具有特殊性。劳动纠纷的处理必须实行"调解前置"，即先进行调解，调解不成，再申请劳动仲裁。与此同时，劳动纠纷还实行"先裁后审"，即发生劳动纠纷后，首先应当申请劳动仲裁，对于仲裁裁决不服的，才可以提起诉讼。而在诉讼中，劳动纠纷的解决并没有独立的诉讼法程序，通常是依据《民事诉讼法》进行处理。

（三）劳动纠纷的内容

关于劳动纠纷的内容，比较常见的有如下几种：

第一，关于确认劳动关系的纠纷。很多用人单位，特别是一些小的用人单位，为了节约成本，聘请劳动者时不签订劳动合同，后来因为经营困难，又以未签订劳动合同为由拒绝支付劳动报酬。另外，劳务派遣也容易引发劳动纠纷，实际用人单位和派遣单位有可能对报酬支付或工伤赔偿等事项互相推诿，进而导致纠纷。

第二，订立、履行、变更、解除和终止劳动合同引发的纠纷。在实践当中，人们签订的各种劳动合同并不规范。例如，岗位职责、报酬、期限、解除合同的条件等规定存在诸多不合理、不公平之处，用人单位借着自己的强势地位，处处压榨劳动者，进而引发纠纷。在经济形势下行的情况下，很多用人单位可能会进行大规模的裁员，被裁者的赔偿问题也是极具争议性的问题。由于缺乏严格的合规管理，很多用人单位的运营并不规范，随意解雇劳动者或降低劳动者工资的现象时有发生。

第三，因除名、辞退和辞职、离职引发的争议。在除名、辞退和辞职、离职过程中往往会因为职位资格是否合法合理、补偿是否到位等发生争议。例如，有些科技型的用人单位在招聘员工时会和员工签订保密协议，员工离职后也会签订竞业补偿协议，如果员工没有遵守竞业补偿协议，则可能导致原用人单位的起诉与索赔。

第四，因工伤赔偿问题引发的争议。工伤赔偿问题极容易引发纠纷。例如，当事人在上班途中发生交通事故，这是否属于工伤？工伤的赔偿标准也较为复杂，涉及误工费、医疗费、营养费、子女抚养费等，这些费用的确定都存在极大的争议。

二、劳动纠纷类法律的基本内容

（一）《劳动法》

我国自1995年起施行《中华人民共和国劳动法》（以下简称《劳动法》），该法为劳动法律关系提供了基本的法律调整依据。基于本书的教学目的及实践当中的劳动纠纷状况，主要介绍如下内容：

1. 劳动合同

（1）劳动合同的签订。根据《劳动法》第16条规定，建立劳动关系应当订立劳动合同。根据该法第17条规定："订立和变更劳动合同，应当遵循平等自愿、协商一致的原则，不得违反法律、行政法规的规定。"《劳动法》虽然规定签订劳动合同应当遵循平等自愿、协商一致的原则，但也强调必须符合法律与行政法规的规定。法律对于劳动合同的签订有着较多的干预，目的是更好地保护劳动者。

根据《劳动法》第18条规定，下列劳动合同无效：①违反法律、行政法规的劳动合同；②采取欺诈、威胁等手段订立的劳动合同。劳动合同的无效，由劳动争议仲裁委员会或者人民法院确认。因为法律对于劳动者有着一系列的保护，如对使用童工的禁止，对妇女的保护，关于劳动安全条件的规定，等等，劳动合同的签订要符合这些强制性的法律规定。

根据《劳动法》第19条规定，劳动合同应当以书面形式订立，并具备以下条款：①劳动合同期限；②工作内容；③劳动保护和劳动条件；④劳动报酬；⑤劳动纪律；⑥劳动合同终止的条件；⑦违反劳动合同的责任。

根据《劳动法》第20条规定，劳动合同的期限分为有固定期限、无固定期限和以完成一定的工作为期限。劳动者在同一用人单位连续工作满10年以上，当事人双方同意延续劳动合同的，如果劳动者提出订立无固定期限的劳动合同，则应当订立无固定期限的劳动合同。

根据《劳动法》第21条规定，劳动合同可以约定试用期。试用期最长不得超过6个月。这一条款也是对劳动者的一种保护，防止用人单位为了降低用人成本，无限制延长试用期。

（2）劳动合同的解除。劳动合同的解除条件与要求明显不同于一般性的民事合同，法律的相关规定都以保护劳动者为立法导向。

根据《劳动法》第 24 条规定，经劳动合同当事人协商一致，劳动合同可以解除。

根据《劳动法》第 25 条规定，劳动者有下列情形之一的，用人单位可以解除劳动合同：①在试用期间被证明不符合录用条件的；②严重违反劳动纪律或者用人单位规章制度的；③严重失职，营私舞弊，对用人单位利益造成重大损害的；④被依法追究刑事责任的。上述规定是用人单位可以直接解除劳动合同的情况。根据上述规定，我们可以看到，只有当劳动者在试用期不符合录用条件，或者存在严重过错或存在违法犯罪的情况下，用人单位才可以直接解除劳动合同。

根据《劳动法》第 26 条规定，劳动者有下列情形之一的，用人单位可以解除劳动合同，但是应当提前 30 日以书面形式通知劳动者本人：①劳动者患病或者非因工负伤，医疗期满后，不能从事原工作也不能从事由用人单位另行安排的工作的；②劳动者不能胜任工作，经过培训或者调整工作岗位，仍不能胜任工作的；③劳动合同订立时所依据的客观情况发生重大变化，致使原劳动合同无法履行，经当事人协商不能就变更劳动合同达成协议的。该法第 27 条还规定了用人单位因破产裁员而需要提前 30 天通知的情况。

大多数情况下，用人单位解除劳动合同要给予劳动者经济补偿。根据《劳动法》第 28 条规定："用人单位依据本法第二十四条、第二十六条、第二十七条的规定解除劳动合同的，应当依照国家有关规定给予经济补偿。"

相较于用人单位解除劳动合同的权限，劳动者解除劳动合同的条件更加宽松。根据《劳动法》第 29 条规定："劳动者有下列情形之一的，用人单位不得依据本法第二十六条、第二十七条的规定解除劳动合同：（一）患职业病或者因工负伤并被确认丧失或者部分丧失劳动能力的；（二）患病或者负伤，在规定的医疗期内的；（三）女职工在孕期、产期、哺乳期内的；（四）法律、行政法规规定的其他情形。"上述情况极容易引发劳动纠纷，特别是很多用人单位为了降低用人成本或提高用工效率，在女职工孕期或产期内开除女职工，这种做法严重违反了《劳动法》，劳动者可以申请仲裁要求赔偿。

根据《劳动法》第 32 条规定："有下列情形之一的，劳动者可以随时通知用人单位解除劳动合同：（一）在试用期内的；（二）用人单位以暴力、威胁或者非法限制人身自由的手段强迫劳动的；（三）用人单位未按照劳动合同约定支付劳动报酬或者提供劳动条件的。"在上述情况下，劳动者可以直接解除劳动合同。

2. 工作时间和休息休假

目前我国职场上过度加班现象非常严重，这严重违反了《劳动法》对于工作时间的规定。

根据《劳动法》第 36 条规定："国家实行劳动者每日工作时间不超过八小时、平均每周工作时间不超过四十四小时的工时制度。"该法第 38 条规定："用人单位应当保证劳动者每周至少休息一日。"

根据《劳动法》第 41 条规定："用人单位由于生产经营需要，经与工会和劳动者协商后可以延长工作时间，一般每日不得超过一小时；因特殊原因需要延长工作时间的，在保障劳动者身体健康的条件下延长工作时间每日不得超过三小时，但是每月不得超过三十六小时。"上述规定对加班时间作出了严格的限定，但在实际中，由于用人单位的强势地位，这些规定很少被严格贯彻，劳动者也不敢举报。

根据《劳动法》第 44 条规定："有下列情形之一的，用人单位应当按照下列标准支付高于劳动者正常工作时间工资的工资报酬：（一）安排劳动者延长工作时间的，支付不低于工资的百分之一百五十的工资报酬；（二）休息日安排劳动者工作又不能安排补休的，支付不低于工资的百分之二百的工资报酬；（三）法定休假日安排劳动者工作的，支付不低于工资的百分之三百的工资报酬。"对于延长劳动时间的情况，法律要求必须支付高于一般标准的工资。但实际情况是，有些企业甚至直接在劳动合同中约定加班无须支付加班工资，或者在劳动合同中约定常规工资已经包含加班工资，这些约定都是不符合《劳动法》的。

3. 劳动安全卫生

根据《劳动法》第 52 条规定："用人单位必须建立、健全劳动安全卫生制度，严格执行国家劳动安全卫生规程和标准，对劳动者进行劳动安全卫生教育，防止劳动过程中的事故，减少职业危害。"《劳动法》第 53 条规定："劳动安全卫生设施必须符合国家规定的标准。新建、改建、扩建工程的劳动安全卫生设施必须与主体工程同时设计、同时施工、同时投入生产和使用。"《劳动法》第 54 条规定："用人单位必须为劳动者提供符合国家规定的劳动安全卫生条件和必要的劳动防护用品，对从事有职业危害作业的劳动者应当定期进行健康检查。"上述规定为劳动者的生产与劳动安全提出了严格的要求。改革开放以来，我国曾经有一段时间内黑煤窑、黑工厂到处滋生，对劳动者的生命安全与健康造成了严重的损害，也引起了社会的极大不满，特别是某工厂发生的震惊国人的"七连跳"，更是引起社会对于工厂劳动安全的担忧。对此，执法者需要严格执行法律规定，保护劳动者的合法权益。

另外，《劳动法》还赋予了劳动者对于不安全生产环境的自救权。根据《劳动法》第 56 条规定："劳动者在劳动过程中必须严格遵守安全操作规程。劳动者对用人单位管理人员违章指挥、强令冒险作业，有权拒绝执行；对危害生命安全和身体健康的行为，有权提出批评、检举和控告。"

（二）《劳动合同法》

现行《劳动合同法》自 2008 年起施行，经 2012 年修改。《劳动合同法》是对《劳动法》合同部分规定的完善与细化。结合劳动法律实践，本书主要介绍关于《劳动合同法》的如下内容。

1. 劳动合同的概念和种类

劳动合同是劳动者与用人单位确立劳动关系、明确双方权利和义务的协议。劳动合同具备合同的一般特征，同时也具有自身特点，即合同主体特定、有一定身份性、为双务有偿合同。

劳动合同可以分为固定期限劳动合同、无固定期限劳动合同、以完成一定工作任务为期限的劳动合同。固定期限劳动合同是指用人单位与劳动者约定合同终止时间的劳动合同。无固定期限劳动合同是指用人单位与劳动者约定无确定终止时间的劳动合同。根据《劳动合同法》第 14 条规定，用人单位与劳动者协商一致，可以订立无固定期限劳动合同。有下列三种法定情形，用人单位应当与劳动者订立无固定期限劳动合同，即劳动者在用人单位连续工作满 10 年的；用人单位初次实行劳动合同制度或者国有企业改制重新订立劳动合同时，劳动者在该用人单位连续工作满 10 年且距法定退休年龄不足 10 年的；连续订立二次固定期限劳动合同的。另外，用人单位自用工之日起满 1 年不与劳动者订立书面劳动合同的，视为用人单位与劳动者已经订立无固定期限劳动合同。以完成一定工作任务为期限的劳动合同是指用人单位与劳动者约定以某项工作任务的完成时间为合同期限的劳动合同，当该项工作完成后，劳动合同终止。

2. 劳动合同的订立和效力

根据《劳动合同法》第 3 条规定，订立劳动合同，应当遵循合法、公平、平等自愿、协商一致、诚实信用的原则。即劳动者与用人单位双方地位平等，在充分表达自己的意思后，协商一致订立合同，合同内容不得违反法律的强制性规定，合同主体适格，订立程序合法。劳动合同的内容应包括法定必备条款，如劳动合同期限，工作内容和工作地点，工作时间和休息休假，劳动报酬，社会保险，劳动保护，劳动条件和职业危害防护等。

劳动合同依法成立即具有法律效力，对双方当事人产生约束力。一般情况下，用人单位与劳动者协商一致，并在劳动合同文本上签字或者盖章即生效。但《劳动合同法》第 26 条还规定了劳动合同无效的三种情形：以欺诈、胁迫的手段或者乘人之危，使对方在违背真实意思的情况下订立或者变更劳动合同的；用人单位免除自己的法定责任、排除劳动者权利的；违反法律、行政法规强制性规定的。这三种劳动合同是否无效由劳动争议仲裁委员会或人民法院确认，无效的合同自始无效。例如，如果用人单位与劳动者约定，合同涉及的工作项目终止，即可解除劳动合同，并且无须给予劳动者经济补偿。这一约定明显排除了劳动者的合法权利，因此属于无效条款。

3. 劳动合同的履行和变更

劳动合同的履行是指劳动合同生效后，双方当事人完成劳动合同所约定的义务，实现劳动过程和各自合法权益的行为。劳动合同的履行应当遵循全面履行、亲自履行的原则。劳动合同的履行既包括劳动者对劳动合同的履行，也包括用人单位对劳动合同的履行。在实践当中容易发生争议的是，用人单位拒绝支付劳动报酬，对此，劳动者依据《劳动合同法》第 30 条，可以依法向人民法院申请支付令，人民法院应当依法发出支付令。

劳动合同的变更是指劳动合同生效后，双方当事人再次协商，对原条款做部分修改、补充或废除，或因为用人单位变更或分立、合并导致的劳动合同变更。变更劳动合同应当采用书面形式。为了更好地保护劳动者，《劳动合同法》第 33 条规定，用人单位变更名称、法定代表人、主要负责人或者投资人等事项，不影响劳动合同的履行。该法第 34 条规定，用人单位发生合并或者分立等情况，原劳动合同继续有效，劳动合同由承继其权利和义务的用人单位继续履行。这些条款设立的目的均在于保障劳动者的工作机会。

4. 劳动合同的解除

劳动合同的解除是指劳动合同生效后，履行完毕之前，双方当事人提前消灭劳动合同关系的法律行为。

《劳动合同法》规定双方当事人可以协议解除劳动合同，用人单位与劳动者都享有合同单方解除权。劳动者单方解除合同可以分为预告解除与随时解除两种情形。根据《劳动合同法》第 37 条规定，劳动者提前 30 日以书面形式通知用人单位，可以解除劳动合同。劳动者在试用期内提前 3 日通知用人单位，可以解除劳动合同。这属于预告解除劳动合同。根据《劳动合同法》第 38 条规定："用人单位有下列情形之一的，劳动者可以解除劳动合同：（一）未按照劳动合同约定提供劳动保护或者劳动条件的；（二）未及时足额支付劳动报酬的；（三）未依法为劳动者缴纳社会保险费的；（四）用人单位的规章制度违反法律、法规的规定，损害劳动者权益的；（五）因本法第二十六条第一款规定的情形致使劳动合同无效的；（六）法律、行政法规规定劳动者可以解除劳动合同的其他情形。用人单位以暴力、威胁或者非法限制人身自由的手段强迫劳动者劳动的，或者用人单位违章指挥、强令冒险作业危及劳动者人身安全的，劳动者可以立即解除劳动合同，不需事先告知用人单位。"上述情况属于随时解除劳动合同的情形。

用人单位也可以解除劳动合同。根据《劳动合同法》第 39 条规定，试用期间被证明不符合录用条件；严重违反用人单位的规章制度；严重失职，营私舞弊，给用人单位造成重大损害；劳动者同时与其他单位建立劳动合同关系；等等，用人单位可以解除劳动合同。上述情况属于劳动者存在过错而导致用人单位解除劳动合同的情形。但根据《劳动合同法》第 40 条规定，劳动者患病、非因工负伤、不能胜任工作、劳动合同订立时所依据的客观情况发生重大变化，用人单位也可以解除劳动合同，即使劳动者并没有过错。另外，在出现经济性裁员的情况下，用人单位也可以解除劳动合同。如果劳动者没有过错，用人单位在解除劳动合同时需要给予劳动者经济补偿。

另外，根据《劳动合同法》第 42 条规定："劳动者有下列情形之一的，用人单位不得依照本法第四十条、第四十一条的规定解除劳动合同：（一）从事接触职业病危害作业的劳动者未进行离岗前职业健康检查，或者疑似职业病病人在诊断或者医学观察期间的；（二）在本单位患职业病或者因工负伤并被确认丧失或者部分丧失劳动能力的；（三）患病或者非因工负伤，在规定的医疗期内的；（四）女职工在孕期、产期、哺乳期的；（五）在本单位连续工作满十五年，且距法定退休年龄不足五年的；（六）法律、行政法规规定的其他情形。"在上述情况下，用人单位不得解除劳动合同。在法律实践中，比较常见的情况是，劳动者因为患病、怀孕而被解除劳动合同，这种情况严重违反了相关法律规定。

5. 劳务派遣制度

劳务派遣是劳动合同用工的补充形式，是指劳务派遣单位将劳动者派遣至用工单位工作，被派遣的劳动者应当在临时性、辅助性或者替代性的工作岗位上工作。劳动者的劳动过程由用工单位管理，工资和社会保险费等由用工单位提供给派遣单位，再由派遣单位支付给劳动者，并为劳动者办理社会保险登记等事务。[①] 劳务派遣十分容易引发劳动法律纠纷，原因是在劳务派遣中，劳动合同的签订者与实际的用人单位不一致。《劳动合同法》第 5 章第 2 节从劳务派遣单位注册资本要求，劳务派遣单位与劳动者的劳动合同内容，劳动合同期限与报酬支付，劳务派遣协议，跨地区派遣，用工单位义务，劳动者权利，劳动者退回，对劳务派遣方式的限制等

---

① 《劳动与社会保障法学》编写组．劳动与社会保障法学［M］．2 版．北京：高等教育出版社，2018：109.

方面作出了专项规定，其目的在于限制劳务派遣的滥用。

（三）劳动纠纷解决程序

劳动纠纷也称劳动争议，是指劳动关系双方就劳动权利与劳动义务发生的纠纷。劳动纠纷以劳动关系的存在为前提，主体通常是劳动者（或者代表劳动者利益的单位、个人）与用人单位，客体为劳动权利与劳动义务。截至目前，现行有效的解决劳动纠纷的立法主要包括《劳动法》中有关劳动纠纷处理的规定，以及《中华人民共和国劳动争议调解仲裁法》（以下简称《劳动争议调解仲裁法》）、《最高人民法院关于审理劳动争议案件适用法律问题的解释（一）》。依据《劳动法》第77条规定，劳动纠纷的解决方式包括协商、调解、仲裁、诉讼。我国劳动纠纷解决机制为"一调一裁两审制"，部分劳动纠纷案件"一裁终局"，协商与调解贯穿劳动纠纷解决的全过程。在实践当中，由于劳动纠纷大多是通过协商、调解或劳动仲裁程序解决的，因此，本书仅介绍协商与调解及劳动仲裁程序。

1. 协商与调解

依据《劳动争议调解仲裁法》第5条："发生劳动争议，当事人不愿协商、协商不成或者达成和解协议后不履行的，可以向调解组织申请调解；不愿调解、调解不成或者达成调解协议后不履行的，可以向劳动争议仲裁委员会申请仲裁；对仲裁裁决不服的，除本法另有规定的外，可以向人民法院提起诉讼。"因此，协商与调解并非劳动纠纷解决的必经程序。

协商指的是劳动纠纷当事人直接协商谈判，或邀请工会、第三方加入，目的在于自行通过沟通、对话达成和解协议。在协商过程中虽然可能有第三方加入，但第三方不起主要作用。

调解指的是法律规定的第三方居中主持，促使争议双方达成调解协议。第三方从中起到调和、协商、说服的作用。调解遵循自愿、合法、民主说服、查明事实、分清是非的原则，依据《劳动争议调解仲裁法》第10条规定，居中调解的第三方包括三种：企业劳动争议调解委员会；基层人民调解组织；乡镇、街道劳动争议调解组织。调解的程序包括当事人申请、调解委员会受理、调解前的准备、调解、调解终结。在调解过程中达成的调解协议对双方当事人具有约束力，双方当事人应当履行；调解协议还具有特殊效力，用人单位不履行关于支付拖欠劳动报酬、工伤医疗费、经济补偿或者赔偿金事项达成的调解协议，劳动者可以持调解协议书向人民法院申请支付令。调解委员会不具有强制执行权，一方不履行调解协议的，另一方可以申请仲裁。

2. 劳动仲裁

劳动仲裁，即劳动争议仲裁，是指劳动争议仲裁委员会依当事人申请，依法居中裁断劳动争议的行为。在劳动纠纷的解决程序中，仲裁为诉讼前的必经阶段。

劳动争议仲裁委员会，是经国家授权设立的独立进行劳动争议案件仲裁的机构，不按照行政区划层层设立，由劳动行政部门代表、工会代表和企业方面代表组成。劳动争议仲裁委员会依照"一案一庭"的原则由仲裁员组成仲裁庭，受理劳动争议案件。具体的仲裁程序如下：

（1）申请。劳动争议当事人在法定期限内提交书面申请，按照被申请人人数提交副本，仲裁申请书应载明法定事项，如劳动者、用人单位基本信息、仲裁请求和所根据的事实、理由、证据和证据来源、证人姓名和住所。

（2）受理。劳动争议仲裁委员会收到仲裁申请后依法开展审查，审查内容包括申请人是否适格、案件所涉争议是否为劳动争议、案件是否符合管辖范围等。收到仲裁申请之日起 5 日内，作出受理或者不予受理的决定，不予受理或者逾期未作出决定的，申请人可以就该劳动争议事项向人民法院提起诉讼。劳动争议仲裁委员会受理仲裁申请后 5 日内将仲裁申请书副本送达被申请人。

（3）仲裁准备。劳动争议仲裁委员会决定受理，在受理仲裁申请之日起 5 日内依法组成仲裁庭（3 名仲裁员组成，简单的劳动争议案件可以由 1 名仲裁员独任仲裁），并将仲裁庭的组成情况书面通知当事人。仲裁庭成员应当认真审阅材料，调查、收集证据，查明争议事实，拟订处理方案，开庭 5 日前，将开庭日期、地点书面通知双方当事人。

（4）开庭仲裁。劳动争议仲裁原则上公开进行，申请人收到书面通知后，无正当理由拒不到庭或者未经仲裁庭同意中途退庭的，可以视为撤回仲裁申请；被申请人有上述行为的，仲裁庭可以缺席裁决。仲裁庭认为有必要的，可以对专门性问题进行鉴定。仲裁过程中当事人进行质证和辩论，证据经查证属实的，仲裁庭可以将其作为认定事实的根据。当事人提出仲裁申请之后可以和解，仲裁庭作出裁决前应当先行调解，即存在调解前置程序，调解不能达成协议的即时裁决，作出裁决后制作并送达裁决书。

（5）结案。一般情况下，劳动争议案件自劳动争议仲裁委员会受理仲裁申请之日起 45 日内结案，案情复杂需要延期的，经劳动争议仲裁委员会主任批准，最长延长期限不得超过 15 日。对于案件中部分事实清楚的，可就该部分先行裁决；符合法律规定的部分案件，可依当事人申请先予执行。仲裁庭逾期未作出仲裁裁决的，当事人可以就该劳动争议事项向人民法院提起诉讼。

（6）裁决效力。劳动争议经一次仲裁程序作出裁决后，仲裁程序终结，当事人不得再申请复议或再次申请仲裁，对仲裁结果不服的可以向人民法院提起诉讼。

《劳动争议调解仲裁法》第 47 条规定了仲裁裁决作为终局裁决的情况，即"（一）追索劳动报酬、工伤医疗费、经济补偿或者赔偿金，不超过当地月最低工资标准十二个月金额的争议；（二）因执行国家的劳动标准在工作时间、休息休假、社会保险等方面发生的争议"。上述劳动争议的仲裁裁决为终局裁决，裁决书自作出之日起发生法律效力。劳动者对上述仲裁裁决不服的，可以向人民法院提起诉讼；而用人单位对上述仲裁裁决不服的，可以申请人民法院撤销仲裁。

·咨询案例[①]·

案例一：

曾某与 A 公司确认劳动关系纠纷案

（一）案情介绍

2015 年 9 月 14 日，曾某与 A 公司签订《劳务雇佣合同书》。约定：①A 公司雇佣曾某为某基地经理，曾某需在 A 公司提供劳务。②本合同自签订之日起 1 年，期满前 1 个月双方可协商续订；期满不再续订时，曾某必须办理交接手续。③A 公司每月 15 号左右，以工资名义支付曾某劳务报酬。④曾某同意根据 A 公司需要任职，根据 A 公司制定的岗位责任书的内容和要求提供劳务；曾某接受 A 公司对其提供劳务的考核，未经 A 公司许可，曾某不得从事与受雇劳务无关的活动或业务；曾某应尽心尽责提供服务，遵守 A 公司制定的《员工手册》中员工应遵守的规定及处罚规定，并同意在违反时按照其中相对应的内容接受 A 公司的处理，从劳务费中扣除或结算。⑤A 公司有权对公司的《员工手册》和管理制度进行相应修改，修改公布后的内容，曾某已经通过相应途径知悉、了解的对应条款适用本合同的履行；A 公司有权在本合同有效期内，根据需要调整曾某的岗位职责、劳务范围，劳务报酬等事项也将做出相应调整；A 公司做出上述调整后，曾某在一个支付报酬周期内无异议的视为接受上述调整和安排。

曾某自协议签订之日入职 A 公司，按照 A 公司要求从事相应工作，A 公司也向其发放工作牌，按照公司管理制度对曾某进行考勤并按月发放工资。2016 年 9 月，一年期满后，双方又续签一份合同。2016 年 12 月 18 日，曾某因在工作中受伤，此后双方就该事宜协商不成，曾某遂未再至 A 公司上班。曾某系某县电灌站职工，属

---

① 本部分案例依据最高人民法院发布的指导性案例改编。

事业单位在编人员。但因该电灌站属于财政定额补助的事业单位，其收入无法正常发放职工工资，每年只能发放 1 万元左右的生活费，曾某等多名职工外出自谋职业维持生存，仅在农忙灌溉季节回电灌站从事相应工作。A 公司希望据此确认曾某与 A 公司之间不存在劳动关系。

（二）事实分析

曾某与 A 公司签订《劳务雇佣合同书》，自签订之日入职 A 公司，合同到期后双方续签一份合同。该合同约定，在合同生效期间曾某为 A 公司提供劳务，A 公司向曾某发放工作牌，要求曾某遵守公司制定的各项规章制度，并以此对其考核、考勤，以及发放工作报酬，曾某依约提供劳动并领取报酬。合同履行期间，曾某因在工作中受伤，双方就该事宜协商不成，曾某遂未再至 A 公司上班。

曾某与 A 公司签订合同之后，曾某仍然为事业单位编制人员，每年只发放 1 万元左右生活费，曾某等多名该单位职工都在外自谋职业，仅在农忙期间回该单位从事相应工作。

（三）法律分析

本案中，A 公司与曾某之间签订《劳务雇佣合同书》，双方依据合同享有权利、承担相应义务，且曾某为事业单位编制人员，争议焦点在于能否认定 A 公司与曾某之间存在劳动关系。本案适用的法律规定主要是《劳动合同法》第 7 条。

依据《劳动合同法》第 7 条："用人单位自用工之日起即与劳动者建立劳动关系。"可见劳动关系确立的实质不在于签订合同的名称，判断曾某与 A 公司是否建立劳动关系，应当根据合同内容所涉法律关系，即合同双方当事人所设权利义务的内容来确定。虽然该合同名称为《劳务雇佣合同书》，但该合同内容反映的却是 A 公司制定的各项规章制度适用于曾某，曾某受 A 公司的管理，从事 A 公司安排的有报酬的劳动，且曾某提供的劳动是 A 公司业务的组成部分，曾某实际上将其人身在一定限度内交给了 A 公司，在身份、组织、经济上依附于 A 公司，故该合同约定的权利义务内容与劳动关系法律特征相符，为劳动合同。虽然曾某为某事业单位在编人员，但是该单位实际工作时间短，发放的生活费不能满足曾某的生活需求，曾某与 A 公司签订合同具有维持自身生活需要的正当性，曾某与其他单位的人事关系不能阻隔曾某与 A 公司的劳动关系成立。

（四）结论

曾某与 A 公司存在劳动关系。在本案中，劳动者在实质上已经和用人单位建立了劳动法律关系，其为用人单位提供劳动，接受用人单位的管理，用人单位向其支付报酬。根据最高人民法院公报 2019 年第 12 期的指导性案例，即使劳动者与其他用人单位存在人事关系，但在非因劳动者自身原因导致该人事关系未正常履行且劳动者从其他单位取得的报酬不足以维持基本生活的情况下，用人单位不得以劳动者与其他单位存在人事关系为由，否认用人单位与劳动者之间存在劳动关系。①

案例二：

戴某与 T 公司追索劳动报酬纠纷案

（一）案情介绍②

戴某 1996 年 11 月 4 日进入 T 公司工作，为包装股员工，2010 年 11 月起戴某任课长。戴某与 T 公司最后一期劳动合同期限自 2014 年 3 月 1 日起至 2019 年 2 月 28 日止，其中约定戴某的工作岗位为操作工；T 公司根据工作需要，按照诚信原则，可依法变动戴某的工作岗位，戴某接受 T 公司所给予的职务调整和变动等。

T 公司的《员工工作规则》中规定了员工的考核内容：员工平时有优良行为表现或不良行为表现时，由各单位负责人以书面通知人事单位记录之；每月各项奖金之考核，以上两项记录将作为升职、调职之依据。2015 年 11 月 18 日，T 公司发布人员配置公告，内容包括：公司人员配置调整办法为课长 65 人，每年度根据季度奖考绩排名，最后 10% 予以降职处理。T 公司的 2015 年度考绩汇总表显示戴某排名为第 43 位，倒数第 5 名（戴某对此不认可）。2016 年 1 月 4 日，T 公司对戴某发出人事通知，戴某的职务由课长改为班长，职务加给由 1 500 元调整至 700 元。戴某当时对此并未提出异议。

后来在 2017 年戴某离职后，其要求 T 公司支付 2015 年 7 月至 2016 年 6 月期间因调岗产生的工资差额、经济补偿金。

（二）事实分析

戴某与 T 公司于 1996 年签订劳动合同，约定 2010 年 11 月起戴某任包装股课长。双方最后一期劳动合同期限自 2014 年 3 月 1 日起至 2019 年 2 月 28 日止，约定戴某的工作岗位为操作工，还约定 T 公司根据工作需要，按照诚信原则，可依法变动戴某的工作岗位，戴某接受 T 公司所给予的职务调整和变动等内容。2015 年 11 月 18 日，T 公司发布人员配置公告，通知将根据季度奖考绩排名，对排名最后 10% 的课长予以降职处理。2015 年戴某的排名位于最后 10%（戴某对此并不认可）。2016 年 1 月 4 日，T 公司对戴某发出人事通知，戴某的职务由课长降为班长，职务

---

① 最高人民法院公报. 江苏澳吉尔生态农业科技股份有限公司与曾广峰确认劳动关系纠纷案［EB/OL］. (2019 - 12 - 27)［2022 - 09 - 12］. http://gongbao. court. gov. cn/Details/ec9d20fafd7ceea12d514c8bebf956. html.

② 最高人民法院公报. 戴为军诉台玻长江玻璃有限公司追索劳动报酬纠纷案［EB/OL］. (2021 - 02 - 01)［2022 - 09 - 12］. http://gongbao. court. gov. cn/Details/c8349c6745c2142656047b08634fde. html? sw =.

加给由 1 500 元调整至 700 元。戴某离职后，对处理结果不服，诉请补偿调岗期间的工资差额、经济补偿金。

（三）法律分析

本案主要的争议焦点在于 T 公司采取末位淘汰制将戴某调离管理岗位是否合法。主要依据的法律规定为《劳动合同法》第 35 条、第 40 条。

本案中 T 公司采取末位淘汰制优化管理层成员，即根据单位总体目标，结合实际情况设定考核体系，根据考核结果对得分相对靠后的管理层予以调岗。根据《劳动合同法》第 40 条第 2 项规定，劳动者不能胜任工作，经过培训或者调整工作岗位，仍不能胜任工作的，用人单位提前 30 日以书面形式通知劳动者本人或者额外支付劳动者 1 个月工资后，可以解除劳动合同。按照该条规定，对于不能胜任工作的员工，首先应该采取培训或调整工作岗位的方式来处理，而不应当直接解除劳动合同。在本案中，T 公司采取了调整工作岗位的方式，因此符合法律规定。

根据 T 公司与戴某的劳动合同，双方明确约定 T 公司能够根据工作需要，按照诚信原则，依法变动戴某的工作岗位。2016 年 T 公司根据人员配置公告和戴某上年度考绩汇总表对戴某的工作岗位进行调整，调岗后，戴某当时并未提出异议，应当视为戴某对调岗的认可。根据《劳动合同法》第 35 条规定："用人单位与劳动者协商一致，可以变更劳动合同约定的内容。变更劳动合同，应当采用书面形式。"戴某的岗位调动属于劳动合同的变更，因调岗引起的薪资变动亦属合法。因此，戴某在离职后认为调岗违法并要求 T 公司支付工资差额和经济补偿金没有法律依据。

（四）结论

任何一家公司依据法律规定，对员工都享有一定的管理权，这有利于激励优秀员工，淘汰不合格或能力较低的员工，提高用工效率。而在本案中，用人单位采取末位淘汰制度，将考核成绩较低的员工调离原有工作岗位，属于正常的用人单位管理，没有违反法律规定，因此劳动者要求用人单位支付工资差额和经济补偿金的诉求不能成立。

案例三：

孙某与 B 区劳动人事局工伤认定纠纷案

（一）案情介绍

孙某系 A 公司员工，某年 6 月 10 日上午 A 公司派孙某去机场接人，孙某从 A 公司领取汽车钥匙和汽油票后，从 A 公司所在的八楼下楼，欲到院内停放的轿车处去开车。行至一楼门口台阶处时，脚下一滑，从四层台阶处摔到地面上，造成四肢不能动。A 公司立即派人将其送至医院救治，经诊断为颈髓过伸位损伤合并颈部神经根牵拉伤、上唇挫裂伤、左手臂擦伤、左腿皮擦伤。孙某于 12 月 15 日向 B 区劳动人事局提出工伤认定申请，并于次年 2 月向 B 区劳动人事局提交工伤认定申请表。B 区劳动人事局经调查、取证、核实后作出《工伤认定决定书》，该决定书认为孙某摔伤是自身走神大意所致，没有证据表明孙某的摔伤事故是因工作造成，故决定不认定孙某摔伤事故为工伤事故。A 公司认为孙某摔伤地点并非位于工作场所，不应当认定为工伤。孙某对 B 区劳动人事局作出的决定不服，提起行政诉讼。

（二）事实分析

孙某为 A 公司员工，接受公司领导的指派，开本公司的轿车去完成机场接人的工作任务，遂从公司所在的八楼乘电梯下楼，欲行走至院内停放车辆处，途经一楼台阶时摔倒，A 公司将其送至医院诊治，经医疗诊断证明摔伤事故给孙某造成伤害，孙某提交相关材料申请工伤认定，B 区劳动人事局出具《工伤认定决定书》，认定孙某摔倒是自身疏忽大意非工作原因造成，因此不符合工伤认定标准。

（三）法律分析

本案中，孙某摔伤事故造成的伤害能否认定为工伤，关键要看是否符合工伤的认定标准。主要依据的法律规定是《工伤保险条例》第 14 条、第 16 条，《最高人民法院关于审理工伤保险行政案件若干问题的规定》第 4 条。

根据《工伤保险条例》第 14 条第 1 项："职工有下列情形之一的，应当认定为工伤：（一）在工作时间和工作场所内，因工作原因受到事故伤害的；"即孙某摔伤事故造成的伤害需要同时满足三个条件，即在工作时间、工作场所、因工作原因所致。摔伤事故发生于工作时间这一点没有争议，后两点存在争议。

关于孙某摔伤是否位于工作场所。根据《最高人民法院关于审理工伤保险行政案件若干问题的规定》第 4 条第 3 项，在工作时间内，职工来往于多个与其工作职责相关的工作场所之间的合理区域因工受到伤害的，社会保险行政部门应当认定为工伤。孙某为 A 公司员工，A 公司所在的八楼是孙某的工作场所，同时孙某作为员工受领导管理并分配工作任务。因此，在孙某接受开车去机场接人的任务后，车是孙某的另一工作场所，孙某的摔伤地点位于一楼台阶，是孙某两个工作场所的必经之路。根据上述规定，应当认定摔伤地点为职责相关的工作场所之间的合理区域。

关于孙某摔伤事故是否为工作原因所致。孙某行经一楼台阶，其行为不是《最高人民法院关于审理工伤保险行政案件若干问题的规定》第 5 条规定的职工因工外出期间从事与工作或者受用人单位指派外出学习、开会无关的个人活动，且其行为与工作高度关联。虽然因精力不集中走神摔伤，本身存在疏忽的过失，但《工伤保险条例》第16条规定了三种因职工过错不得认定为工伤的情形，即因故意犯罪导致伤亡、醉酒或者吸毒导致伤亡、自残或者自杀，孙某的过失程度远远低于上述三种法定排除情形，且法律并没有将工作任务与伤害结果之间的因果关系规定为认定工伤的法定条件，亦未将个人主观过错作为认定工伤的排除条件，孙某摔倒事故符合因工作原因所致的工伤。

（四）结论

B区劳动局应当认定孙某为工伤。孙某的摔伤事故发生在合理区域内，与履行工作职责相关，虽然孙某存在疏忽的过失，但过错程度没有达到法定排除情形，不足以否定工作原因所致伤害的因果关系，符合在工作时间、工作场所、因工作原因受到事故伤害的工伤认定条件。

 思考与练习

1. 试述劳动关系与劳务关系的联系与区别。
2. 试述劳动合同解除的不同情形。
3. 劳动纠纷有哪些救济途径？
4. 劳动诉讼中当事人能否增加诉讼请求？
5. 我国法定的工伤认定范围有哪些？

第五节　侵权类案件的法律咨询

一、侵权与侵权类纠纷概述

（一）侵权的概念

侵权，是指侵害他人受保护的民事权益，依法应当承担侵权责任的行为。侵权的概念如何界定，学术界一直存在争议，但总体而言，存在着广义的侵权概念和狭义的侵权概念。狭义的侵权概念将"过错"作为侵权的核心，即认为侵权是一种过错行为，无过错则无侵权。《民法典》采用的侵权概念是广义的侵权概念。广义的侵权概念认为侵权行为是侵权责任产生的根据，但过错不被认为是侵权行为的必须条件，法律规定的无过错情况也可以导致侵权责任。

（二）侵权行为的特征

第一，侵权行为不以意思表示为构成要件。侵权行为也称为侵害行为，是一种法律事实。侵权行为既可以是出于意思表示，如打架、故意损害、故意伤害等；也可以不需要意思表示。一般说来，只要造成他人损害，不论是否出于意思表示，都要承担侵权责任。民法当中的无过错责任原则即属于此类情况。在侵权的场合，法律并不要求侵权行为人在实施侵权行为时主观上具有意欲变动法律关系的意志要素，即使现实中行为人有一定的意图但是法律也并不关注该意图的内容，只要行为人的行为符合法定的构成要件，就应该按照法律规定产生一定的法律效果，即侵权行为人在实施侵权行为之时并不需要以发生某种民事法律后果为目的，这也就意味着侵权行为不以具有意思表示为前提条件。

第二，侵权行为具有不法性。侵权行为人侵害了他人的合法权益，因此需要给予负面性评价，并可以要求其做出赔偿，因此，侵权类纠纷往往涉及人身损害赔偿与财产损害赔偿。

第三，侵权行为具有单方性。侵权行为不是一种出自合意的行为，而是一种单方行为，一般情况下，很少有人会形成对于侵权行为的合意。

第四，侵权行为的侵害对象既包括人身权利，也包括财产权利。侵害的对象既可以是人身权利，如自由权、生命权、身体权、健康权、姓名权、肖像权、名誉权、荣誉权、隐私权、婚姻自主权等权利；也可以是财产权利，如所有权、用益物权、继承权、知识产权等。

（三）侵权类纠纷的内容

日常生活中和大多数人密切相关的侵权类纠纷主要包括以下几类：

第一，生命权与健康权侵权纠纷。例如，因交通事故、医疗事故、打架斗殴引发的死亡、残疾或身体伤害。此类侵权纠纷在归责、赔偿的确定上极易引发争议，因为此类纠纷不仅仅涉及身体伤害，还伴随着情感上的羞辱。

第二，名誉权与荣誉权侵权纠纷。其是指通过侮辱、诽谤等方式损害他人名誉与荣誉而引发的纠纷。例如，发表某种虚假性言论，导致他人的名誉权和荣誉权受损，这种损害有可能被网络放大化，对当事人的心理与生活造成极大伤害。

第三，隐私权侵权纠纷。其是指通过窥探、获取、公开、传播他人隐私而引发的侵权纠纷。随着网络社会的发展，个人隐私越来越容易被泄露，隐私是个人心理健康的屏障，泄露隐私也会给个人带来严重的心理伤害，此类伤害也会引发纠纷与赔偿。

第四，肖像权侵权纠纷。其是指未经权利人许可擅自使用他人肖像而引发的纠纷。此类纠纷主要发生于知名人物，知名人物的肖像有时可能被一些企业擅自用做广告封面，进而引发赔偿纠纷。对于普通公民来说，也有可能发生肖像权侵权纠纷。例如，所谓的"街拍美女"，如果随意公开路上行人的照片，也会引发此类纠纷。

第五，饲养动物侵权纠纷。现在饲养宠物的人越来越多，但有些宠物仍然存在一定的野性，也有些宠物天生就是烈性动物，如藏獒，这些动物如果管教不好，就可能伤害人类，引发人身损害赔偿纠纷。

第六，建筑物侵权纠纷。改革开放以来，我国进入一个基础设施大跃进的时代，但由于建筑行业的法律法规不完善，某些企业偷工减料的行为层出不穷，导致某些设计不合格、施工不合格的建筑在今天仍被使用。此外，某些公民由于缺乏法律意识，对建筑物进行违法改造，致使建筑基本架构发生损坏，进而引发严重的倒塌事故。这些行为都可能引发建筑物所有者或管理者与受害者之间的赔偿纠纷。

第七，财产权侵权纠纷。财产权侵权是指导致他人的财产价值减损或灭失，以及破坏财产权人对财产的支配关系的侵权行为。例如，占用他人物品、损害他人财产都可能导致财产权侵权纠纷。

二、侵权类法律的基本内容

侵权类法律的基本内容不仅体现于《民法典》第七编侵权责任的规定，还体现于《道路交通安全法》《中华人民共和国消费者权益保护法》（以下简称《消费者权益保护法》）、《中华人民共和国产品质量法》（以下简称《产品质量法》）、《中华人民共和国食品安全法》（以下简称《食品安全法》）、《中华人民共和国药品管理法》（以下简称《药品管理法》）等一系列相关法律当中。下面结合相关法律规定及理论研究，来阐明侵权类法律的相关内容。

（一）侵权的类型

1. 一般侵权与特殊侵权

根据侵权归责原则的不同，侵权可以分为一般侵权与特殊侵权。一般侵权是指行为人基于过错直接致人损害；而特殊侵权是指行为人虽无过错但依法律规定应承担责任的行为。一般侵权的构成要件为侵害行为、损害事实、主观过错、因果关系。特殊侵权一般为法律特别规定，因此除《民法典》外，特殊侵权还大量存在于特别法之中，如《道路交通安全法》《消费者权益保护法》《产品质量法》《食品安全法》《药品管理法》等。在一般侵权责任中，免责事由比较广泛，而特殊侵权责任的免责事由受到法律的严格限制，法律规定之外的事由往往不能作为特殊侵权责任的免责事由。①

2. 自己责任的侵权与替代责任的侵权

根据加害行为人与侵权责任人是否同一，可以将侵权分为自己责任的侵权与替代责任的侵权。所谓自己责任，是指因自己的行为损害他人的权益，由行为人对自己的行为负责并承担相应的责任，自己责任是现代法律的一项基本原则，现代的侵权法也以自己责任为责任承担的根本原则。

所谓替代责任，是指行为人致害后，根据法律规定，由法律指定的行为人之外的其他人承担侵权责任。替代责任是自己责任的例外，但是在替代责任侵权的场合，法律保留了承担侵权责任的责任人对具有故意或重大过失的加害行为人的追偿权，从这个角度来说，追偿权的存在最终能够实现事实上责任人与行为人的统一，因此可以说替代责任仍与自己责任的原理保持了同一性。② 替代责任的侵权归责原则主要适用无过错责任，自己责任则不一定。同时，在构成要件上，替代责任一般需要证明责任人与加害人之间存在法律规定的特定关系，如监护关系等；在用人者责任的场合，还需要证明加害行为是执行工作任务或是劳务等的职务行为。

3. 人致害的侵权与物致害的侵权

根据致害主体不同，侵权可以分为人致害的侵权与物致害的侵权。所谓人致害的侵权，是指由于行为人的行为而直接给他人造成损害的侵权；所谓物致害的侵权，是指人控制下的物给他人造成损害的侵权。物致害的侵权多适用无过错责任与过错推定责任，人致害的侵权则不一定。在物致害的侵权的场合，往往需要证明侵权责任人与物处于特定的法律关系中或是负有特定的法律义务的人，如物的所有者、占有者、使用者或是负有管理义务者等。

4. 单独侵权与多人侵权

根据侵权人的数量，侵权可以分为单独侵权与多人侵权。单独侵权，是指侵权人为一人单独实施的侵权；多人侵权，是指侵权人为二人及以上实施的侵权。多人

---

① 王利明.侵权责任法［M］.北京：中国人民大学出版社，2016：11-12.
② 程啸.侵权责任法［M］.北京：法律出版社，2021：72-73.

侵权则要区分是否存在意思联络，如果存在意思联络，则属于共同侵权，如共同加害行为、教唆帮助侵权的行为以及共同危险行为。《民法典》第 1168 条规定："二人以上共同实施侵权行为，造成他人损害的，应当承担连带责任。"该条是对共同加害行为的规定，各个侵权人之间存在意思联络，有共同实施侵权的故意，因此需要承担连带责任。另外，《民法典》第 1169 条规定："教唆、帮助他人实施侵权行为的，应当与行为人承担连带责任。"此条也属于共同侵权，也需要承担连带责任。

共同危险行为，也称为准共同侵权行为，是指数人共同实施危及他人人身安全、财产安全的行为并造成损害结果，而实际侵害行为人又无法确定的侵权行为。根据《民法典》第 1170 条规定："二人以上实施危及他人人身、财产安全的行为，其中一人或者数人的行为造成他人损害，能够确定具体侵权人的，由侵权人承担责任；不能确定具体侵权人的，行为人承担连带责任。"这一条款涉及的就是共同危险行为。多个人的行为都对他人的权益造成了危险，但最终造成损害的可能只是其中一个人或多个人，如果能够确定谁是真正的侵权人，则该侵权人应当承担所有法律责任。但如果不能确定具体的侵权人，则所有造成这种危险状态的人都需要承担连带责任。

无意思联络的多人侵权又可以根据责任承担方式分为连带责任型的侵权与按份责任型的侵权。[①] 根据《民法典》第 1171 条规定："二人以上分别实施侵权行为造成同一损害，每个人的侵权行为都足以造成全部损害的，行为人承担连带责任。"《民法典》第 1172 条规定："二人以上分别实施侵权行为造成同一损害，能够确定责任大小的，各自承担相应的责任；难以确定责任大小的，平均承担责任。"这两条规定的就是无意思联络的多人侵权，前者适用连带责任，后者适用按份责任。

5. 作为的侵权与不作为的侵权

无论是作为还是不作为都可能导致侵权。作为的侵权，是指行为人以积极作为的方式损害他人权益；不作为的侵权，是指行为人以消极不作为的方式损害他人权益。作为的侵权一般从作为中来进行责任认定，而不作为的侵权往往从作为义务中认定责任。作为的侵权一般更好判断，但不作为的侵权则要根据行为人所负担的法律义务来确定。例如，消费者在饭店吃饭，饭店疏于管理，导致消费者摔倒受伤，在这种情况下，饭店属于不作为侵权。饭店的义务可以基于《消费者权益保护法》第 18 条的规定而得以确定："宾馆、商场、餐馆、银行、机场、车站、港口、影剧院等经营场所的经营者，应当对消费者尽到安全保障义务。"

---

① 程啸. 侵权责任法［M］. 北京：法律出版社，2021：76.

（二）侵权法律责任的归责原则

侵权法律责任的归责原则是确定行为人承担责任的依据与基础。不同的归责原则决定了责任构成要件的不同及是否可以免责。在法律实践中，一般认为存在四种归责原则：过错责任原则、过错推定原则、无过错责任原则、公平责任原则。

1. 过错责任原则

过错责任原则，是指以行为人是否存在过错为确定侵权法律责任的原则。"所谓过错，实际上是指行为人在实施加害行为时的某种应受非难的主观状态，此种状态是通过行为人所实施的不正当的、违法的行为表现出来的"。[①]

根据过错程度大小，过错分为故意、重大过失与一般过失。故意，是指明知损害会发生但是希望或者放任其发生。过失，是指对损害的发生具有主观上的疏忽大意或者过于自信。进一步讲，过失又分为重大过失与一般过失。由于过错主要是一种主观状态，需要根据客观事实证据来予以确定或推定。

过失与故意相对应，分为疏忽大意的过失与过于自信的过失，疏忽大意的过失是指对自己行为的结果能够或是应该预见而没有预见，过于自信的过失是指虽然对结果有预见但是轻信这种结果可以避免。判断过失的有无及过失的程度应当以行为人是否尽到适当注意的义务为标准，此标准主要为客观标准，即"按照法律、法规等规范所确立的注意义务和一个合理的、谨慎的人所应当达到的行为标准"。[②]

2. 过错推定原则

过错推定原则，即以推定的过错作为归责的标准。在某些特殊情况下，由行为人来证明自己没有过错；如果不能证明，即推定其存在过错。因为在这种情况下，如果由受害人来证明过错，则会导致极不公平的结果。过错推定原则实行举证责任倒置，允许行为人在证明自己无过错的情况下可以不承担侵权责任。根据《民法典》第 1254 条规定："禁止从建筑物中抛掷物品。从建筑物中抛掷物品或者从建筑物上坠落的物品造成他人损害的，由侵权人依法承担侵权责任；经调查难以确定具体侵权人的，除能够证明自己不是侵权人的外，由可能加害的建筑物使用人给予补偿……"为了使受害人能够得到补偿，该条规定实行过错推定原则。由于现在城市小区高楼众多、住户众多，如果实行过错责任原则，则会导致受害人根本无法追究行为人的侵权责任。

---

① 王利明.侵权责任法［M］.北京：中国人民大学出版社，2016：53.
② 王利明.侵权责任法［M］.北京：中国人民大学出版社，2016：91.

3. 无过错责任原则

所谓无过错责任原则，是指不论行为人是否有过错，都要承担侵权责任。按照归责依据来区分，无过错责任又可以分为"危险责任"与"替代责任"。① 危险责任是指以行为或控制的物件所具有的内在的、高度的危险作为归责事由。《民法典》中的危险责任主要有产品责任，机动车交通事故责任，环境污染和生态破坏责任，高度危险责任，饲养动物损害责任，建筑物、构筑物或者其他设施倒塌、塌陷致人损害责任。所谓替代责任，是指为他人的侵权行为承担法律责任，责任人与他人之间一般具有一定的特殊关系，如监护关系、雇佣关系等。《民法典》中的替代责任主要有：①被监护人侵权，监护人责任；②职工侵权，用人单位对其工作人员在执行工作任务过程中造成他人损害的责任；③个人劳务侵权，提供劳务一方造成他人损害时接受劳务一方的侵权责任。②

4. 公平责任原则

根据《民法典》第 1186 条规定："受害人和行为人对损害的发生都没有过错的，依照法律的规定由双方分担损失。"此即公平责任。很多时候，当事人没有过错，或者无法确定过错，或者侵权人逃逸或无力承担责任，此时可以由受益人给予受害人适当补偿。公平责任原则适用于法律没有规定无过错原则，但如果适用过错原则对受害人又不公平的情况，因此应在有关主体之间公平分配损害赔偿责任。例如，《民法典》第 183 条规定："因保护他人民事权益使自己受到损害的，由侵权人承担民事责任，受益人可以给予适当补偿。没有侵权人、侵权人逃逸或者无力承担民事责任，受害人请求补偿的，受益人应当给予适当补偿。"又如，《最高人民法院关于审理人身损害赔偿案件适用法律若干问题的解释》第 5 条规定："无偿提供劳务的帮工人因帮工活动遭受人身损害的……被帮工人明确拒绝帮工的，被帮工人不承担赔偿责任，但可以在受益范围内予以适当补偿。"上述规定即属于公平责任原则。

（三）侵权法律责任的承担

侵权法律责任的承担主要是指行为人以何种方式来承担侵权法律责任。侵权法律责任的承担方式包括停止侵害、排除妨碍、消除危险、返还财产、恢复原状、赔礼道歉、消除影响、恢复名誉、损害赔偿。这些责任承担方式既能够单独适用也可

---

① 程啸. 侵权责任法 ［M］. 北京：法律出版社，2021：123 - 124.
② 程啸. 侵权责任法 ［M］. 北京：法律出版社，2021：122 - 124.

以合并适用，此外，惩罚性赔偿也可以适用于侵权责任。[①]

1. 停止侵害

如果侵害正在发生，受害人则可以请求侵权人停止侵害。该责任承担方式的适用一般要求侵害他人权益的行为已经存在，且侵害行为处于持续的状态，即侵害行为已经开始但是尚未结束，停止侵害的适用不以行为人的过错为要件。

2. 排除妨碍

排除妨碍是指如果权利人行使权利受到阻碍，可以要求侵权人予以排除，或者请求人民法院予以排除。这种妨碍一般缺乏法律依据，且对他人权利的正常行使造成了阻碍。行为人请求侵权人排除妨碍也不以侵权人存在过错为要件。

3. 消除危险

消除危险是指如果行为人的某种行为或某种状态对他人的合法权益构成了威胁，权利人可以要求其采取有效措施消除危险。当然，这种危险应当是现实的危险而不是虚构的危险。所谓现实的危险，是指这种危险能够基于常识或科学依据而得以认知。消除危险的适用也可以不考虑行为人的过错。

4. 返还财产

返还财产是指侵占他人财产的，被侵权人有权请求侵权人返还财产。返还财产的适用条件是财产能够返还。如果属于不可返还的财产，如已经用掉的钱、已经吃掉的盒饭等，则属于不可返还之物，只能通过赔偿损失来予以弥补。

5. 恢复原状

恢复原状是指恢复权利被侵害前的原有状态。例如，通过消除影响使被侵害的名誉权得到恢复，将损害的财产修复，即通过修理恢复财产原有的状态。恢复原状的适用条件是有修复的可能与必要，通过修理、重作、更换等方式能够使得权利人的权利得到恢复。

6. 赔礼道歉

赔礼道歉是指责令违法行为人向受害人公开认错、表示歉意。其主要适用于侵害人身权的情况中，且其主要是救济精神损害的一种补偿方式。

7. 消除影响

消除影响是指行为人因其侵害了公民或法人的人身权益而应当承担的在影响所及的范围内消除不良后果的一种责任承担方式。[②] 例如，如果侵害他人名誉权，诽

---

① 程啸. 侵权责任法 [M]. 北京：法律出版社，2021：746.

② 王利明. 侵权责任法 [M]. 北京：中国人民大学出版社，2016：163.

谤他人，可以通过登报的方式或发表公开声明的方式，澄清之前的错误言论，并给予赔礼道歉。

8. 恢复名誉

恢复名誉可以被视为消除影响的一种具体方式，也需要通过公开化的方式来澄清关于名誉的种种错误指责与理解。

9. 损害赔偿

损害赔偿可以被区分为人身损害赔偿、精神损害赔偿与财产损害赔偿。

《民法典》第1179条至第1182条规定了人身损害赔偿的具体规则，侵权人的赔偿数额按照受害人实际遭受的损失来确定，侵害他人造成人身损害的，应当赔偿医疗费、护理费、交通费、营养费、住院伙食补助费等为治疗和康复支出的合理费用，以及误工费。造成他人残疾的，还应当赔偿辅助器具费和残疾赔偿金；造成他人死亡的，还应当赔偿丧葬费和死亡赔偿金。在无法确定受害人的损失的情况下，按照侵权人因此获得的利益的标准进行赔偿。而在受害人的损失及侵权人的获利数额均难以确定的情况下可以由双方协商赔偿数额，协商不成，向人民法院提起诉讼的，由人民法院酌情确定赔偿数额。

精神损害赔偿只针对自然人的精神损害，对应的侵害对象主要是自然人的人身权益，一般要求造成严重的精神损害结果。同时，对于侵害自然人具有人身意义的特定物造成被侵权人严重精神损害的，被侵权人有权请求精神损害赔偿。例如，某张具有纪念价值的照片，去世父母的遗存物等，此类物品的损害也会导致精神损害，被侵权人可以索取精神损害赔偿。

侵害财产的，以财产损失发生时作为财产损害赔偿计算的开始时点，因此主要以损失发生时的市场价格作为损害赔偿计算的标准。

10. 惩罚性赔偿

惩罚性赔偿的责任承担方式，是指为了惩罚侵权人而在超过实际损害的范围内要求侵权人对被侵权人进行额外的金钱赔偿。侵权法作为救济法，惩罚性赔偿并非其主要的责任承担方式，只有在法律作出特别规定的情况下才能够适用，主要适用的情况有：①《民法典》第1185条规定，故意侵害他人知识产权，情节严重的；②《民法典》第1207条规定，明知产品存在缺陷仍然生产、销售，或者没有依据前条规定采取有效补救措施，造成他人死亡或者健康严重损害的；③《民法典》第1232条规定，侵权人违反法律规定故意污染环境、破坏生态造成严重后果的，被侵权人有权请求相应的惩罚性赔偿。

（四）免责事由

1. 受害人故意

根据《民法典》第 1174 条规定："损害是因受害人故意造成的，行为人不承担责任。"受害人故意系指受害人明知自己的行为会发生损害自己的后果，并且希望或放任此种结果的发生。损害之发生既然因受害人故意造成，侵权人当然不承担责任。根据《道路交通安全法》第 76 条规定，如果受害人故意碰撞机动车造成损害的，机动车一方不承担赔偿责任。

2. 受害人过错

根据《民法典》第 1173 规定："被侵权人对同一损害的发生或者扩大有过错的，可以减轻侵权人的责任。"受害人有过错的，可以减轻侵权人的赔偿责任，受害人故意是受害人过错的下位概念，不过受害人的过错程度不同，侵权人的责任减轻程度则不一样。一般来说，受害人故意可以完全免除侵权人的责任，但是受害人如果有过失则只能减轻侵权人的责任而不能免除侵权人的责任。不过根据法律的特殊规定，有时受害人的重大过失也可能完全免除侵权人的责任。

3. 第三人的原因

损害是因第三人造成的，第三人应当承担侵权责任。第三人原因的免责效果主要有以下几种：第一，第三人原因可能导致责任人完全免责。例如，因第三人的原因，导致建筑物倒塌、塌陷造成他人损害的，由该第三人承担侵权责任而使建筑物所有人或者占有人等免除侵权责任。第二，责任人不能免责，仅保留对第三人的追偿权。例如，搁置物发生脱落、坠落造成他人损害，所有人、管理人或者使用人赔偿后，还有其他责任人的，所有人、管理人或者使用人有权向其追偿。第三，受害人可以选择责任人或者第三人中的一人承担责任，责任人承担责任后可以再向第三人追偿。例如，因第三人的过错致使动物造成他人损害的，被侵权人可以向动物饲养人或者管理人请求赔偿，也可以向第三人请求赔偿。动物饲养人或者管理人赔偿后，有权向第三人追偿。

4. 不可抗力

不可抗力是指不能预见、不能避免且不能克服的客观情况。一般认为，不可抗力是指自然现象，不包括社会现象，但是战争是一个例外。不可抗力引发的免责效果是侵权人完全免责。不可抗力作为免责事由，既适用于一般侵权责任情形，也适用于特殊侵权责任情形。

5. 紧急避险

紧急避险，是指在不得已的情况下损害另一法益以保护较大法益免受正在发生的危险的行为。根据《民法典》第 182 条规定，紧急避险的场合下，损害赔偿的责任承担规则是：第一，因紧急避险造成损害的，由引起险情的人承担民事责任。第二，危险由自然原因引起的，紧急避险人不承担民事责任，可以给予适当补偿。第三，紧急避险采取措施不当或者超过必要的限度，造成不应有的损害的，紧急避险人应当承担适当的民事责任。

6. 正当防卫

正当防卫，是指对正在进行不法侵害行为的人，而采取的制止不法侵害的行为。根据《民法典》第 181 条规定："因正当防卫造成损害的，不承担民事责任。正当防卫超过必要的限度，造成不应有的损害的，正当防卫人应当承担适当的民事责任。"正当防卫的免责效果是：①在必要的限度内，完全免责；②超过必要限度的，即防卫过当的，就其不必要的损害承担相应的责任。

7. 紧急救助行为

根据《民法典》第 184 条规定："因自愿实施紧急救助行为造成受助人损害的，救助人不承担民事责任。"法律鼓励这种紧急救助行为，倡导见义勇为的社会风气，这使得救助人能够放心大胆地去救助他人，不需要为救助过程中可能造成的损害而担忧。

8. 自助行为

自助行为是指合法权益受到侵害，情况紧迫且不能及时获得国家机关的保护，不立即采取措施将使其合法权益受到难以弥补的损害的，受害人可以在保护自己合法权益的必要范围内采取扣留侵权人的财物等合理措施，但是应当立即请求有关国家机关处理。自助行为可以免除民事侵权责任。这里需要强调的是，自助行为是以"必要范围"为限，且应当立即请求国家机关处理。如果超过"必要范围"，则需要承担侵权责任。例如，顾客在饭店吃"霸王餐"，店主可以将顾客暂时扣留，直到警察到来。店主在此种情况下不需要对其侵犯他人人身自由的行为承担侵权责任，但需要报警。在此过程中，店主也不得有打骂、羞辱顾客的行为。

9. 自甘风险

根据《民法典》第 1176 条规定："自愿参加具有一定风险的文体活动，因其他参加者的行为受到损害的，受害人不得请求其他参加者承担侵权责任；但是，其他参加者对损害的发生有故意或者重大过失的除外。活动组织者的责任适用本法第一千一百九十八条至第一千二百零一条的规定。"自甘风险导致损害，一般不能请求其他参加者承担侵权责任，如摔跤比赛、拳击比赛等。但如果其他参加者存在故意或重大过失，则需要承担侵权责任。例如，在拳击比赛中，受害人已经倒下，但另一方仍然不听从裁判号令，继续攻击，在这种情况下，侵权一方就需要承担侵权责任。在自甘风险的情况中，文体活动的组织者主要承担的是安全保障义务，对于未尽安全保障义务而侵权的，则要承担侵权责任。

10. 其他事由

除以上法律明确规定的免责事由外，以下几种情况也可以免除侵权责任：第一，意外事件。意外事件是指行为人对于损害的发生不可预见，当事人既没有故意，也没有过失。意外事件一般情况下可以成为免责的依据。第二，受害人同意。受害人同意是指受害人在损害发生前承诺自主承担某种损害后果，而且该承诺没有违反法律的强制性规定和公序良俗原则。典型情况如在医疗手术、器官捐献、竞技体育比赛等场合下，受害人同意能够成为免除侵权责任的理由，但是涉及公共利益的损害则不能同意免责，侵害重大人身权利的也不能同意免责。例如，在中国，安乐死或者经过受害人同意的重伤行为（但不属于医疗行为）等，均不能因受害人承诺而免责。第三，国家工作人员合法执行公务的行为。国家工作人员在合法执行公务的过程中导致的必要的损害，国家机关可以不承担侵权责任，但可以适用公法上的国家赔偿。

·咨询案例·

案例一：

李某某与某美容公司医疗损害侵权责任案

（一）案情介绍①

李某某于某美容公司处做面部线雕项目，项目包括面部线雕术、玻尿酸填充、眼角除皱、瘦脸，其中面部线雕术是眼袋修正术，是该项目的主要部分，其他均为辅助部分。李某某为此项目实际消费 33 600 元。术后李某某右眼下方出现鼓包且无法消退，除此鼓包外，其他部分效果尚可，后来该公司又为李某某实施了脂肪填充手术，对面部线雕手术的不成功处进行修补，但术后手术位置一直未消肿，鼓包也未消退。李某某向法院提起医疗损害赔偿之诉，要求该公司退还面部线雕项目的全部医疗费用，并赔偿其误工费及精神损失费，但是在申请鉴定时，该公司无法提供相应的病历以进行鉴定。

（二）事实分析

本案系医疗损害纠纷，根据李某某提供的证据，其术后脸部右眼下方确实存在

---

① 参见（2022）京 03 民终 3788 号判决书。

鼓包，影响美观，损害事实存在。李某某选择的医美项目主要是眼袋修正术，其眼下鼓包系在手术后出现，可以认为该鼓包与美容公司的医疗行为有关系。之后李某某向法院递交鉴定申请，申请对医疗损害结果、医疗损害与结果之间的因果关系及原因力大小进行鉴定。然而因该公司无法提供相应的病历，导致无法鉴定，这也就意味着因果关系及美容公司的过错难以查明。李某某表示术后因眼睛肿胀无法出门、无法上班，但是仅仅提供了工资条及收入证明以证明其误工费损失，缺乏其因该医疗事故而误工的证据。同时其以身心受到损害为由要求赔偿精神损失费。不过从李某某的面部情况来看，除右眼下方的鼓包外，其余辅助项目的效果不错，达到了李某某的期望。

（三）法律分析

根据《民法典》第1222条规定："患者在诊疗活动中受到损害，有下列情形之一的，推定医疗机构有过错：（一）违反法律、行政法规、规章以及其他有关诊疗规范的规定；（二）隐匿或者拒绝提供与纠纷有关的病历资料；（三）遗失、伪造、篡改或者违法销毁病历资料。"在损害发生后，医疗机构隐匿或拒绝提供相关病历资料的，推定医疗机构对损害结果有过错。本案中，某美容公司不能提供李某某的病历资料，导致无法鉴定，事实上医疗机构的过错及其程度难以查明，但是根据法律规定适用过错推定的归责原则，故应推定某美容公司存在过错，因而其应当承担相应的赔偿责任。

在对责任范围的认定上，应当以侵权责任人的过错为限，既然李某某在某美容公司接受的医疗美容服务项目除面部线雕术外还有许多其他辅助性项目，而除面部线雕术造成损害外，其他项目效果均可，因此不支持退还李某某的全部医疗费，而是应当根据实际损害情况综合认定退还的费用。

侵权责任的成立还需要有损害的实际发生，并以受害人的损失为标准确定损害赔偿的范围与数额，且损失原则上由受害人证明，由于李某某缺乏足够的证据证明其因医疗行为而导致误工并因此减少收入，故其误工费的诉求很难得到支持。

另外，根据《民法典》第1183条规定："侵害自然人人身权益造成严重精神损害的，被侵权人有权请求精神损害赔偿。因故意或者重大过失侵害自然人具有人身意义的特定物造成严重精神损害的，被侵权人有权请求精神损害赔偿。"只有在精神损害达到严重程度的情况下，精神损害赔偿才能够得到支持，本案中李某某并无证据证明某美容公司的侵权行为给其造成了严重的精神损害，因而此项诉求也无法得到法院的支持。

（四）结论

医疗损害纠纷适用过错责任原则，患者需要证明损害系医疗机构或其医务人员的过错所致，但是在医疗机构隐匿或者拒绝提供与纠纷相关的病历的情况下，适用过错推定的归责原则，此时在损害结果明显与医疗行为有关的时候则很容易推定因果关系及过错的存在。但是，无论是过错推定责任原则还是过错责任原则，侵权责任人的责任范围都以侵权责任人的过错为限确定具体的赔偿数额，在精神损害赔偿的场合，侵权行为必须造成受害人严重的精神损害才适用精神损害赔偿条款。

案例二：

续某某与 A 公司、B 公司产品责任案

（一）案情介绍①

续某某从 B 公司购买了 A 公司生产的五组散热器，并安装于其房屋内。房屋开始供暖后，房屋里次卧的散热器爆裂漏水，导致续某某的房屋被泡水并造成损失，后续某某申请了对散热器爆裂原因的鉴定，鉴定意见为："在采暖器初期整个建筑物的采暖水系统存在不稳定状态，次卧的散热器出水管阀门关闭，为散热器发生水击提供了条件；另外，散热器内部存在锈蚀，破裂口附近有两个立管的焊接口和端头的端盖焊接口，由于此处钻孔、焊接工艺较多，其金属内部的应力有所变化，为水击产生破裂提供了条件。因此，次卧散热器爆裂是由散热器内部水击造成的。"后续某某将 A 公司、B 公司诉至法院，认为散热器爆裂给其造成的重大损失是因被告生产、销售的散热器质量低劣、存在缺陷所致，并要求其赔偿自己的各项损失。

（二）事实分析

事实上，本案主要争议的焦点在于散热器爆裂漏水是否属于散热器质量问题导致的。根据鉴定机构的鉴定报告，结论是次卧散热器爆裂是由散热器内部水击造成的，散热器内部存在锈蚀，破裂口附近有两个立管的焊接口和端头的端盖焊接口，由于此处钻孔、焊接工艺较多，其金属内部的应力有所变化，为水击产生爆裂提供了条件。

但是从鉴定报告的意见来看，水击是散热器爆裂的主要原因，但同时散热器内部的锈蚀、焊接工艺等也为水击导致散热器爆裂提供了条件，由此可见爆裂的产生与散热器的缺陷有因果关系，并导致了损害后果的发生。因此，在事实上应当认定散热器存在一定的质量缺陷，该缺陷与损害后果的发生存在因果关系。

---

① 参见（2021）京 0106 民初 10642 号判决书。

（三）法律分析

根据《民法典》第 1202 条规定："因产品存在缺陷造成他人损害的，生产者应当承担侵权责任。"《民法典》第 1203 条规定："因产品存在缺陷造成他人损害的，被侵权人可以向产品的生产者请求赔偿，也可以向产品的销售者请求赔偿。"由此可知，在产品缺陷致害的侵权案件之中，生产者与销售者承担的是无过错责任，且在两者之间产生一种不真正连带责任，即被侵权人对损害赔偿请求权的行使具有选择权。因产品缺陷导致损害的，被侵权人可以向生产者也可以向销售者请求赔偿。产品侵权需要判断：第一，产品是否存在缺陷；第二，该缺陷与损害结果之间是否有因果关系；第三，不论侵权责任人的过错。本案中，根据鉴定报告的意见，散热器爆裂的原因主要为水击，而水击是由该散热器的锈蚀、焊接工艺等因素导致，因此产品存在一定的缺陷，并且此缺陷与损害的发生之间有因果关系。因此，续某某有权向 A 公司、B 公司要求损害赔偿，并且此损害赔偿应当得到法院支持。

（四）结论

产品侵权是典型的物致害侵权，适用无过错责任的归责原则，其基本构成要件是：第一，存在产品缺陷；第二，此缺陷与损害结果之间有因果关系。在确定了符合产品责任的构成要件的情况下，受害人有权向生产者或销售者请求赔偿损害。

案例三：

A 娱乐公司与音像协会侵害作品放映权案

（一）案情介绍①

B 公司是本案所涉 40 首音乐电视作品的著作权人。音像协会系经民政部门批准成立的社团法人，依法开展音像著作权集体管理工作。2012 年，音像协会与 B 公司签订了《音像著作权授权合同》，音像协会经授权取得上述音乐电视作品的放映权等权利，且可以自己的名义行使权利。A 娱乐公司系个体工商户，主要提供歌舞娱乐服务。A 娱乐公司未经许可，将上述 40 首音乐电视作品有偿提供给他人放映，且 A 娱乐公司曾于 2016 年至 2018 年期间，在经营活动中因涉嫌侵犯作品放映权被音像协会提起证据保全和诉讼，受理法院判决 A 娱乐公司侵害音像协会的作品放映权，应承担停止侵权并赔偿损失的侵权责任。

（二）事实分析

首先，根据案涉作品出版物上的署名，可以确定 B 公司是案涉作品的著作权

---

① 参见（2022）云民终 586 号判决书。

人。根据其与音像协会签订的《音像著作权授权合同》，音像协会经授权取得案涉作品的放映权等权利，并有权以自己的名义行使权利。其次，经审查被保全的证据可知 A 娱乐公司在无音像协会许可的情况下，私自将案涉作品有偿提供给他人放映，A 娱乐公司对此事实自认。最后，根据 2016 年至 2018 年的法院判决可知 A 娱乐公司实施过侵害音像协会作品放映权的侵权行为。

（三）法律分析

根据《著作权法》第 10 条规定，著作权包括放映权，著作权人有权全部或部分转让放映权。B 公司系案涉作品的著作权人，其与音像协会签订的《音像著作权授权合同》合法有效，音像协会据此取得了案涉作品的放映权等权利，并有权以自己的名义行使权利。A 娱乐公司未经许可，将音像协会享有管理权的音乐电视作品有偿提供给他人放映，侵害了音像协会的合法权利，应承担相应的民事责任包括停止侵害、消除影响、赔偿损失等。

A 娱乐公司在 2016 年至 2018 年间，已经因侵害作品放映权的行为被法院判决承担相应责任，但其在该行为被确认侵权后，未停止侵权，反而再次实施侵权行为。《民法典》第 1185 条规定，故意侵害他人知识产权，情节严重的，被侵权人有权请求相应的惩罚性赔偿。根据《最高人民法院关于审理侵害知识产权民事案件适用惩罚性赔偿的解释》第 4 条，曾因侵权行为被行政处罚或者法院裁判承担责任后，再次实施相同或者类似侵权行为的可以认定为情节严重。本案中 A 娱乐公司侵害案涉作品放映权的行为系故意且属于情节严重的情形，因而本案可以适用惩罚性赔偿。

（四）结论

未经他人许可，将他人享有著作权的音乐电视作品有偿提供给第三人放映，构成对著作权的侵害，行为人应承担相应的民事责任包括停止侵害、消除影响、赔偿损失等。在知识产权侵权案件中可以适用惩罚性损害赔偿的规则，如果行为人多次侵权则可能在承担损害赔偿责任外还需要承担惩罚性赔偿的责任。

 思考与练习

1. 侵权行为的类型有哪几种？不同的侵权行为类型有什么区别和联系？

2. 侵权法律责任的归责原则有哪几种？分别适用于什么情况？

3. 共同侵权责任中侵权人如何承担责任？

4. 侵权责任的免责事由有哪些？

下编

人民调解

第七章 人民调解概述

人民调解是我国法律所确认的一种诉讼外的调解形式。它是我国社会主义法治建设中的一项伟大创举，也是我国一项具有特色的法律制度。长期以来，人民调解在解决人民内部矛盾、维护社会和谐稳定方面发挥了重要作用，体现了显著优势，被誉为"东方经验"。

学习目标

1. 掌握人民调解的概念与特征。
2. 掌握人民调解对于纠纷解决的意义。
3. 掌握人民调解的基本原则。

第一节 人民调解的概念与特征

调解是解决纠纷的重要方式，能够尊重当事人的情感与意见，降低双方的对抗程度，缓和矛盾，方便快捷地解决纠纷，具有诉讼机制不可比拟的优势。在调解当中，人民调解尤为典型。人民调解是由人民调解委员会所主持的调解，人民调解委员会是由基层自治组织设立的群众组织。人民调解形式灵活，处理纠纷高效、便捷，是一种值得推广的纠纷解决机制。

一、调解与人民调解的概念

调解是指在某一中立第三方的主持之下，基于国家法律或社会公德，由当事人进行自由协商，第三方从中协调与说服，从而达成自愿协议的过程。调解有多种类型，如法院的调解、政府信访部门的调解、行政调解、人民调解委员会的调解。①调解在实践中的应用非常广泛，对于当事人与国家机关来说，调解程序比较便捷，成本比较低，在处理某些标的额比较小或者缺少明确法律规定的案件上有着显著的优势。

这里我们将对人民调解进行专门性的讨论。根据《中华人民共和国人民调解法》（以下简称《人民调解法》）第 2 条规定："本法所称人民调解，是指人民调解委员会通过说服、疏导等方法，促使当事人在平等协商基础上自愿达成调解协议，解决民间纠纷的活动。"人民调解委员会属于民间自主设立的自治性组织，其有很大的自由裁量空间，只要不违背国家法律的强制性规定及尊重当事人的意愿与权利，就可以对纠纷进行灵活处理，不必拘泥于法律规定及法律程序。由于现实当中的纠纷较为复杂多样，并不是每一种纠纷都适合通过正式的法律程序来进行处理，有些标的额很小的纠纷，如果选择诉讼则得不偿失；有些涉及邻里关系的纠纷，如果选择诉讼则会永久性地破坏邻里关系，甚至引发更大的矛盾；还有一些纠纷涉及人情与面子的考量，对簿公堂显得过于冷漠。因此，人民调解能够使纠纷快速得到解决，让当事人满意。

二、人民调解的特征

相较于其他类型的调解，人民调解更加"接地气"，形式更加灵活，能够更为广泛地满足人民群众的需求。人民调解有着一系列特征，这些特征使得人民调解在纠纷解决中有着独一无二的优势，在化解基层社会矛盾中发挥了重要作用。

---

① 《最高人民法院关于人民法院民事调解工作若干问题的规定》第 1 条规定："根据民事诉讼法第九十五条的规定，人民法院可以邀请与当事人有特定关系或者与案件有一定联系的企业事业单位、社会团体或者其他组织，和具有专门知识、特定社会经验、与当事人有特定关系并有利于促成调解的个人协助调解工作。"《中华人民共和国治安管理处罚法》第 9 条规定："对于因民间纠纷引起的打架斗殴或者损毁他人财物等违反治安管理行为，情节较轻的，公安机关可以调解处理。经公安机关调解，当事人达成协议的，不予处罚。经调解未达成协议或者达成协议后不履行的，公安机关应当依照本法的规定对违反治安管理行为人给予处罚，并告知当事人可以就民事争议依法向人民法院提起民事诉讼。"

1. 灵活性

人民调解有着无与伦比的灵活性。人民调解委员会属于民间的群众性组织，无须如同法院调解或行政调解一样去遵守严格的程序，能够就当事人的各种纠纷与问题进行灵活的说服、处理。调解可以做到随到随调，不需要漫长的等待，也不需要严格的书面格式，当事人能够畅快地表达自己的意见，而这些意见可能是法律无法作出回应的。人民调解没有严格的证据要求，可以根据当事人的情感诉求，进行情理上的说服，有利于直接回应当事人的正义直觉与特殊诉求。现实当中的纠纷极为多样化，很多纠纷通过正式的法律程序很难解决。例如，对于夫妻之间的情感矛盾，家庭内部的财产矛盾等，如果由人民调解委员会中那些德高望重的年长者来调解，则可能更有效，更能得到当事人的认同。

2. 广泛性

公民在日常生活中遇到的各种问题与纠纷，可能远远超出法律规定的范围，如果得不到及时处理，就可能严重化，最终引发更为激烈的冲突，甚至犯罪。人民调解作为一种更"接地气"的纠纷解决机制，相对来说更能应对公民生活中所遭遇的广泛问题，公民遇到的任何问题几乎都可以交给人民调解委员会，如财产纠纷、婚姻问题、林地纠纷、相邻权纠纷等。人民调解可以被视为是一种"兜底"机制，[①]凡是通过法律难以处理的纠纷都可以被提交给人民调解委员会。这种"兜底"机制是必要的，正式的法律制度并非是万能的，因此需要随时随地可以使用的纠纷解决机制来应对生活中千奇百怪的问题。

3. 道德性

人民调解能否成功，在很大程度上取决于对道德的考量是否恰当。现代社会法律与道德已经分化开来，法律只能在有限的范围内解决特定的社会问题，但调解仍然可以依赖于道德，通过道德来说服当事人，从而达成符合当事人与公众道德直觉的协议。用法学界常用的术语来说就是，调解过程中的道德实质就是情理，情理能够契合日常生活中的常识与道德直觉，更能打动当事人，更能赢得当事人的理解与认同。为了使基层社会的纠纷得到有效解决，人民调解员必须要对地方性的道德规范、风俗习惯、民情民意有深入的了解，并在此基础上做出符合当事人道德直觉的判断，由此纠纷才能得到有效平息。在中国基层社会，人们实际遵循的行为规范，很多时候并不是正式的法律，而是地方性的道德规范，这些道德规范对于基层民众来说是与生俱来的，而人民调解由于不需要拘泥于严格的法律形式，可以充分地利

---

① 陈柏峰. 信访制度的功能及其法治化改革［J］. 中外法学，2016，28（5）：1187-1205.

用这些道德规范对纠纷进行合情合理的调处。

第二节　人民调解对于纠纷解决的意义

人民调解在我国的纠纷解决体系中有着重要的意义。鉴于诉讼机制的高成本，人民调解能够发挥其独一无二的优势，在维护社会的和谐稳定方面有着不可替代的作用。

一、消解情绪对立

正式的诉讼机制是一套匿名化、抽象化的纠纷解决机制，往往只能机械地对当事人之间的法律关系与权利义务作出安排，即便当事人的纠纷看似在法律的安排下得到了完善的解决，但实际上当事人心中的不满并没有得到根本消除，并可能通过种种情绪化的方式表达出来。正由于此，人民调解具有诉讼不可比拟的优势。人民调解可以借助日常生活中的道德情感力量来说服当事人，对当事人的情感进行排解，使得当事人能够基于道德规范来认识自己，并在此基础上接受符合道德规范的解决方法。例如，现实当中常常有关于彩礼的纠纷：女方和男方结婚后，很快就离婚了，如果男方在结婚时支付了一笔较高金额的彩礼，离婚时彩礼如何返还就成了极具争议的问题。男方要求返还全部彩礼，但又缺乏充分的证据证明彩礼的具体数额，这就意味着如果通过诉讼手段就不可能要回全部彩礼，而人民调解员可以对男方说："你看女方也跟了你一段时间，如果下次她再婚，就是二婚了。小伙子，你还年轻，人生的路还很长，钱以后还可以再挣，老婆以后可以再娶。而且你的证据也不充分，就算打官司，也要不回所有彩礼钱。"人民调解员还可以继续对女方说："你看男方为结婚花了不少钱，到现在也是一场空，这些钱都是他辛苦挣来的，可能也有一部分钱是他父母所出，他们都是挣钱不容易的打工者，你们结婚时间比较短暂，如果一分彩礼钱都不退，于情于理都说不过去。"这一番情理法兼备的说辞就能够非常有效地打动当事人，因此也就更容易达成调解协议。

二、降低纠纷解决成本

人民调解的一个重要意义就是降低了纠纷解决成本。人民调解委员会是群众自治组织，不收取费用；人民调解无须聘请律师，也没有严格的程序要求，几乎可以随到随调；人民调解可以口头提出，没有严格的格式要求；人民调解也没有严格的证据要求，可以根据常识进行判断与说服；人民调解的时限要求更快，一般要求在一个月内调结；人民调解不拘泥于场所，几乎可以在任何合适的场所进行调解。人民调解相比于诉讼，其优势还在于：对那些证据不充分、法律规范不完善的案件，人民调解可以通过情理上的修辞说服当事人接受一种对双方都有利的解决方案。即使在人民调解中找不到明确的法律条文，但仍然可以借助情理、习惯、风俗来调解当事人之间的冲突。当事人也无须通过一审、二审、再审诉讼程序，来获取一个可能根本不完美的解决方案。

第三节　人民调解的基本原则

人民调解虽然不拘泥于严格的程序与规范，但也必须遵守一些必要的基本原则。因为人民调解也不是法外之地，为了实现更好的调解效果，人民调解也需要尊重某些基本原则，这些原则构成了人民调解的内在要求。

一、法治原则

人民调解虽然不必像正式的法律制度那样遵守严格、烦琐的法律程序，但其也并非没有外部约束。在现代法治国家，人民调解和其他行为一样，都必须遵守基本的法治原则，不能损害公民的合法权利与公共利益。根据《人民调解法》第 3 条规定："人民调解委员会调解民间纠纷，应当遵循下列原则：（一）在当事人自愿、平等的基础上进行调解；（二）不违背法律、法规和国家政策；（三）尊重当事人的权利，不得因调解而阻止当事人依法通过仲裁、行政、司法等途径维护自己的权利。"当然，也不是任何事务与纠纷都可以适用人民调解。根据《公安机关办理行政案件程序规定》第 179 条规定："具有下列情形之一的，不适用调解处理：（一）雇凶伤害他人的；（二）结伙斗殴或者其他寻衅滋事的；（三）多次实施违反治安管理行为的；（四）当事人明确表示不愿意调解处理的；（五）当事人在治安调解过程中又针对对方实施违反治安管理行为的；（六）调解过程中，违法嫌疑人逃跑的；（七）其他不宜调解处理的。"除了针对人民调解的法律规定外，人民调解还必须遵守基本的法律原则。例如，关于婚姻的人民调解，不能违反婚姻自由原则，不能限制当事人的婚姻权利。

二、自愿平等原则

人民调解作为独特的纠纷解决机制，能够被当事人适用，完全取决于当事人的自愿。自愿是人民调解的前提，只有自愿，才能够最大限度地保证纠纷的解决符合当事人的意愿。人民调解的自愿原则包含两个方面的要求：第一，当事人既可以选择人民调解，也可以不选择人民调解。当事人可以完全放弃人民调解，寻求其他的纠纷解决途径，如诉讼、行政复议、信访等。第二，人民调解达成的协议应当是出于自愿的。当事人应当在没有强迫、误导、欺诈的前提下达成调解协议。应防止一方当事人欺骗另一方当事人，或者人民调解员为了尽快达成调解，故意误导、威胁当事人。任何调解协议的前提、内容与后果都应当毫无保留地告知当事人，由当事人自主地对自己的权利义务做出安排。

人民调解还应当遵循平等原则。人民调解一般发生于平等的民事主体之间，任何调解协议的达成都是基于双方或多方平等协商的结果。平等原则有着两方面的要求：第一，人民调解员要能够平等地对待当事人，不应该对任何一方当事人持一种歧视性的态度。人民调解员不应当歧视弱势群体，不应当偏袒有权有势者。任何一方都应当平等地享有权利，平等地承担义务。第二，人民调解达成的协议要平等尊重当事人的意愿。调解协议对于任何一方的诉求都要做出公平合理的处理，即使一方的诉求不合理，也要充分地说明理由。对于那些无理取闹的当事人，也要做好耐心说服工作。因为人民调解相较于诉讼与行政复议等正式的纠纷解决机制，不拘泥于形式的沟通与说服，能够让当事人的情绪消弭于无形。

三、尊重当事人权利原则

人民调解员应当尊重当事人的权利，其不能出于单纯的解决纠纷的目的，而忽视、限制、侵害当事人的合法权利。这些权利既包括程序性权利，也包括实体性权利。根据《人民调解法》第 23 条规定："当事人在人民调解活动中享有下列权利：（一）选择或者接受人民调解员；（二）接受调解、拒绝调解或者要求终止调解；（三）要求调解公开进行或者不公开进行；（四）自主表达意愿、自愿达成调解协议。"该法第 26 条规定："人民调解员调解纠纷，调解不成的，应当终止调解，并依据有关法律、法规的规定，告知当事人可以依法通过仲裁、行政、司法等途径维护自己的权利。"其中比较重要的是，当事人享有接受调解、拒绝调解、要求终止调解的权利，以及通过其他方式维护自己合法权益的权利。这里需要特别注意的是，由于当事人对于自己享有何种合法权利，往往并不是太清楚。这时，人民调解员应该尽到提醒的义务。其不能为了使纠纷尽快解决，而故意不告知当事人的合法权利，从而误导当事人。人民调解员应当极力避免这种做法，因为这种情况一旦被发现，就可能导致当事人对人民调解失去信任，反而会引发后续的诉讼。

四、情理法相结合原则

人民调解无论是在程序上还是在内容上都不应拘泥于法律形式。因此，在不违反法律强制性规定的情况下，人民调解应当坚持情理法相结合原则。情理是指人情与道理，人情与道理不一定来自法律，可能来自道德、风俗、习惯、常识等。情理相较于法律论据的优势在于，其更贴合普通公民既有的道德直觉与日常生活常识，能够为普通公民所理解，能够在调解过程中作为有效的沟通工具，促进当事人之间互谅互让、达成双方都能够接受的协议。例如，笔者接触过这样一个调解成功的案例：消费者可以通过向借贷公司支付一定的定金，由借贷公司向银行申请贷款的方式获得贷款。一名消费者在支付了 5 000 元定金后，却未能申请下贷款，借贷公司拒绝返还定金，该名消费者就赖在借贷公司不走。如果人民调解员从法律的角度来要求借贷公司返还定金，那一定是非常困难的。此时，人民调解员要使用情理说服的方式来解决。例如，人民调解员可以对借贷公司说："你看他是一个外地人，吃的都是辛苦饭，打工也不容易，他花了 5 000 块钱，你们也基本没有什么实际损失，你看能不能把定金退还一部分。"这一番话就不完全是出于法律，而是基于人情与道德的说教，当事人也许不懂得法律，但更容易被这番话打动。

· 调解案例 ·

李某甲与李某乙抚养纠纷案

（一）案情介绍①

李某甲今年 68 岁，有一女儿李某乙，已于 2011 年出嫁且育有两子。2008 年李某甲丧偶，2014 年李某甲（61 岁）与王某（58 岁）再婚，并共同生活。2017 年，王某将与李某甲居住的房子（产权归李某甲）变卖，所得款项全部由王某保管。因两人无住房，李某甲便与李某乙商议能否在其家中居住，李某乙当场拒绝。李某甲

---

① 中国法律服务网 . 石家庄市桥西区李某甲与李某乙婚姻家庭纠纷调解案 [EB/OL]. (2021 - 08 - 29) [2022 - 09 - 14]. http://alk.12348.gov.cn/Detail? dbID = 49&sysID = 27042.

便与王某暂时凭借两人养老金租房生活。2020年年初，王某与李某甲商议，向李某乙索要20万元以备应急，但李某乙未同意，认为之前卖房款都在两人手中，且两人均有养老金，完全可以满足日常生活。至此，双方争执数次，互相埋怨致误解很深，本是至亲关系却形同陌路。2021年7月某日，李某甲与李某乙来到某街道人民调解委员会申请调解。

某街道人民调解委员会收到调解申请后立即指派人民调解员负责此案，人民调解员在征求双方当事人同意后认真研究、开展调查，并针对双方说辞进行逐一谈话了解，走访居住在辖区内的亲属，查证双方叙述是否属实。人民调解员主要针对三点开展调查：一是核实王某是否将卖房款独立保管；二是核实两位老人是否均有养老金，并能负担日常生活开支；三是核实女儿李某乙是否未尽赡养义务或推脱赡养责任。针对以上三点，人民调解员采取深入调查走访等方式，确认双方当事人前期反映的情况基本属实。

在谈话过程中，李某甲表明，其与王某结婚也是想找位伴侣，年老腿脚不便时互相帮扶照应，但未预料到王某与李某乙之间误解颇深，两人见面就互相争执，难以相处，以致李某乙的怒火波及父女感情，之前李某乙缺钱向自己求助时，自己从未吝啬，现在自己想要找李某乙要钱以备不时之需，却被李某乙一口回绝，自己感到寒心。李某乙则认为王某蛊惑父亲将两人住房售卖，还将卖房款据为己有，居心不良，此次向自己索要的20万元应急款项，仍会被王某据为己有。父女二人互不相让，都觉得自己倍受委屈。

人民调解员指出，根据《民法典》第1069条规定："子女应当尊重父母的婚姻权利，不得干涉父母离婚、再婚以及婚后的生活。子女对父母的赡养义务，不因父母的婚姻关系变化而终止。"《民法典》第1067条明确："成年子女不履行赡养义务的，缺乏劳动能力或者生活困难的父母，有要求成年子女给付赡养费的权利。"《老年人权益保障法》第21条规定："老年人的婚姻自由受法律保护。子女或者其他亲属不得干涉老年人离婚、再婚及婚后的生活。赡养人的赡养义务不因老年人的婚姻关系变化而消除。"依据上述法律规定以及对案情的了解和法律关系的分析，人民调解员明确李某甲要求李某乙对自己尽赡养义务正当合法，李某乙应尊重李某甲再婚后的婚姻关系。现在双方主要矛盾在于如何"破冰"，缓解当前紧张的父女关系。

在进一步与双方当事人谈话过程中，人民调解员凭借丰富的经验和敏锐的洞察力，发现父女二人对彼此的感情很深，只是在沟通方式上存在问题，李某乙总是一副恨铁不成钢的语气与李某甲交流，李某甲觉得自己身为父亲的权威被挑战，作为一名老人没有感受到该有的关怀，认为李某乙对其不尽心、不上心。

针对父女二人的别扭心理，为避免双方因情绪激动导致矛盾进一步激化，人民调解员在了解双方诉求后采取背靠背调解法，分别对二人进行劝解说明。一方面，人民调解员劝说李某甲，表示李某乙在多次谈话中都认同赡养李某甲是应该做的，如果李某甲与王某离婚一人生活，李某乙会迅速将其接至自己家中尽孝，李某乙有两个小孩要抚养，生活压力也很大，20万元赡养费确实负担过重。另一方面，人民调解员对李某乙在与李某甲的相处方式上进行疏导，与老人有意见争执时，要学着慢慢规劝或耐心沟通，同时作为成年儿女更要学会尊重老人的想法，敬老爱老才是最好的赡养。

经过人民调解员多次以情说案，耐心调解，双方情绪冷静后，在充分沟通的基础上同时表示理解并做出让步，最终达成一致意见。

最终，双方签订了调解协议，内容如下：

（1）李某甲不再向李某乙索要20万元赡养费。

（2）李某乙同意李某甲随时去自己家居住，且承诺今后多去探望父亲，与老人相处过程中多些耐心。

（3）李某乙尊重李某甲的新任妻子王某，充分尊重父亲的婚姻关系。李某甲也将做通王某工作，解开其与李某乙的矛盾纠葛。

双方对人民调解员的工作非常认可，至此，本次纠纷得到圆满解决。

（二）案例分析

本案的争议焦点不完全在于事实，而是在于情绪上的对立。李某乙始终与王某存在情感上的隔阂，对王某始终不信任。这种不信任进而导致李某乙和李某甲之间产生矛盾与冲突，双方都认为自己受到了情感上的伤害。对于这种情感上的隔阂，法律是无能为力的。因此，人民调解员并没有使用正式的法律来对当事人施加压力，而是尽量从情理的角度对当事人进行说服。在调解的过程中，人民调解员一方面对李某甲进行耐心地疏导，引起李某甲的理解与同情。另一方面人民调解员也对李某乙进行了疏导，不仅讲解了《民法典》和《老年人权益保障法》的相关规定，而且还使用了情理上的修辞。例如，强调成年儿女要尊重老年人的想法，敬老爱老才是最好的赡养。尽管人民调解员使用了情理的说服方式，但也严守了法律的界限，通过引用相关法律，明确告知李某乙要尊重老年人的婚姻自由及子女有赡养父母的法律义务。

☞ 思政启示

完善矛盾纠纷排查调处工作制度，建立党和政府主导的维护群众权益机制，实现人民调解、行政调解、司法调解有机结合，更多采用调解方法，综合运用法律、政策、经济、行政等手段和教育、协商、疏导等办法，把矛盾化解在基层、解决在萌芽状态。

——《中共中央关于构建社会主义和谐社会若干重大问题的决定》

　　解说：党中央针对新时代的社会情势，提出要强化人民调解在纠纷解决中的功能与作用。人民调解能够将矛盾化解在基层，化解在萌芽状态。因为人民调解作为未进入法律程序之前的纠纷解决第一线，以道德、风俗、习惯等作为说服机制，能够满足当事人直觉性的正义期待，在一定程度上能够消解当事人的对立情绪。而且，由于人民调解不要求遵循严格而又复杂的法律程序，能够以较低的成本解决纠纷，特别有利于在基层社会以较高的效率维护社会稳定与和谐。

 ## 思考与练习

1. 在调解中如何实现情理法的结合？
2. 调解过程中应该尊重当事人的哪些权利？
3. 人民调解与其他类型的调解的区别是什么？

第八章 | 人民调解的基本制度

我国人民调解制度是在中国共产党领导下，结合当下社会矛盾纠纷的实际情况，继承和发扬民间调解的优良传统，不断创立、发展和完善起来的具有中国特色的民主法律制度。人民调解制度是我国新时期解决人民内部矛盾最好的方式之一，其在解决人民内部矛盾、化解民间纠纷、维护社会稳定等方面发挥了重要作用。掌握和运用我国的人民调解制度，不仅有利于解决错综复杂的社会矛盾，更有利于预防人民矛盾的产生，符合《最高人民法院关于深化人民法院司法体制综合配套改革的意见——人民法院第五个五年改革纲要（2019—2023）》提出的"坚持把非诉讼纠纷解决机制挺在前面"之要求，也节约了宝贵的司法资源。

学习目标

1. 掌握人民调解的主体。
2. 掌握人民调解的程序。
3. 掌握调解书的制作。
4. 掌握调解书的效力。

第一节 人民调解的主体

一、人民调解员的规范要求

人民调解员是经群众选举或者接受聘任，在人民调解委员会的领导下，从事人民调解工作的人员。因人民调解员在人民调解中的重要作用和主导地位，其作风与行为必然需要遵循相关的法律规范。2011年1月1日《人民调解法》正式实施，该法对于人民调解员的规范要求主要分为选拔任命要求和基本行为规范两大方面。

（一）人民调解员的选拔任命要求

《人民调解法》第14条规定："人民调解员应当由公道正派、热心人民调解工作，并具有一定文化水平、政策水平和法律知识的成年公民担任。县级人民政府司法行政部门应当定期对人民调解员进行业务培训。"该条规定既包括对人民调解员道德品质的要求，又包含了对其专业水平的要求。

所谓公道正派，是指人民调解员应当为人公道、作风正派，在调解具体案件过程中能够客观地分析、判断事务，分清是非和责任。面对是非曲直敢于坚持原则，弘扬正气，主持正义；面对纠纷能够作出公正的评判，具有良好的调解信服力。公道正派是人民调解员最基本的素质要求，人民调解员作为中立的第三方，当事人往往希望其"主持公道"。只有人民调解员公正地对待双方当事人，提出公正的调解方案，才能更容易被当事人所接受，有效地化解纠纷。此外，公正调解能够树立人民调解在群众心中的威信，是人民调解保持其生命力的重要原因。①

热心人民调解工作，是指要积极、主动、耐心地从事人民调解工作，在工作中始终以化解纠纷为第一要务，热爱人民调解，献身人民调解。人民调解工作不是高工资、高效益的工作，甚至经常需要为顺利解决纠纷额外利用休息时间对双方当事人进行心理疏导。尽管如此，"受累不讨好"的局面也是时常发生，面对不冷静、不理智的当事人时，人民调解员往往不被对方所理解，甚至受到埋怨。这就需要人民调解员对人民调解工作充满热情，不计较个人得失，本着化解矛盾纠纷的目标，不厌其烦地耐心疏导。

具有一定的文化水平、政策水平和法律知识，是指人民调解员将经常面对错综复杂的调解案件，因此其必须有理解法律事实的基本能力，在大是大非面前具有基本的辨别能力。但是这并不意味着人民调解员的选拔应当唯学历、唯知识论，因为我国不同地区公民的学历和文化水平仍然存在着差距，一些地区公民的学历水平受经济或者地域影响普遍较低，因而尚不能要求各地的人民调解员均具有统一的文化水平。此外，学历或者知识水平并不代表解决实际纠纷的水平或者能力，实践中社会经验丰富、德高望重的人民调解员更能在实际的调解工作中发挥正面作用。

---

① 许佳丽. 克服困难积极协调耐心调解百姓满意：从基层调解案例小议新时期人民调解员素质［J］. 法制博览（中旬刊），2012（9）：135 – 136.

（二）人民调解员的基本行为规范

《人民调解工作若干规定》第17条规定："人民调解员调解纠纷，必须遵守下列纪律：（一）不得徇私舞弊；（二）不得对当事人压制、打击报复；（三）不得侮辱、处罚纠纷当事人；（四）不得泄露当事人隐私；（五）不得吃请受礼。"该规定第18条第2款规定："人民调解员履行职务，应当坚持原则，爱岗敬业，热情服务，诚实守信，举止文明，廉洁自律，注重学习，不断提高法律、道德素养和调解技能。"

（1）不得徇私舞弊。人民调解员不得因个人私情，枉法裁判和调解，造成不公平的调解结果。

（2）不得对当事人压制、打击报复。人民调解员作为解决人民基础矛盾的重要一环，理应热爱调解工作，对双方当事人提出的要求或疑惑应当认真对待和耐心解答，打击报复当事人的行为背离了人民调解员敬业热情的基本精神，是被明令禁止的。

（3）不得侮辱、处罚纠纷当事人。人民调解员以解决纠纷为主要职责，法律未赋予其处罚双方当事人的权力，不得对双方当事人进行任何形式和程度的侮辱、处罚。

（4）不得泄露当事人隐私。人民调解员在调解民事纠纷的过程中，难免会接触到双方当事人不愿公开的个人隐私，泄露此类隐私必然会导致当事人遭受诸多不利的社会影响，保护当事人的个人隐私是人民调解员帮助人民、服务人民的本职要求。

总而言之，人民调解员应当秉持公平公正的调解理念，平等对待纠纷双方当事人，以基本案件事实为依据，以人民调解法律规范为准绳，在保护当事人隐私的基础上，合理合法地开展调解工作。

二、人民调解委员会的组织构成

（一）人民调解委员会的组织设立

人民调解委员会是村民委员会和居民委员会下设的调解民间纠纷的群众性组织，在基层人民政府和基层人民法院的指导下开展工作。一般情况下，村民委员会、居民委员会设立人民调解委员会，依申请受理该区域内村民、居民调解纠纷的请求，发挥解决民众纠纷矛盾的社会作用。企事业单位可以根据单位特殊的工作需求设立相应的人民调解委员会。此外，还可以根据地域的特殊需要设立区域性、行业性的人民调解委员会。

人民调解委员会的设立及其组成人员，应当向所在地乡镇、街道司法所（科）备案；乡镇、街道人民调解委员会的设立及其组成人员，应当向县级司法行政机关备案。

（二）人民调解委员会的成员组成与产生

人民调解委员会一般由三名委员构成，最多不超过九人。其中设主任一人，必要时可以设副主任，配合协助主任完成日常调解工作。此外，在多民族居住地区的人民调解委员会中，应当有人数较少的民族的成员，并且人民调解委员会中应当有一定数量的女性委员。

除由村民委员会成员或者居民委员会成员兼任外，人民调解委员会委员一般由当地群众民主选举产生，每3年改选一次，可以连选连任。人民调解委员会委员不能任职时，由原选举单位补选。人民调解委员会委员严重失职或者违法乱纪的，由原选举单位撤换。

此外，村民委员会、居民委员会和企事业单位的人民调解委员会可以根据需要聘任调解员。一般由下列人员担任：

（1）本乡镇、街道辖区内设立的村民委员会、居民委员会、企业事业单位的人民调解委员会主任。

（2）本乡镇、街道的司法助理员。

（3）在本乡镇、街道辖区内居住的懂法律、有专长、热心人民调解工作的社会志愿人员。

第二节　人民调解的程序

一、人民调解的发起

（一）发起人民调解的途径

人民调解的发起共有两种途径：一种是由当事人主动向人民调解委员会提交调解申请，当事人既可以通过简易口头方式提出，也可以通过书面形式提出。人民调解委员会对当事人提出的申请进行审查，在法定时间内作出答复。另一种是由人民调解委员会主动提出调解，即人民调解委员会对于在日常纠纷摸排和访谈中了解到的，群众集体反映的社会现实问题或者由其他有关部门移送的社会纠纷案件进行调解，主动行使其解决纠纷的职能作用，但当事人明确表示反对调解的案件除外。此外，基层人民法院、公安机关对适宜通过人民调解方式解决的纠纷，可以在受理前告知当事人向人民调解委员会申请调解。

（二）人民调解受理的纠纷类型

1. 人民调解委员会一般受理的纠纷

发生在公民与公民之间、公民与企业之间、公民与其他组织之间，涉及当事人有权处分的人身、财产权益的纠纷，如婚姻家庭关系纠纷、相邻关系纠纷、小额借贷纠纷、普通侵权等一般民事纠纷，以及劳动工伤、医患纠纷等较为复杂的矛盾纠纷，都属于人民调解委员会受理的范围。

2. 人民调解委员会不得受理的纠纷

（1）法律、法规规定只能由专门机关管辖处理的，或者法律、法规禁止采用人民调解方式解决的纠纷。例如，根据《治安管理处罚法》的规定，涉及社会基本秩序安全的案件应当由公安部门管辖。

（2）人民法院、公安机关或者其他行政机关在当事人向人民调解委员会提交调解申请前已经受理或者解决的纠纷。

（三）申请人民调解的机构

选择人民调解的当事人有权根据自身情况选择适合的调解机构提出调解申请。

（1）区人民调解委员会，主要调解跨区域、跨行业和重大矛盾纠纷。

（2）乡镇、街道人民调解委员会和行业性、专业性的人民调解委员会，主要调解行业性或者专业性的纠纷。

（3）公安机关交通管理部门及交通巡回法庭可以对交通事故损害赔偿纠纷进行调解。

（4）农村土地承包仲裁机构、无利害关系的农村土地承包主管部门或农村基层组织可以调解农村土地承包纠纷。

（5）妇联组织可以对婚姻家庭纠纷进行调解。

（6）医患纠纷，可以委托医患纠纷人民调解委员会或（市、区）人民调解委员会驻人民法院人民调解工作室进行诉前调解。

（四）申请人民调解提交的材料

1. 个人申请

当事人填写人民调解申请书一般应当同时提交以下材料：①身份证原件及复印件；②相关证据资料；③调解申请书。

2. 企业申请

企业申请人民调解一般需要提交以下材料：①营业执照复印件；②法定代表人身份证明；③委托书，如果受委托人是公司员工则需要劳动合同；④证据资料；⑤调解申请书。

二、人民调解员的选择

《人民调解法》第 19 条规定："人民调解委员会根据调解纠纷的需要，可以指定一名或者数名人民调解员进行调解，也可以由当事人选择一名或者数名人民调解员进行调解。"即人民调解委员会可以根据受理调解案件的具体性质，如案件的社会影响大小，纠纷的复杂程度，双方当事人的数量等，指定人民调解员参与纠纷的调解。在条件允许的情况下，也可以通过纠纷双方当事人的协商，对人民调解员的选择达成合意，共同选择一名或者数名人民调解员参与纠纷的调解。这可以充分尊重纠纷双方当事人的自主权利，在双方自主协商的基础上选择最有利于解决纠纷的方式。

三、当事人在调解过程中的权利和义务

《人民调解法》第 23 条、第 24 条及《人民调解工作的若干规定》第 6 条、第 7 条中规定了当事人在人民调解中的基本权利和义务。

（一）当事人在人民调解活动中享有的权利

（1）选择或者接受人民调解员。当事人有权依自己的真实意愿自主选择或者接受人民调解机构为其指派的人民调解员。

（2）接受调解、拒绝调解或者要求终止调解。当事人有权在调解开始前接受或拒绝调解，也有权在调解过程中随时要求终止调解。

（3）要求调解公开进行或者不公开进行。当事人有权根据调解纠纷的性质和内

容自主选择是否公开进行调解。

（4）要求有关调解人员回避。在人民调解工作过程中，当事人发现有关调解人员与纠纷一方当事人具有近亲属关系、与本纠纷具有直接利害关系、与纠纷一方当事人具有利害关系等情况，可能严重影响人民调解结果的公平公正，有权以口头或书面的形式向人民调解机构提出申请，要求该调解人员回避。

（5）自主表达意愿、自愿达成调解协议。当事人有权就纠纷如何解决提出自己的要求和建议，并在纠纷双方当事人对纠纷解决方案意见一致的前提下达成书面调解协议。

（二）当事人在人民调解活动中承担的义务

（1）如实陈述纠纷事实。当事人要对纠纷所了解的真实情况进行如实阐述，不得以任何理由对相关事实进行隐瞒或编造。

（2）遵守调解现场秩序，尊重人民调解员。当事人应当服从调解现场调解人员的安排，站在冷静理性的立场上进行磋商，遵守人民调解的正常秩序。

（3）尊重对方当事人行使权利。当事人双方均应当充分尊重各自享有的合法权利，在不损害对方合法利益的前提下合理行使权利。

第三节 调解书的制作

《人民调解法》第 28 条规定："经人民调解委员会调解达成调解协议的，可以制作调解协议书。当事人认为无需制作调解协议书的，可以采取口头协议方式，人民调解员应当记录协议内容。"根据本条规定，经调解当事人达成协议有两种方式，一种是签订调解协议书，另一种是达成口头协议。调解协议书，也称调解书，是人民调解委员会调解民间纠纷，双方当事人达成调解协议的书面证明。产生纠纷的当事人，经人民调解委员会调解后达成调解协议的，人民调解委员会应当制作调解书。

一、调解书的基本内容

（一）事实

调解书的事实部分是对纠纷的事实陈述，是作出调解的依据。事实部分由无争议的事实、有争议的事实、当事人的声明和陈述等有关重大情况组成。该部分应当写清：①纠纷背景，即双方当事人的法律关系，以及引起纠纷的主要原因、纠纷过程、情节轻重和后果等；②争议点，即双方当事人争议的具体事项和所涉及的各项内容，需要提炼争议的焦点、法律适用的争执点、证据的分歧等；③各方责任，应明确纠纷中双方当事人各自的过错责任和分担情况。

针对以上各项，若双方当事人对纠纷事实表述一致，则按表述一致的事实进行简述记录；若当事人对纠纷事实表述不一，则按各自陈述的事实分别进行简述记录；若纠纷事实已经过相关部门（如公安部门、鉴定机构、行政执法部门等）的前置处理，并作出了合法的事实认定，则人民调解委员会可以依据相关部门认定的部分作简要陈述。事实部分的叙述要力求真实、理性、客观、简洁，应避免主观创作，避免使用感情色彩浓厚的词语和个人倾向明显的句子。

（二）法律与情理依据

调解书的述理部分通常会涉及相关法律法规的援引，应充分、准确地引用法律条文。评述理由要以法律、法规、政策和认定的事实为依据，针对当事人的申请事项、主张和异议等进行阐述。调解书要写明调解组织对纠纷性质、当事人的责任，以及解决纠纷的观点和看法，把法条与法理结合起来，寓法条于理由之中，使论理过程具有逻辑性。调解书要条理清晰、用语恰当，达到说理充分、以理服人的效果。

（三）协议内容

协议内容，是指调解书的具体内容、履行方式和期限。该部分是调解书的核心，包括了纠纷解决方式及各方当事人的权利和义务。协议内容必须明确、完整、无歧义，并且具有可履行性。比如，债务纠纷，就应当写明还债方式与还债时间，以及是否增加违约责任条款和担保条款等内容，以增强调解书的约束力。人民调解员要避免发生因协议内容不明而导致调解书履行困难的情况。

二、调解书的格式与模板

（一）格式

为保证调解书的严谨性、严肃性和准确性，在制作调解书的过程中要遵循一定的格式和要求。调解书的格式除因具体纠纷的个别项目略有不同外，其余大致相同。其结构可由首部、正文、尾部三部分组成。

1. 首部

（1）标题。标题的名称应当为"人民调解协议书"。

（2）编号。编号应写在标题右下方的位置，写明"［年度］×民调字第××号"。

（3）当事人情况。应按顺序分别写明申请人、被申请人，并分别写明双方当事人的姓名、职业、年龄、民族、家庭住址、联系方式等，若双方当事人为法人或社会组织，还应写明名称、法定代表人、职务等具体内容。

2. 正文

（1）纠纷的主要事实和争议事项。主要事实部分应客观述明纠纷的实际情况，凝练出时间、地点、纠纷的原因与过程。争议事项应当阐明各方的意见并突出争议焦点。如果调解前已有相关部门的事实认定，则可以直接对此部分作简要陈述。总之，主要事实和争议事项都应简明扼要。

（2）调解达成协议的内容。协议内容是指在当事人自愿、合法的原则下达成的解决纠纷的一致意见，它是调解书的核心内容。在事实写完之后，应另起一段，写明"经调解，双方当事人自愿达成如下协议：……"。然后逐条逐项写明协议的具体内容、履行方式和期限。

3. 尾部

尾部应写明人民调解委员会对协议内容予以确认的态度及调解书的效力。之后由双方当事人签名（盖章或按指印），人民调解员和记录员签名。加盖人民调解委员会印章，并注明年月日。

（二）模板

人民调解协议书

［年度］×民调字第××号

申请人　　姓名：_____　出生年月：_____　民族：_____　住址：_____

_____　联系方式：_____

被申请人　姓名：_____　出生年月：_____　民族：_____　住址：_____

_____　联系方式：_____

纠纷的主要事实和争议事项。

申请人_____与被申请人_____××纠纷一案，各方当事人自愿申请_____

人民调解委员会的调解。经审查，本案符合人民调解委员会受理条件，在人民调解员

_____的调解下双方自愿达成如下协议：

　　1.＿＿＿＿＿＿＿＿＿＿＿＿＿＿＿＿＿＿＿＿＿＿＿＿＿＿＿＿＿

　　2.＿＿＿＿＿＿＿＿＿＿＿＿＿＿＿＿＿＿＿＿＿＿＿＿＿＿＿＿＿

　　3.＿＿＿＿＿＿＿＿＿＿＿＿＿＿＿＿＿＿＿＿＿＿＿＿＿＿＿＿＿

　　4.＿＿＿＿＿＿＿＿＿＿＿＿＿＿＿＿＿＿＿＿＿＿＿＿＿＿＿＿＿

　　…………

　　本协议具有民事合同性质，受法律保护。各方当事人应当按照协议自觉和及时履行自己的义务，不得擅自变更或者解除本协议，否则将承担法律后果。

　　本协议一式＿＿＿＿＿＿份，由双方当事人、人民调解委员会各持一份，具有同等效力。

　　申请人（签名）＿＿＿＿＿＿　　　　　　　被申请人（签名）＿＿＿＿＿＿

　　＿＿＿＿年＿＿月＿＿日　　　　　　　　　　＿＿＿＿年＿＿月＿＿日

　　调解员：＿＿＿＿＿　　　　　　　　　　　　记录员：＿＿＿＿＿

　　　　　　　　　　　　　　　　　　　　　（××调解委员会印章）

　　　　　　　　　　　　　　　　　　　　　　＿＿＿＿年＿＿月＿＿日

第四节　调解书的效力

　　调解书的效力，也称为人民调解协议书的法律效力，主要是指纠纷双方当事人通过调解达成协议后，该协议对他们产生的法律拘束力。调解书作为纠纷解决的结果之载体，其法律效力主要包含两层意思：一是调解协议对当事人的拘束力，即当事人是否应当承担履行调解协议的法律义务；二是调解协议的执行力，即一方当事人不履行调解协议，相应地，另一方当事人可否通过向法院申请强制执行来寻求救济。[①]

一、调解书的效力认定

　　《人民调解法》第 33 条规定："经人民调解委员会调解达成调解协议后，双方

---

① 尹力 . 中国调解机制研究［M］. 北京：知识产权出版社，2009：54.

当事人认为有必要的，可以自调解协议生效之日起三十日内共同向人民法院申请司法确认，人民法院应当及时对调解协议进行审查，依法确认调解协议的效力。人民法院依法确认调解协议有效，一方当事人拒绝履行或者未全部履行的，对方当事人可以向人民法院申请强制执行。"经过司法确认有效的调解书便能正式强制执行，当事人达成的调解书经确认后成为定分止争的有效依据。① 这一规定不仅维护了人民调解组织的威望与信誉，实现了社会效果、法律效果及执行效果的统一，同时也平息了民间矛盾争端，消除了影响社会稳定的诸多隐患。

二、调解书的司法确认

调解书的司法确认程序，是将调解书的效力与司法权威性结合起来，通过司法赋予其强制执行力。《人民调解法》颁布实施，调解书的司法确认程序首次在法律领域被明确规定。《最高人民法院关于人民调解协议司法确认程序的若干规定》具体规定了调解书司法确认的管辖、受理、审查、决定等程序。《民事诉讼法》在司法确认程序申请主体、管辖、申请形式、申请材料、受理、审查、裁定等方面予以了细化。修改后的《民事诉讼法》将可申请司法确认的范围从"人民调解协议"扩展到"经依法设立的调解组织调解达成的调解协议"。

1. 管辖

根据《民事诉讼法》第 205 条规定，经依法设立的调解组织调解达成调解协议，申请司法确认的，由双方当事人自调解协议生效之日起 30 日内，共同向下列人民法院提出。

（1）人民法院邀请调解组织开展先行调解的，向作出邀请的人民法院提出。

（2）调解组织自行开展调解的，向当事人住所地、标的物所在地、调解组织所在地的基层人民法院提出；调解协议所涉纠纷应当由中级人民法院管辖的，向相应的中级人民法院提出。

2. 启动

司法确认程序的启动必然是由当事人申请开始的，调解书的司法确认需要纠纷双方共同向法院提出。发生纠纷的当事人多为婚姻关系、赡养抚养关系、遗产分割关系、邻里关系等较为亲密的社会关系，由双方当事人共同向人民法院申请司法确

---

① 傅军. 人民调解协议效力初探［D/OL］. 湘潭：湘潭大学，2011：9－10［2022－09－10］. https://kreader. cnki. net/Kreader/CatalogViewPage. aspx? dbCode ＝ CMFD&filename ＝ 1013129270. nh&tablename ＝ CM-FD201301&compose ＝ &first ＝ 1&uid ＝ .

认，更有利于调解书的履行。

3. 结果

人民法院经审查后，认为调解书符合既定的审查标准，就会作出同意司法确认的裁定书；对于调解书与既定的审查标准不一致的，就会作出不同意司法确认的裁定书。对于"不一致"情形的认定，根据《最高人民法院关于适用〈中华人民共和国民事诉讼法〉的解释》第358条规定，包括了违反法律强制性规定的、损害国家社会利益及他人合法权益的、违背公序良俗的、违反自愿原则的、内容不明确的和其他不能进行司法确认的情形。

4. 效力

《民事诉讼法》第206条规定："人民法院受理申请后，经审查，符合法律规定的，裁定调解协议有效，一方当事人拒绝履行或者未全部履行的，对方当事人可以向人民法院申请执行；不符合法律规定的，裁定驳回申请，当事人可以通过调解方式变更原调解协议或者达成新的调解协议，也可以向人民法院提起诉讼。"司法确认程序对不予履行调解协议的情况进行了强制规定，这既是保护当事人权益的一种体现，也能够让调解协议落到实处。

调解书的司法确认程序见图8-1。

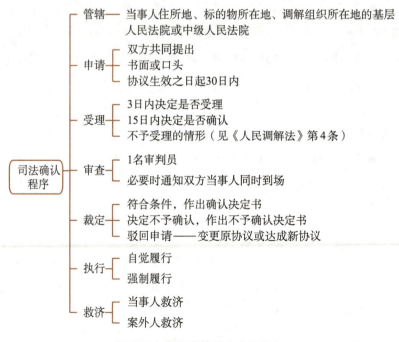

图8-1　调解书的司法确认程序

·调解案例·

武汉市青山区某酒店与刘某等 70 人合同纠纷调解案

（一）案情介绍①

2018 年 5 月，武汉市青山区刘某等 70 位业主与某酒店签订了房屋租赁合同，合同约定将自家住房 70 余套租赁给酒店做经营客房使用，业主每人出资 2 万元由酒店按照统一标准装修，酒店作为承租人每月向每位业主交纳 1 980 元租金，并且应当在每季度第一个月的前 5 日内交付该季度的租金。

2020 年 4 月，酒店没有如期交纳 2020 年第二季度租金，70 位业主以违约为由要求酒店交纳应付租金并支付相应滞纳金。酒店则向 70 位业主发出公告，表示由于受疫情不可抗力的影响，2020 年第二季度酒店为响应新型冠状病毒感染疫情防控政策，未能正常营业，要求业主免收酒店 4 个月的租金，如果业主不同意便退租。70 位业主均不同意酒店的要求，双方由此产生纠纷，经进一步磋商双方最终同意采取人民调解的方式解决此次纠纷，遂于 2020 年 4 月向武汉市青山区某街道人民调解委员会申请调解。

争议焦点

本案的争议焦点在于如何协商解决由于新型冠状病毒感染疫情防控政策影响，酒店无法正常经营而产生的房租问题。

酒店层面，新型冠状病毒感染疫情防控政策作为国家紧急疫情防控形势下迫切需要执行的国家防控战略，应当受到社会各界民众及相关生产经营者的积极响应和理解。酒店作为商业生产经营者，其积极履行疫情防控政策的基本要求，采取暂停经营等方式减少涉疫人员流动，对抑制疫情扩散发挥了重要作用。因此产生的相关损失是为维护社会整体公共利益而牺牲的个人利益，理应得到社会的理解。

业主层面，业主与酒店自愿平等地达成租赁合意，签订租赁合同。根据合同规定，其履行了出租人的相关租赁义务，保证了租赁房屋的正常功能，有权取得相应的租金或经济利益。而承租人对所租赁的房屋是否使用及如何使用并不影响出租人对租金的取得。

争议双方围绕房租的交纳问题均具有一定的合理理由予以申辩，这就要求人民调解员具有较高的综合素质和沟通调解能力。人民调解员在具体调解过程中要充分考虑双方利益和社会背景，动之以情，晓之以理，进行合理合法的公正调解。

---

① 中国法律服务网.武汉市青山区某酒店与刘某等 70 人合同纠纷调解案［EB/OL］.（2021 - 08 - 20）［2022 - 09 - 17］. http://alk. 12348. gov. cn/Detail? dbID = 49&dbName = RTQT&sysID = 19999.

调处过程及技巧

在新型冠状病毒感染疫情的特殊背景下，此案涉及人员较多、案涉金额较大、争议焦点较为复杂，导致调解难度大。为尽快化解纠纷，某街道人民调解委员会高度重视此次案件，指派了合同纠纷调解经验丰富的专职调解员参与调解，同时邀请了相关街道司法所所长、街道办主任、区市场监督局负责人、社区律师等参与调解，集思广益，共同寻找合适的纠纷解决方案。

在调解方式的选择上，人民调解员首先引导70位业主进行内部协商，通过书面授权委托的形式，委托业主代表刘某、张某、付某三人参与调解，将多人多项诉求集中为统一的意见，以提高调解效率。

2020年4月，业主代表刘某、张某、付某三人及酒店负责人王某参与了调解。王某表示受疫情影响酒店1月到4月没有盈利，如果交纳了70位业主第二季度的租金，则将导致酒店经济链断裂甚至破产，如果业主们不能为酒店减免4个月的租金，则租赁合同将难以继续履行，酒店愿意承担违约责任。业主代表则认为，在未经双方协商的情况下，王某直接发出公告要求业主减免租金，如果业主方不同意减免租金就直接解约，这种强硬方式让人无法接受，况且70位业主的房子大多是贷款购买的，需要资金还贷，酒店应当向业主支付租金。

纠纷双方当事人叙述完各自观点后，人民调解员开始正式进行调解。其以新型冠状病毒感染疫情管控这个大背景为切入点，阐述了疫情防控的法律政策，并解释了《中华人民共和国合同法》的有关规定，帮助双方当事人分析利弊，希望双方当事人冷静客观地站在对方的立场上互谅互让，协商解决纠纷。

人民调解员告知王某，如果减免4个月的租金，则意味着疫情造成的损失都要由出租人承担，这对出租人是不公平的。虽然合同的履行受到疫情防控政策的影响，但只要具有继续履行的条件，就应当继续履行。人民调解员又劝说业主代表，维持合同关系、继续履行合同是解决此纠纷的最佳选择，酒店继续经营也是大家都愿意看到的结果。看到双方在房租问题上仍僵持不下，人民调解员迅速转变思路，劝说酒店是否可以通过其他方式减少业主的损失。酒店表示可以给予每位业主1 000元的酒店代金券，在酒店可以等同于现金消费，业主代表表示同意，同时表示愿意减免3个月的租金。

双方的调解意向基本达成一致，但王某突然提出希望业主能够在减免3个月租金的基础上再减半6个月的租金。业主代表对该要求表示极度愤怒和不满，认为王某蓄意破坏调解结果，想要当场终止调解。人民调解员迅速对酒店负责人进行疏导教育，表明大家都理解酒店经营困难，业主方愿意减免3个月的租金已经是很大的让步，酒店的损失不能完全由业主方承担，建议酒店通过延长租期的方式保障业主们的租金收益。经过人民调解员的不懈努力，最终，王某放弃了后来提出的不合理诉求，并向业主方表达了歉意。业主代表听后觉得如果能够延长租期，则可以给予酒店 6 个月的房租减半，随即同意此调解方案。至此，双方达成一致。

双方自愿达成以下调解协议：

（1）合同时间自动延长 1 年，确保业主的租赁收益期更长。

（2）业主免除酒店 3 个月租金，酒店给予每位业主 1 000 元代金券，业主可以用此券在酒店消费。

（3）业主在免除酒店 3 个月租金的基础上顺延 6 个月房租减半。

（4）其他合同条款，按原合同执行。

（二）案例分析

受疫情影响，作为商业活动中不可缺少的房屋租赁环节，出租人和承租人之间因房屋租赁产生了诸多纠纷。本案属于租赁生活用房用于商业经营，因出租人均为自然人，若损失全部由出租人承担，则会给出租人造成严重损失。人民调解员不拘泥于单纯减免租金，而是通过赠送代金券、延长收益期等方式维护双方合法权益，充分发挥了人民调解在服务疫情防控和经济发展中的重要作用。此外，本案是在新型冠状病毒感染疫情大背景下解决民事纠纷的成功案例。本案的成功调解为今后处理此类受疫情影响产生的民事纠纷具有长足的指导意义，并有利于促进人民调解制度的不断完善和发展。

☞ **思政启示 1**

人民调解制度是中国共产党在践行全心全意为人民服务的根本宗旨的长期实践中，总结和建立的一项解决民间纠纷的科学社会治理制度，内嵌中华优秀传统文化基因，具有鲜明的中国特色和时代特征。长期以来，人民调解在解决人民内部矛盾、维护社会和谐稳定方面发挥了重要作用，体现了显著优势，被誉为"东方经验""东方之花"。①

解说：中国特色社会主义进入新时代，我国社会主要矛盾已经转化为人民日益增长的美好生活需要和不平衡不充分的发展之间的矛盾，这为人民调解工作提供了很多难得的发展机遇，也提出了许多新任务、新要求。人民调解具有的组织、队伍和制度优势，有利于第一时间发现矛盾纠纷，第一时间化解矛盾纠纷，发挥维护社会和谐稳定"第一道防线"作用，实现矛盾不上交。我们要加强对人民调解工作新

---

① 赵德金. 发扬人民调解优良传统 更好维护人民群众合法权益［N/OL］. 光明日报，2021－06－26［2022－09－15］. https://epaper. gmw. cn/gmrb/html/2021－06/26/nw. D110000gmrb_20210626_2－11. htm.

情况、新问题的研究分析，深化对人民调解特点规律的认识和把握，探索加强和改进人民调解工作的新理念、新路径。

☞ **思政启示2**

　　人民调解是维护社会和谐稳定的"第一道防线"。各地人民调解组织加强法治化、规范化建设，凝聚多方力量、开拓专业领域、做好网上服务，切实化解矛盾纠纷。人民调解员植根基层，来自群众，熟悉社情民意，处于预防化解矛盾的前沿，灵活运用情、理、法相结合等方式，能够最大限度实现矛盾纠纷及时就地化解。在调解工作中注重吸收退休政法干警、老教师、老党员等人士居中调解，更能得到群众的信任和认可。①

　　解说：要全面提升新时代人民调解工作的政治站位，坚持以习近平新时代中国特色社会主义思想为指导，紧扣民心这个最大的政治，深入践行人民调解为人民理念，把人民调解这一民心工程做深、做实、做细、做出成效。要结合实际，采取多种方式，开展分级分类培训，努力提升培训效果。要充分发挥培训对人民调解员队伍建设的推动作用，切实提高人民调解员的政治素质、业务水平和调解技能，努力为开创人民调解工作新局面做出新贡献。

 思考与练习

　　1. 人民调解员的选择有哪些要求？人民调解员有哪些基本行为规范？

　　2. 人民调解委员会的成员如何组成？如何产生？

　　3. 当事人在调解过程中有哪些权利和义务？

　　4. 调解书有哪些基本内容？

　　5. 如何通过司法确认赋予调解书以强制执行力？

---

　　① 魏哲哲. 覆盖更广泛调解更有效［N/OL］. 人民日报，2022 - 03 - 23［2022 - 09 - 18］. http://paper. people. com. cn/rmrb/html/2022 - 03/23/nw. D110000renmrb_20220323_1 - 11. htm.

第九章 人民调解的方法与技巧

人民调解工作的开展离不开人民调解员对调解方法与技巧的运用。《人民调解法》第22条规定："人民调解员根据纠纷的不同情况，可以采取多种方式调解民间纠纷。"《人民调解工作若干规定》第31条规定："人民调解委员会调解纠纷，应当在查明事实、分清责任的基础上，根据当事人的特点和纠纷性质、难易程度、发展变化的情况，采取灵活多样的方式方法，开展耐心、细致的说服疏导工作，促使双方当事人互谅互让，消除隔阂，引导、帮助当事人达成解决纠纷的调解协议。"只有灵活运用人民调解的方法与技巧，才能保证调解工作取得良好的效果。

学习目标

1. 掌握人民调解的方法，把握单独调解、共同调解、联合调解、直接调解、间接调解、公开调解与非公开调解的概念和适用范围。
2. 掌握人民调解的常用技巧。
3. 结合案例熟悉各种调解方法与技巧在人民调解工作中的具体运用。

第一节 人民调解的方法

人民调解员要根据当事人性格特点和纠纷具体情况，选择不同的调解方法。常用的调解方法有单独调解、共同调解、联合调解、直接调解、间接调解、公开调解与非公开调解等。

一、单独调解、共同调解与联合调解

根据调解组织数量、类型的不同，可以将调解方法分为单独调解、共同调解与联合调解。其中，单独调解是指一个人民调解委员会独立开展工作的调解方法；共同调解是指两个以上人民调解委员会共同开展工作的调解方法；联合调解最为特殊，是指人民调解委员会与政府有关部门、司法机关、群众团体等其他组织共同开展工作的调解方法。

（一）单独调解

单独调解是指由当事人所在地或纠纷发生地的人民调解委员会单独进行的调解，是人民调解委员会最常用的调解方式之一。单独调解适用于人民调解委员会独任管辖的纠纷。一般而言，这类纠纷的双方当事人、纠纷发生地都属于同一地区、单位，或者纠纷虽然跨地区、跨单位，但经有关人民调解委员会协商，也可以由一个人民调解委员会进行调解。①

在单独调解的情况下，某地的人民调解委员会对于纠纷的情况比较熟悉，对于当地的政策、法律、风俗习惯、民情等都比较熟悉，对于当地频发的纠纷类型也有一定了解，能够掌握人民调解背后的实质性问题。因此，单独调解能够提出契合当地民情与习惯的调解方案，真正解决当事人的问题。

（二）共同调解

根据《人民调解委员会组织条例》第 7 条："……跨地区、跨单位的纠纷，可以由有关的各方调解组织共同调解。"共同调解是指对于跨地区、跨单位的民间纠纷，由两个或两个以上的人民调解委员会协调配合，共同进行的调解。所谓跨地区、跨单位的民间纠纷，是指纠纷当事人属于不同地区、单位，或者纠纷当事人虽属于同一地区、单位，但纠纷发生在其他地区、单位的民间纠纷。②

共同调解比单独调解实施起来更为复杂，对此需要注意以下几个问题：第一，共同调解是多个调解组织的调解，这几个调解组织之间是何种关系，哪一个调解组

---

① 《跨地区跨单位民间纠纷调解办法》第 3 条："跨地区、跨单位的民间纠纷由纠纷当事人户籍所在地（居所地）、所在单位、纠纷发生地的人民调解委员会共同调解。一个人民调解委员会能够调解的纠纷，经商有关人民调解委员会，也可以由一个人民调解委员会进行调解。"

② 《跨地区跨单位民间纠纷调解办法》第 2 条："纠纷当事人属于不同地区、单位，或者纠纷当事人虽属于同一地区、单位，但纠纷发生在其他地区、单位的民间纠纷的调解适用本办法。"

织占据主导地位，应该首先确定下来，否则出现意见冲突的时候，就很难协调。对此，可以由最先受理的调解组织或对纠纷最熟悉的调解组织主持调解。第二，共同调解涉及的社会关系或利益冲突相对来说比较严重，对此，一方面需要多个调解组织居中协调，另一方面这也使得调解变得复杂化了，因为需要平衡更多的关系与利益。第三，调解应该中立、公平、公正，防止某一个调解组织祖护某一个地方的利益。第四，调解协议达成后，各个调解组织要以高度负责的精神督促本辖区内的当事人认真履行调解协议，并由主导的调解组织进行档案管理工作。①

（三）联合调解

联合调解是指人民调解委员会会同其他地区或部门的调解组织、群众团体、政府有关部门、司法机关，相互配合，协同作战，共同综合治理纠纷的一种方式。《人民调解委员会组织条例》第7条第3款规定："人民调解委员会调解纠纷，可以邀请有关单位和个人参加，被邀请的单位和个人应当给予支持。"联合调解具有以下几个特点：第一，联合调解有利于解决调解组织本身无法解决的问题。例如，有些纠纷与冲突涉及某一个政府部门的行政决策或基层群众自治组织的利益，在这种情况下，如果处理不好，就可能发生大规模的群体性事件。第二，联合调解有利于强化调解的权威性。引入一些实权部门，可以使最终的调解协议更具可靠性，更容易被执行。在某些情况下，联合调解是政府有关部门及司法机关与调解组织共同参与处理民间纠纷、化解基层民众矛盾、稳定社会秩序的重要手段。

二、直接调解与间接调解

直接调解与间接调解是根据调解组织劝解方式的不同进行的分类。在直接调解中，人民调解员直接对当事人进行说服、劝导；而在间接调解中，人民调解员发动当事人的亲友等第三人对当事人进行劝说和疏导。这两种调解方式有时会被交替使用。

（一）直接调解

直接调解，是指只对当事人本人进行的调解，不引入其他主体。直接调解由人民调解员直接对当事人各方进行协商、劝导、说服。直接调解主要适用于案情比较简单的案件，只涉及当事人之间的矛盾与冲突，不需要通过他人或其他信息来明确

---

① 王红梅．人民调解法治新论［M］．北京：中国政法大学出版社，2009：72.

案件事实。矛盾的化解更多地依赖于语言上的说服与情感上的抚慰。另外，如果纠纷涉及个人隐私，也适合进行直接调解，可以较好地保护当事人的隐私。①

（二）间接调解

间接调解，是指引入当事人以外的第三人进行辅助性的劝导、说服、协商的调解方法。有些情况下，之所以需要引入第三人加入调解，是因为第三人有着人民调解员所不具备的优势，如年龄更长、更有经验、更有权威、更了解内情。当然，第三人的存在可能也是一个外在的压力，这种压力有利于当事人达成调解协议。例如，亲友更容易被当事人信任，其提出的建议或批评，即使和当事人的意见不同，也更容易被当事人接受。另外，进行间接调解的必要性可能还在于第三人自身与纠纷具有内在的关联。例如，夫妻之间发生矛盾很多时候不是因为夫妻之间的问题，而是因为和公婆之间的矛盾，这时公婆加入调解过程就十分必要。

三、公开调解与非公开调解

根据是否允许纠纷当事人以外的人在场，可以将调解分为公开调解与非公开调解。顾名思义，公开调解公开进行，非公开调解只有当事人和人民调解员参加。《人民调解法》第 23 条规定："当事人在人民调解活动中享有下列权利：……（三）要求调解公开进行或者不公开进行……"可见，公开与否是当事人的权利，调解组织不得违背当事人的意愿选择公开调解或非公开调解。

（一）公开调解

公开调解是指将调解的地点、时间予以公开，然后邀请亲朋好友、邻居或其他群众旁听的调解方法。根据《人民调解工作若干规定》第 29 条规定："人民调解委员会调解纠纷，根据需要可以公开进行，允许当事人的亲属、邻里和当地（本单位）群众旁听。但是涉及当事人的隐私、商业秘密或者当事人表示反对的除外。"公开调解可以适用于在地方上舆论影响比较大的案件，或者群众比较关注的案件，对于此类案件实行公开调解，有利于教育群众、培育群众的法治意识。人民调解员采取公开调解的方法必须做好充分的准备，如果准备工作做不好，反而会带来负面的舆论影响，破坏调解组织的权威性。准备工作一般包括：①制定调解方案。明确公开调解所要达到的目的，制定相应的对策和策略，预测可能发生的不利情况并制

---

① 王红梅．人民调解法治新论［M］．北京：中国政法大学出版社，2009：67.

定相应的预案，拟订可供当事人选择的调解方案，明确人民调解员的分工。②公开调解前要分别与当事人接触，了解各自的所思所想，必要时可进行"预调"。③确定调解的时间、地点，并对外公布。④确定人民调解员，与本案有利害关系的人民调解员要回避。另外，公开调解要注意方式方法，不得违背人民调解的基本原则，要采取民主语言、疏导启发的方法，以说服教育为主，促成当事人之间和解，避免搞成"斗争会"或"批判会"。①

（二）非公开调解

非公开调解是指只有当事人和人民调解员参加的调解，适用于涉及当事人隐私的纠纷，如婚姻纠纷、恋爱纠纷、家庭内部纠纷和当事人不同意公开调解的纠纷、人民调解委员会认为不宜公开调解的其他纠纷。非公开调解的好处是能够让当事人在调解过程中畅所欲言，积极表达自己的意见，能够规避各种外部的压力，最终达成调解协议。如果是公开调解，当事人可能出于人情、面子等因素，不愿意做出妥协与让步，这将使得调解协议难以达成。因此，非公开调解可以规避人情、面子等障碍性因素，达到满意的调解效果。

第二节 人民调解的技巧

虽然不同的纠纷具有不同的特性，但是人民调解的技巧在各种纠纷中往往都能找到恰当的发力点，关键在于运用得当。灵活运用各种调解技巧对于纠纷的解决具有重要作用。

一、打造中立形象

保持中立就是人民调解员在处理纠纷时，要对双方当事人不偏不倚、客观中立。这是开展调解工作的前提，也是当事人信任人民调解员和调解组织的基础。具体来说，打造中立形象要求人民调解员不应和任何一方当事人有利害关系，在行为与言辞上不应偏袒任何一方，也不得为任何一方谋取不正当利益。《人民调解工作若干规定》第17条规定："人民调解员调解纠纷，必须遵守下列纪律：（一）不得徇私

---

① 姜小川. 人民调解实用手册 [M]. 北京：中国法制出版社，2008：72.

舞弊；（二）不得对当事人压制、打击报复；（三）不得侮辱、处罚纠纷当事人；（四）不得泄露当事人隐私；（五）不得吃请受礼。"人民调解员要以一种客观中立的态度来对待各方当事人，不偏袒任何一方，更不能嫌贫爱富，不偏袒有权有势者，要时刻保持中立。

二、营造情感氛围

在调解过程中，当事人各方可能都带有严重的对立情绪，在这种情况下，人民调解员要尽力营造一种融洽的情感氛围，让当事人能够心平气和地坐下来协商与讨论。人民调解员需要选择合适的时机与场合营造有利于调解的情感氛围，如果时机不到，要耐心等待，找到恰当的时机再进行调解，这样当事人就会更容易接受。例如，当事人正在"气头"上，硬是强加一种不同的意见，只会让当事人产生逆反心理。只有择机而发、切中要害，才能拨动心弦、产生共鸣。营造情感氛围对于人民调解员的要求较高，人民调解员必须具备一定的心理学素养，并且有较为丰富的调解经验，由此才能敏锐地掌握当事人的情绪和纠纷发展的节奏，拿捏好说话的时机和分寸，营造出有利于解决纠纷的情感氛围。另外，在场合的选择上，人民调解员要根据纠纷具体情况灵活选择调解地点。人民调解员可以选择调解室之外的地点，如田间地头、当事人的家里，这样可以防止调解气氛过于严肃，有利于营造一个轻松的环境，消除当事人对调解的抵触情绪和戒备心理，使其放松情绪，敞开心扉。

三、倾听与适度引导

一位经验丰富的人民调解员曾经说过，"倾听是一个调解员应具有的良好习惯。在倾听过程中，你才能够发现问题。有些当事人会片面地、主观地、选择性地表述事实，他把重点的部分掩盖了，把有利于自己的事实说得很多，不利于自己的事实说得很少。所以说认真倾听是非常重要的"。[①] 倾听的意义有两个方面：第一，事实发现意义。通过倾听来了解案件事实，只有认真倾听，人民调解员才能了解当事人的想法，掌握基本的案件事实。第二，情感意义。通过耐心的倾听，当事人才能感受到人民调解员在调解纠纷上的诚意，以及对于自己的尊重。这样才能够在情感上打动当事人，消除当事人的负面情绪。

倾听的前提是人民调解员要让当事人有倾诉的意愿，在倾听的过程中，人民调

---

① 韩咏秋，马善祥. 调解密码：老马调解六十六法［M］. 北京：法律出版社，2018：7.

解员不要随意打断当事人，也不要急于表态，更不要随意批评，多听少说。听的过程是体会当事人情感的过程，无论他的想法或要求是否合理、是否合法，都不要贸然地评价或修正。在听的过程中，人民调解员要及时回应当事人，让当事人感受到自己是在认真倾听他的问题、困难和需求。① 当然，这并不是说人民调解员应当无限制、无原则地迁就和讨好当事人，而是应该把倾听作为一种建立信任的策略，从而在此基础上更好地引导当事人达成合意。

四、共情与理解

在解决纠纷时，人民调解员还可以利用共情策略，即引导当事人设身处地思考问题，更多地从对方的立场来感受，从而形成情感上的共鸣与相互理解，这样，调解就会更容易达成。共情与理解主要表现在以下两个方面：一方面，人民调解员在进行调解时，首先要能够对当事人进行换位思考，进而在此基础上才能知道如何进行有效的调解，避免对抗，达成共识。只有如此，人民调解员才能深刻把握当事人利益与情感上的关注点，调解才能成功。另一方面，人民调解员要能够引导和启发纠纷当事人站在对方的立场上思考问题，这不仅要求其和当事人之间"将心比心"，而且要求当事人之间"将心比心"。人民调解员在调解纠纷时，除了站在当事人的立场和角度上进行调解外，还要引导、启发当事人之间进行换位思考。人民调解员可以给当事人讲述他所不了解的对方的难处，并通过类似"如果你是对方，会怎么办"的假设性问题来引导当事人站在对方的立场上思考。②

五、引入亲友疏导

根据《人民调解法》第 20 条规定："人民调解员根据调解纠纷的需要，在征得当事人的同意后，可以邀请当事人的亲属、邻里、同事等参与调解，也可以邀请具有专门知识、特定经验的人员或者有关社会组织的人员参与调解。"如果人民调解员能够引入亲友的参与，那么就能够使得纠纷的解决事半功倍。亲友与当事人之间有更大程度的信任，亲友的劝导与意见更容易被当事人所理解与接受。而且亲友对当事人也是知根知底，了解内情，亲友的意见可能更契合当事人的想法与初衷。人民调解员还可以邀请家族当中有地位、有威望、年长的亲友参与调解。年长者由于

① 刘爱君，孟德花．人民调解实用技巧［M］．北京：中国政法大学出版社，2016：42.
② 刘树桥，盛舒弘．人民调解实用技能［M］．北京：中国政法大学出版社，2017：129.

其年龄与生活阅历较丰富、更具权威性，很多时候能够提出中肯的意见，让当事人对事情进行长远的考虑，而不会陷入一时的冲动。

当然，引入亲友的疏导也有一定的限制，因为有些特殊的纠纷，本来就和亲友有关，这时亲友的介入就是不合适的，只会导致纠纷扩大化。此外，亲友的介入也可以是背后的劝导，而无须公开的劝导。因为有些话可能只适合在背后说，而不是当面说，特别是不适合当着对方当事人的面说。

六、模糊处理法

模糊处理法，是指人民调解员调解纠纷时，对纠纷当事人之间的一些非原则性问题故意进行模糊性处理，而不是追根究底。事实上，有些纠纷本就不适合用非黑即白的方式处理，要么是因为事实本身极难调查清楚，要么是因为双方当事人的价值与立场存在不可调和的冲突。在这种情况下，调解就"宜粗不宜细"，不能过分纠结细节。①

首先，模糊处理法有利于消除对立情绪。有些纠纷不适合进行"非此即彼"的对立处理。正所谓"面子留一线，日后好相见"，在中国的社会文化中，本就比较排斥那种非此即彼的关系处理方式。其次，模糊处理法有利于降低纠纷解决成本。人民调解员在调解过程中，不能过分地纠缠于细节与历史，不要试图不计成本和代价地去查清一切事实，很多时候这是徒费心力的。最后，模糊处理法不能违背基本的法律原则或法律的强制性规定。也就是说，只有不涉及"大是大非"的问题，才可以采用模糊处理法。人民调解也要遵守法治的底线，如果人民调解违反了基本的法律原则或法律的强制性规定，那么不仅违法，还可能会触犯公共利益。例如，如果在调解过程中发现当事人有犯罪行为，或存在损害他人合法权益或公共利益的行为，此时如果为了尽快达成调解协议，故意对这些严重的违法行为视而不见，那么就突破了法治底线，最终损害的不仅是当事人的利益，更是社会利益。

七、说理清晰充分

人民调解的性质决定了人民调解员在任何纠纷的调解工作中都不能强制当事人，而是要采取说服、疏导等方法，因此说理清晰充分是调解工作的必备技巧。《人民

---

① 《人民调解工作法律实务丛书》编写组．不同调解方法与技巧的运用 ［M］．北京：中国法制出版社，2017：59.

调解委员会组织条例》第 8 条规定："人民调解委员会调解纠纷，应当在查明事实、分清是非的基础上，充分说理，耐心疏导，消除隔阂，帮助当事人达成协议。"纠纷的最终解决就是根据双方的是非曲直确定责任，人民调解员只有"充分说理，耐心疏导"，做到情法理的统一，才能将是非曲直说清楚，让双方心服口服，促成双方自愿达成调解协议。在此过程中，人民调解员的沟通技巧是非常重要的，但要做到说理清晰充分，其不仅仅要掌握法律知识，还要对人情伦理道德、常识常情常理具有深刻体悟。调解组织和人民调解员在调解纠纷时既要严格遵循合法原则，也要讲究合情合理，将情法理统一起来，在不违背法律、政策的前提下兼顾天理人情。[①]仅仅依赖于法律，很多时候是说不清楚纠纷的问题所在的，人民调解员必须通过情法理的结合，才能处理好法律与道德的各种冲突，才能为调解协议的达成提供一个良好的基础。

· 调解案例 ·

梅河口市黄某与某饭店劳动争议纠纷调解案

（一）案情介绍[②]

2021 年 8 月，梅河口市黄某到某饭店应聘服务员，双方约定试用期为两个月，每月工资 2 500 元。试用期期间，黄某认为自己经常加班，十分辛苦；而饭店老板陈某则认为作为服务员加班是应该的，黄某为此心怀不满。黄某在工作期间，不慎将装满菜的盘子打翻洒在客人身上，陈某遂将其辞退，并以黄某在饭店的工作时间仅为一个月，未达到双方约定的试用期为由拒发工资。黄某多次上门讨要工资未果，双方因此产生纠纷。矛盾发生后，黄某到所在街道人民调解委员会申请调解，要求饭店支付其一个月的工资。

街道人民调解委员会受理此纠纷后，立即指派人民调解员对相关事实展开了解，并在开展工作的过程中灵活运用了多种调解技巧。首次调解时，人民调解员将陈某单独约到了调解室，先与其谈论饭店的经营情况和生活情况，营造了轻松的情感氛围，让陈某在谈话过程中逐渐放松心情，愿意与人民调解员敞开心扉。在沟通过程中，人民调解员了解到，陈某辞退黄某不仅是因为黄某把菜洒在了客人身上，更重要的是陈某认为黄某消极的工作态度与饭店的经营理念不相符合，对饭店的经营口

---

① 刘萍．农村民事调解与法律服务研究［M］．长春：吉林人民出版社，2020：32.

② 中国法律服务网．梅河口市黄某与某饭店劳动争议纠纷调解案［EB/OL］．（2022 - 07 - 13）［2022 - 09 - 23］．http://alk.12348.gov.cn/Detail? dbID = 48&dbName = RTHZ&sysID = 12298.

碑产生了较大影响。陈某认为，两人约定试用期为两个月，黄某只工作了一个月，理应不支付工资。人民调解员听了陈某的陈述后，耐心地向陈某讲解了相关法律规定，《劳动合同法》第 20 条规定："劳动者在试用期的工资不得低于本单位相同岗位最低档工资或者劳动合同约定工资的百分之八十，并不得低于用人单位所在地的最低工资标准。"虽然黄某未满试用期就被辞退，但不影响其获得辞退之前的工资，陈某应按照法律规定向黄某支付一个月的工资。陈某得知相关法律规定后，随即改变态度，同意支付约定工资的 80%，但要求扣除客人服装损失费、盘子损失费和对饭店造成负面影响的隐形损失，总共向黄某支付 1 000 元。

人民调解员随即又单独约黄某展开调解，其向黄某转达了陈某愿意支付 1 000 元的意见，但黄某表示不同意，他认为自己工作满一个月，应该支付给自己约定好的 2 500 元。人民调解员劝解黄某，二人没有约定试用期内的工资，按照约定工资的 80% 进行结算是符合法律规定的。黄某思考后表示同意，也同意承担客人服装损失费和盘子损失费，但不认可最终的结算金额，调解陷入僵局。

实际上，经人民调解员阐明《劳动合同法》的有关规定后，双方的意见已经较为接近，主要问题在于饭店的损失难以精确计算，尤其是黄某是否对饭店造成了口碑受损等隐形损失，在技术上是难以评估的。陈某认为自己愿意支付 1 000 元已经做出了让步，因此对继续调解产生了一定的抵触情绪。

考虑到陈某的抵触情绪，第二次调解之前，人民调解员先通过微信与陈某进行了沟通，并将调解地点调整为陈某的饭店。这次见面，恰逢当天陈某心情不错，人民调解员便引导陈某站在对方的立场上考虑问题，其劝解陈某，黄某家庭条件一般，父母身体都不好，其年龄尚小就出门打工十分不易，而且二人都是本地人，以后难免还会有交集，黄某可能以后有机会还会来店里消费，建议陈某先让一步。人民调解员通过告知对方的处境等背景资料，成功地引导陈某进行换位思考，从而与黄某共情。听完人民调解员的劝解后，陈某表示同意向黄某支付 80% 的工资，并适当扣除损失费用，愿意一次性向黄某支付 1 680 元。在人民调解员的见证下，双方达成调解协议，并当场签订了调解书，二人握手言和。

（二）案例分析

劳动争议纠纷是常见的纠纷类型，矛盾双方争议的焦点往往在于工资待遇、劳动合同变更等。该案例中，双方发生分歧的核心问题在于试用期工资。双方并未约定试用期的工资，且陈某认为黄某对饭店的经营口碑产生了较大影响，不愿意发放试用期工资。人民调解员在充分了解双方矛盾及诉求的情况下，分别与双方谈话，及时向双方解释了《劳动合同法》的相关规定，引导双方互谅互让。

尽管在首次调解后，双方就试用期应当依法发放工资达成了共识，但对于损失金额仍无法达成一致。如果此时再探讨黄某工作态度如何、是否对饭店造成了口碑受损等问题，反而会激化当事人之间的对立情绪，让之前的工作功亏一篑。因此在进行第二次调解时，人民调解员没有在具体损失数额上纠结，而是采取了一种弥合矛盾、大事化小的态度，运用模糊调解的方法来做陈某的思想工作。为消除陈某的抵触情绪，人们调解员将调解地点调整为陈某的饭店，选择熟悉的调解场合有利于营造轻松的氛围。在与陈某的谈话过程中，人们调解员逐步推进，很好地把握住陈某的心理变化，以情感人，以理服人，逐步消除其抗拒心理，并引导陈某进行换位思考，主动让步，最终双方当事人互相谅解，自愿达成调解协议。

思考与练习

1. 人民调解的方法有哪些？
2. 人民调解的技巧有哪些？
3. 为什么有些人民调解要引入亲朋好友的参与？
4. 人民调解需要严格遵守法律吗？

第十章 | 具体纠纷的调解实践

　　人们在日常生活中会遭遇各种各样的纠纷，这些纠纷可能会超出法律规定的范围，通过正式的法律手段可能很难解决这些纠纷，而调解可以对此进行灵活处理。由于调解涉及的纠纷比较复杂，因此，对于不同类型的调解要有不同的技巧与方法。

学习目标

1. 掌握婚姻家庭纠纷的调解方法与技巧。
2. 掌握侵权损害赔偿纠纷的调解方法与技巧。
3. 掌握相邻关系纠纷的调解方法与技巧。
4. 掌握物业服务纠纷的调解方法与技巧。
5. 掌握农村土地林地纠纷的调解方法与技巧。
6. 掌握群体性纠纷的调解方法与技巧。

第一节　婚姻家庭纠纷的调解

一、婚姻家庭纠纷的概念、特征与相关法律规定

（一）婚姻家庭纠纷的概念

　　婚姻家庭纠纷就是在婚姻家庭关系中出现的纠纷。婚姻家庭纠纷是指因婚姻家

庭方面的人身关系及由此产生的财产关系所引起的各种纠纷，多为因恋爱、结婚、离婚、子女抚育等而引发的与婚姻关系密不可分的复合型法律纠纷。①

　　婚姻家庭纠纷，其通常包括结婚、离婚、亲子、收养、扶养、子女监护与探望，以及其他家庭成员之间可由家事法律进行调整的纠纷。首先，从主体上看，婚姻家庭纠纷是具有特殊身份关系（法定亲属关系）的家庭成员之间的纠纷，主体通常是配偶、父母、子女、兄弟姐妹及（外）祖父母等近亲属。其次，从性质上看，婚姻家庭纠纷通常是指具有民事权益属性，由《民法典》婚姻家庭编予以规范的纠纷。当然，也有一部分婚姻家庭纠纷可能超出了民事法律调整的范围，上升为刑事犯罪，属于刑法调整范畴，如严重的家庭暴力所引发的故意伤害罪等。最后，从内容上看，婚姻家庭纠纷通常包括家庭成员之间的财产关系（婚前协议的财产分配约定、婚姻财产分割与债务清偿、抚养费等）与人身关系（结婚、离婚、亲子、收养、子女监护与探望等）的纠纷。②

（二）婚姻家庭纠纷的特征

　　婚姻家庭纠纷是与身份关系密切联系的纠纷，该性质决定了当事人之间的纠纷都是建立在身份关系上，这种身份关系属性通常又会因当事人利益分配而引发财产类纠纷，因此，在一个婚姻家庭案件中可能包含多重法律关系。③ 从其特性上来说，婚姻家庭纠纷大致具有如下特征：

　　第一，婚姻家庭纠纷与身份密切相关。婚姻家庭纠纷是特定身份关系当事人之间产生的人身与财产纠纷。此类纠纷有着众多特点，也是调解的难点。首先，婚姻与家庭中的身份关系是永久性的，此类关系一旦破裂或被损害，会造成永久性伤害。其次，婚姻家庭纠纷中的身份关系涉及隐私、情感、人伦等因素，处理不当会带来严重的伤害。最后，婚姻家庭中的身份关系往往伴有财产关系，财产争议的解决也包含了身份的承诺与情感的寄托，不能像处理市场交易与经济合同那样，完全通过金钱量化。此类纠纷的解决不仅要考虑财产的合理分配，还要考虑情感上的调处。

　　第二，婚姻家庭纠纷一般带有情感性特征。引发婚姻家庭纠纷的不仅仅是财产纠纷，更多的是情感冲突。由于人的情感是非常细腻与敏感的，即便是很小的家务琐事，都可能引发激烈的情感冲突。夫妻之间的矛盾可能并非原则性的错误，而是多年累积的生活矛盾导致的关系破裂。对于此类纠纷，人民调解员在调解过程中，

---

①　王芳. 婚姻家庭法律师基础实务［M］. 北京：中国人民大学出版社，2014：20.
②　来文彬. 家事调解制度研究［M］. 北京：群众出版社，2014：52.
③　王芳. 婚姻家庭法律师基础实务［M］. 北京：中国人民大学出版社，2014：32.

要有足够的耐心，也要有足够的洞察力，要能够捕捉到情感的微妙之处，准确地抓住矛盾的实质，对各方当事人进行有效的劝导与抚慰。

第三，婚姻家庭纠纷一般是个性化的。每个人的婚姻家庭关系都是不一样的，正所谓"幸福的家庭都一样，不幸的家庭各有各的不幸"。不同婚姻家庭纠纷中涉及的情感、利益、关系都是极为不同的，因此，没有解决婚姻家庭纠纷的统一模式，这就需要人民调解员针对不同家庭的特点，采取个性化的调解方法。人民调解员要能够倾听、了解每一个家庭的问题与矛盾，然后根据各个家庭的关系特征，采取灵活的情感策略与说服策略，由此才能达到预期效果。

第四，婚姻家庭纠纷的解决兼具私密性与公益性。家事大多是私事，属于当事人自治的范畴，带有一定的私密性。与此同时，婚姻家庭纠纷又与公共利益息息相关。例如，亲子关系等身份属性较强的家事纠纷，因其涉及儿童的健康成长，而儿童是祖国的未来，所以必要时需要进行法律强制性的干预。又如，婚姻关系，当今社会的离婚率如此之高，不仅会破坏社会稳定，也不利于未成年子女的健康成长。对此，法律不仅规定了离婚冷静期制度，而且在诉讼当中，要求当事人先进行调解，其目的都在于尽量挽回婚姻关系。法律之所以这么规定，都是出于公共利益的考量。家事纠纷之解决，我们固然要尊重当事人的自主权利，但也要积极防范和妥善处理其造成的破坏，尽量维护子女及其他家庭成员的利益。①

（三）婚姻家庭纠纷的相关法律规定

婚姻家庭纠纷的相关法律规定，其内容一般包括结婚与离婚、夫妻关系、非婚同居关系、亲子关系、收养或其他家庭关系中的相关法律规定。本书在这里仅对结婚、离婚、彩礼、抚养、赡养几个方面的法律规定进行简述。

1. 结婚

（1）结婚的成立条件。第一，男女双方具有结婚合意。《民法典》第 1046 条规定："结婚应当男女双方完全自愿，禁止任何一方对另一方加以强迫，禁止任何组织或者个人加以干涉。"第二，男女双方达到法定婚龄。《民法典》第 1047 条规定："结婚年龄，男不得早于二十二周岁，女不得早于二十周岁。"第三，男女双方均无配偶，符合一夫一妻制。

（2）结婚的禁止条件。第一，未达到法定婚龄。第二，非自愿。第三，直系血亲或三代以内旁系血亲。《民法典》第 1048 条规定："直系血亲或者三代以内的旁系血亲禁止结婚。"

---

① 来文彬. 家事调解制度研究 [M]. 北京：群众出版社，2014：56.

（3）结婚登记。男女双方结婚，应当进行婚姻登记。《民法典》第 1049 条规定："要求结婚的男女双方应当亲自到婚姻登记机关申请结婚登记。符合本法规定的，予以登记，发给结婚证。完成结婚登记，即确立婚姻关系。未办理结婚登记的，应当补办登记。"

2. 离婚

（1）协议离婚。《民法典》第 1076 条规定："夫妻双方自愿离婚的，应当签订书面离婚协议，并亲自到婚姻登记机关申请离婚登记。离婚协议应当载明双方自愿离婚的意思表示和对子女抚养、财产以及债务处理等事项协商一致的意见。"该条款对离婚的条件进行了规定。

《民法典》第 1077 条规定："自婚姻登记机关收到离婚登记申请之日起三十日内，任何一方不愿意离婚的，可以向婚姻登记机关撤回离婚登记申请。前款规定期限届满后三十日内，双方应当亲自到婚姻登记机关申请发给离婚证；未申请的，视为撤回离婚登记申请。"该条款规定的是协议离婚中的婚姻冷静期制度。由于近年来我国社会的离婚率非常之高，《民法典》通过这一规定来控制离婚率，在实践当中确实有效果，很多当事人在一个月的冷静期内回心转意，放弃离婚。

（2）诉讼离婚。《民法典》第 1079 条规定："夫妻一方要求离婚的，可以由有关组织进行调解或者直接向人民法院提起离婚诉讼。人民法院审理离婚案件，应当进行调解；如果感情确已破裂，调解无效的，应当准予离婚。有下列情形之一，调解无效的，应当准予离婚：（一）重婚或者与他人同居；（二）实施家庭暴力或者虐待、遗弃家庭成员；（三）有赌博、吸毒等恶习屡教不改；（四）因感情不和分居满二年；（五）其他导致夫妻感情破裂的情形。一方被宣告失踪，另一方提起离婚诉讼的，应当准予离婚。经人民法院判决不准离婚后，双方又分居满一年，一方再次提起离婚诉讼的，应当准予离婚。"该条款表明，调解为判决离婚的法定前置程序，并以"感情确已破裂"作为判决离婚的法定条件。感情确已破裂有时从主观上很难界定，但上述规定使得"感情确已破裂"有了较为清晰的界定，方便在调解实务中予以判断。

但也有例外规定。《民法典》第 1082 条规定："女方在怀孕期间、分娩后一年内或者终止妊娠后六个月内，男方不得提出离婚；但是，女方提出离婚或者人民法院认为确有必要受理男方离婚请求的除外。"这一规定是为了保护女方的合法权益，防止女方在身体与心理最为脆弱的时候被离婚。

（3）离婚损害赔偿请求权。该请求权是以离婚为前提，且只限于《民法典》第 1091 条规定的五种情形：重婚，与他人同居，实施家庭暴力，虐待，遗弃家庭成员，有其他重大过错的，并且只能由无过错方向其配偶提出，"第三者"不承担离婚损害赔偿责任。在婚姻关系存续期间，当事人不起诉离婚，而单独提起损害赔偿请求的，法院不予受理。无过错方作为原告时，离婚损害赔偿需要与离婚诉讼同时提出。无过错方作为被告时，如果不同意离婚也不基于《民法典》的规定提起损害赔偿请求的，则可以在离婚后一年内就此单独提起诉讼。如果一审时被告未基于法律规定提出损害赔偿请求，二审期间提出的，人民法院应当进行调解，调解不成的，告知当事人在离婚后一年内另行起诉。同时，离婚损害赔偿请求权以特定情形为条件，如重婚、家暴、重大过错等，这些属于较为严重的过错，如果仅是轻微的过错，则不在离婚损害赔偿范围内。

（4）离婚时夫妻共同财产分割原则。《民法典》第1087条规定："离婚时，夫妻的共同财产由双方协议处理；协议不成的，由人民法院根据财产的具体情况，按照照顾子女、女方和无过错方权益的原则判决。对夫或者妻在家庭土地承包经营中享有的权益等，应当依法予以保护。"此条法律规定一方面要求共同财产分割应以离婚协议为准，另一方面也考虑到双方难以协商时，由人民法院按照照顾婚姻与家庭关系中弱势方、无过错方的原则来分配财产。

3. 彩礼

彩礼在很多地方是一种非常普遍的现象，由此引发的争议是，离婚后或者婚姻未能缔结的情况下，彩礼是否应当返还。根据《最高人民法院关于适用〈中华人民共和国民法典〉婚姻家庭编的解释（一）》第5条规定："当事人请求返还按照习俗给付的彩礼的，如果查明属于以下情形，人民法院应当予以支持：（一）双方未办理结婚登记手续；（二）双方办理结婚登记手续但确未共同生活；（三）婚前给付并导致给付人生活困难。适用前款第二项、第三项的规定，应当以双方离婚为条件。"该条款明确说明了彩礼的返还是以离婚、没有缔结婚姻关系或彩礼给付人生活困难为前提。

4. 抚养

（1）抚养的概念。抚养是指长辈亲属对晚辈亲属承担供养和扶助义务的法律关系。《民法典》第1067条规定："父母不履行抚养义务的，未成年子女或者不能独立生活的成年子女，有要求父母给付抚养费的权利。"

（2）抚养的范围。根据《民法典》第1071条规定："非婚生子女享有与婚生子女同等的权利，任何组织或者个人不得加以危害和歧视。不直接抚养非婚生子女的生父或者生母，应当负担未成年子女或者不能独立生活的成年子女的抚养费。"该法第1072条规定："继父母与继子女间，不得虐待或者歧视。继父或者继母和受其抚养教育的继子女间的权利义务关系，适用本法关于父母子女关系的规定。"

应当被抚养的子女包括婚生子女、非婚生子女、养子女和形成抚养关系的继子女。为了更好地保护未成年子女，我国法律规定，无论是婚生子女还是非婚生子女都享有被平等抚养的权利。

（3）抚养费用问题。抚养费用涉及离婚时如何分担子女抚养费用的问题。根据《最高人民法院关于适用〈中华人民共和国民法典〉婚姻家庭编的解释（一）》第42条规定："民法典第一千零六十七条所称'抚养费'，包括子女生活费、教育费、医疗费等费用。"该司法解释第49条规定："抚养费的数额，可以根据子女的实际需要、父母双方的负担能力和当地的实际生活水平确定。有固定收入的，抚养费一般可以按其月总收入的百分之二十至三十的比例给付。负担两个以上子女抚养费的，比例可以适当提高，但一般不得超过月总收入的百分之五十。无固定收入的，抚养费的数额可以依据当年总收入或者同行业平均收入，参照上述比例确定。有特殊情况的，可以适当提高或者降低上述比例。"上述司法解释提供了抚养费的确定标准，同时也考虑到了抚养义务人的收入水平。

5. 赡养

（1）赡养的概念。赡养是指晚辈亲属对长辈亲属承担供养和扶助义务的法律关系。一般来说是指子女对父母、孙子女对祖父母、外孙子女对外祖父母的供养义务。赡养人应当履行对老年人经济上供养、生活上照料和精神上慰藉的义务，照顾老年人的特殊需要。赡养人是指老年人的子女及其他依法负有赡养义务的人。赡养人的配偶应当协助赡养人履行赡养义务，[①] 如儿媳、女婿等。

（2）赡养的范围。成年子女具有赡养父母的义务。根据《民法典》第1067条第2款规定："成年子女不履行赡养义务的，缺乏劳动能力或者生活困难的父母，有要求成年子女给付赡养费的权利。"《民法典》第1069条规定："子女应当尊重父母的婚姻权利，不得干涉父母离婚、再婚以及婚后的生活。子女对父母的赡养义务，不因父母的婚姻关系变化而终止。"

（3）赡养的顺序。对于子女已经死亡或者子女无力赡养的祖父母、外祖父母，其有负担能力的孙子女、外孙子女，有赡养的义务。

（4）赡养人的职责。《老年人权益保障法》第13条规定："老年人养老以居家为基础，家庭成员应当尊重、关心和照料老年人。"该法第15条规定："赡养人应当使患病的老年人及时得到治疗和护理；对经济困难的老年人，应当提供医疗费用。对生活不能自理的老年人，赡养人应当承担照料责任；不能亲自照料的，可以按照老年人的意愿委托他人或者养老机构等照料。"该法第16条规定："赡养人应当妥

---

① 参见《老年人权益保障法》第二章。

善安排老年人的住房，不得强迫老年人居住或者迁居条件低劣的房屋。老年人自有的或者承租的住房，子女或者其他亲属不得侵占，不得擅自改变产权关系或者租赁关系。老年人自有的住房，赡养人有维修的义务。"该法第 17 条规定："赡养人有义务耕种或者委托他人耕种老年人承包的田地，照管或者委托他人照管老年人的林木和牲畜等，收益归老年人所有。"该法第 18 条规定："家庭成员应当关心老年人的精神需求，不得忽视、冷落老年人。与老年人分开居住的家庭成员，应当经常看望或者问候老年人。用人单位应当按照国家有关规定保障赡养人探亲休假的权利。"这些条款较为详细地规定了赡养人的法律义务，如尊重、关心、照料老年人，使患病老年人能够得到治疗与护理，支付医疗费，为老年人提供合适的居所，帮助农村老年人耕种土地，经常看望老年人，等等。

（5）赡养协议制度。赡养协议，是指特定主体之间签订的有关以履行对被赡养人经济上的供养、生活上的照料、医疗上的护理和精神上的慰藉义务为内容的民事协议。①《老年人权益保障法》第 20 条规定："经老年人同意，赡养人之间可以就履行赡养义务签订协议。赡养协议的内容不得违反法律的规定和老年人的意愿。基层群众性自治组织、老年人组织或者赡养人所在单位监督协议的履行。"由于社会老龄化进程加剧，老年人的赡养问题成为社会一大难题。为解决家庭赡养纠纷，赡养人之间根据各自的经济能力和生活实际情况，通过协议的形式明确各自的赡养责任，有利于保障老年人的合法权益，对各赡养人具有约束力。

二、婚姻家庭纠纷的调解原则

（一）合情合理原则

合情合理原则是调解的本质特征。在审判程序中，案件的处理结果取决于法官作出的判断，而在调解程序中，调解结果的达成与否则完全取决于当事人的合意。只要调解的内容未违反法律规定，未违背社会公序良俗，未损害国家、社会及他人利益，且被当事人接受的，就是合情合理合法的。合情合理原则的贯彻，不仅关系到调解的正当性，也直接影响调解工作的质量和当事人对调解的认同度。在合情合理原则之下，婚姻家庭纠纷的调解除了充分考虑当事人的意见与法律规定外，还需要结合当地的风俗习惯与道德规范。

---

① 胡明玉 . 婚姻家庭法律问题专题研究［M］. 北京：法律出版社，2015：232.

（二）情感抚慰原则

婚姻家庭纠纷当事人不能参与有效的问题解决，原因在于纠纷背后的心理和情感因素（如误解、不信任、情绪不稳定、攻击冲动等）阻碍。一旦情感障碍得以有效处理，通过妥协互让，必定能达成双方当事人均能接受的公平协议。因此，人民调解员应该重视对当事人情感的抚慰，要能够激发共鸣、共情，设身处地为当事人的疑惑与顾虑进行排解。同时，人民调解员也应当积极地鼓励当事人之间为彼此着想，尊重彼此的情感需求，避免冷冰冰的利益计算。在婚姻家庭纠纷调解中，人民调解员应当将情感抚慰放在调解的关键位置，通过情感上的抚慰，消解当事人的怒气与怨恨，后续的调解工作才能平稳进行。

（三）家庭和谐原则

调解婚姻家庭纠纷，要极力维护家庭和谐。家庭和谐不仅是传统的美德，也是社会秩序稳定的重要基础。对于婚姻家庭纠纷的调解，要尽力求和。俗话说"家和万事兴""宁毁十座庙，不毁一桩婚"，求和也符合广大人民群众的道德文化认知。因此，人民调解员在调解家庭内部纠纷时，要尽力促成和好，通过情感的抚慰、情理的说服，尽量让当事人认识到家庭和谐的重要性。家庭和谐需要各方包容彼此的缺点与不足，理解彼此的不易与难处，从而在相互理解的基础上达成调解协议。

（四）儿童利益最大化原则

1989 年，联合国人权委员会颁布了《儿童权利公约》，该公约第 3 条第 1 款明确规定："关于儿童的一切行动，不论是由公私社会福利机构、法院、行政当局或立法机构执行，均应以儿童的最大利益为一种首要考虑。"《儿童权利公约》这一规定正式确立了儿童利益最大化原则。如今，儿童利益最大化原则已经成为绝大多数法治国家制定儿童法律与政策、儿童福利保护及婚姻家庭等方面规范的基石。在涉及未成年子女的婚姻家庭纠纷中，人民调解员所提出的任何建议都应将儿童的利益放在中心位置。人民调解员要结合父母与未成年子女之间的关系，以及未成年子女的健康成长环境、物质基础、精神需求、自身的行为能力等，尽量为未成年子女的利益做出最恰当的安排。当前民事立法、司法实务均对儿童利益给予了高度重视和周密保护。除了专门的《中华人民共和国未成年人保护法》和我国已加入的《儿童权利公约》外，《民法典》等法律均在子女抚养、教育、保护、监护等诸多事宜上作出了明确规定，要坚持儿童利益最大化原则。①

三、婚姻家庭纠纷的调解方法与技巧

俗话说，清官难断家务事。但通过人民调解来化解婚姻家庭纠纷，能够在不伤害当事人感情的前提下，增进家庭成员之间的团结、维护家庭的和谐稳定、有效化解矛盾。婚姻家庭纠纷的调解方法与技巧可做如下归纳。

首先，在调解策略上，人民调解员要注重运用各种方法，增进双方情感。增进双方情感是缓解对立情绪、稳步推进调解工作的基础。没有这一步，就不能说服当事人，调解工作就不能进行。在调解过程中，人民调解员要有足够的耐心，认真倾听当事人的抱怨与倾诉，要能够理解当事人在情感上的问题与障碍，为调解营造一种轻松的氛围，减少当事人之间情绪的对立。同时，人民调解员也要拉近不同当事人之间的情感，通过情理上的说服，使双方能够对彼此感同身受、以心交心，促进双方的相互理解与谅解。

其次，人民调解员应做到情理法的结合。在调解婚姻家庭纠纷时，人民调解员仍然要以法律为底线展开调解。同时，在法律没有明确规定或法律规定存在欠缺的情况下，要按照情理法相结合的方法，灵活运用常识、常情、常理展开调解，使调解不仅能够实现法律效果，也能够达到社会效果。

最后，婚姻家庭纠纷的调解可以适当地引入亲友参与。亲友参与的好处是能够引入家族内部的说服性力量，让亲友也参与到劝解、抚慰中，降低当事人的心理压力，打破当事人的心理障碍。②

·调解案例·

案例一：

张某诉郭甲、郭乙、郭丙赡养纠纷案

（一）案情介绍③

张某与其丈夫郭某共育有三个子女，即长子郭甲，次子郭乙，小女儿郭丙。

---

① 来文彬. 家事调解：理论与实务［M］. 北京：群众出版社，2017：86.
② 河南省法学会. 调解制度理论与实践［M］. 郑州：郑州大学出版社，2010：122.
③ 中国法院网. 张某诉郭甲、郭乙、郭丙赡养纠纷案［EB/OL］.（2015－11－19）［2022－09－23］. https://www.chinacourt.org/article/detail/2015/11/id/1752046.shtml.

1985 年 4 月 25 日，郭某与长子郭甲、次子郭乙签订了分家协议，就赡养问题做了如下约定：“第一，长子郭甲赡养母亲，次子郭乙赡养父亲。第二，父母在 60 岁以前，哥俩每人每月给零花钱 5 元，60 岁以后每人每月给 10 元。”郭某于 2010 年 8 月去世后，次子郭乙对郭某进行了安葬，此后母亲张某独自生活。2014 年 10 月 14 日，张某将三名子女起诉至法院，要求随次子郭乙生活，长子郭甲给付赡养费 1 000 元，其他子女给付赡养费各 500 元，医药费由三子女共同承担。

长子郭甲称一直以来都由自己赡养母亲，并承担过高赡养费；次子郭乙称分家时约定母亲由长子郭甲赡养，父亲由自己赡养，自己已经按照约定赡养了父亲，并对父亲进行了安葬，无法接受再与长子郭甲承担同样的责任；小女儿郭丙称自己并未在赡养协议里载明有责任。

最终，调解如下：因张某自己每月有 1 200 元收入，并愿意由次子郭乙照顾，故张某随次子郭乙生活，长子郭甲每月给付赡养费 300 元，长子郭甲承担原告张某医药费的二分之一，次子郭乙、小女儿郭丙各负担医药费的四分之一。

（二）事实分析

这个案件实质就是子女因为拒绝赡养父母所发生的争议。一般来说，只要不违反法律的强制性规定，父母与子女之间是可以签订赡养协议的。本案中就有这样一个协议。如果协议能够使父母得到良好的赡养，一般也不会成为纠纷或法律问题，但现实往往不尽如人意。

（三）法律分析

根据《老年人权益保障法》第 20 条规定：“经老年人同意，赡养人之间可以就履行赡养义务签订协议。赡养协议的内容不得违反法律的规定和老年人的意愿。”所以，法律是允许子女与父母之间签订赡养协议的。

另外，根据《民法典》第 1043 条第 1 款规定：“家庭应当树立优良家风，弘扬家庭美德，重视家庭文明建设。”《民法典》第 1067 条第 2 款规定：“成年子女不履行赡养义务的，缺乏劳动能力或者生活困难的父母，有要求成年子女给付赡养费的权利。”由此可见，子女对父母的赡养义务是法定义务。从法律角度来看，上述义务是法定义务，不因当事人的协议而缩减。所有子女，无论是长子、次子，还是女儿，都有赡养父母的义务。

（四）情理分析

从情理的角度来看，在中国这个有着孝道传统的国家，应该充分地尊重老人的意愿，允许其和次子一起生活。但次子根据协议已经为父亲养老送终，如果再由其完全承担赡养母亲的所有成本，于理于情都不合。因此，考虑到子女之间的负担在情理法上的均衡，即使老人和次子郭乙一起生活，长子郭甲也应当承担一部分的赡养费用。由于长子郭甲按照协议本来应当主要承担母亲的赡养义务，再考虑到法律上每个子女有赡养父母的义务，医疗费也可以在各个子女之间进行适当分配。虽然本案中的协议违反了法律强制性规定，应属无效协议，特别是女儿也有着同等的赡养父母的义务。但考虑到生活的千变万化，在情理上，应该基于公平的原则，在不同子女之间合理分配赡养义务。

案例二：

刘某与韩某离婚纠纷案

（一）案情介绍①

刘某（女）和韩某（男）于2010年10月8日登记结婚，2011年4月1日生子韩甲。韩某、刘某婚后常发生矛盾，韩某曾殴打刘某，2012年5月30日和12月18日双方分别达成协议，协议中韩某保证不再殴打刘某。期间，刘某曾起诉离婚后撤诉。2013年3月12日，刘某曾向公安机关报警称在家中被韩某打伤，并经医院治疗，后刘某再次起诉离婚后又撤诉。2015年3月1日，韩某、刘某再次发生矛盾后，韩某打伤刘某，刘某携子回娘家居住。2015年4月10日，韩某、刘某发生争执，争执中刘某、韩某均受伤并到医院治疗。刘某经鉴定为轻微伤。现刘某起诉韩某，要求离婚，并要求韩某给付家庭暴力的损害赔偿。刘某和韩某均提供了诊断证明，证明其伤情。

（二）事实分析

所谓家庭暴力，是指行为人以殴打、捆绑、残害、强行限制人身自由或者其他手段，给其家庭成员的身体、精神等方面造成一定伤害后果的行为。就本案而言，依据涉案离婚协议及两份协议、刘某的多次报警记录、就诊记录，可以认定韩某在与刘某的共同生活中，韩某多次殴打刘某，给刘某的身体造成了一定程度的伤害。而且韩某屡犯不改，其暴力行为呈现周期性、持续性特征，显然不同于一般的夫妻纠纷。韩某的暴力行为给受害人造成了身体与心理伤害，应认定韩某在夫妻共同生活中，对刘某实施了家庭暴力。韩某应停止对刘某的暴力行为，并承诺以后不再发生类似行为。

（三）法律分析

根据《民法典》第1042条规定："禁止包办、买卖婚姻和其他干涉婚姻自由的行为。禁止借婚姻索取财物。禁止重婚。禁止有配偶者与他人同居。禁止家庭暴力。禁止家庭成员间的虐待和遗弃。"家庭暴力是法律所禁止的。《中华人民共和国反家

---

① 北大法宝. 北京市高级人民法院联合北京市妇联发布北京市反对家庭暴力十大典型案例［EB/OL］.（2018 - 03 - 27）［2022 - 12 - 29］. https://www. pkulaw. com/pal/a3ecfd5d734f711da9a9d344a42bc44680be3cfe373d8b9dbdfb. html.

庭暴力法》第3条规定："……反家庭暴力是国家、社会和每个家庭的共同责任。国家禁止任何形式的家庭暴力。"家庭暴力的受害人及其法定代理人、近亲属可以向加害人或者受害人所在单位、居民委员会、村民委员会、妇女联合会等单位投诉、反映或者求助。有关单位在接到家庭暴力投诉、反映或者求助后，应当给予帮助、处理。另外，当事人因遭受家庭暴力或者面临家庭暴力的现实危险，可以向人民法院申请人身安全保护令。人身安全保护令可以禁止被申请人实施家庭暴力；禁止被申请人骚扰、跟踪、接触申请人及其相关近亲属；责令被申请人迁出申请人住所；或者实施其他可以保护申请人人身安全的措施。

另外，对于家庭暴力，离婚一般被当事人视为一种普遍的选择，但离婚之前应当先进行调解。根据《民法典》第1079条规定："夫妻一方要求离婚的，可以由有关组织进行调解或者直接向人民法院提起离婚诉讼。人民法院审理离婚案件，应当进行调解；如果感情确已破裂，调解无效的，应当准予离婚。有下列情形之一，调解无效的，应当准予离婚：（一）重婚或者与他人同居；（二）实施家庭暴力或者虐待、遗弃家庭成员；（三）有赌博、吸毒等恶习屡教不改；（四）因感情不和分居满二年；（五）其他导致夫妻感情破裂的情形。一方被宣告失踪，另一方提起离婚诉讼的，应当准予离婚。经人民法院判决不准离婚后，双方又分居满一年，一方再次提起离婚诉讼的，应当准予离婚。"当事人可以根据上述法律规定，来进行调解或提起诉讼要求离婚。

（四）情理分析

夫妻感情确已破裂是准予离婚的法定理由。一般来说，无论是根据法律还是根据情理，家庭暴力都是一种非常恶劣的行为。在本案中，刘某和韩某婚后因家务琐事发生吵闹而导致家庭暴力，双方也进行过沟通，也达成过协议，韩某也做出过承诺，但家庭暴力仍然持续发生，夫妻双方也没有和好的可能，即使和好也不能保证家庭暴力不会再次发生。为了更好地保护妇女的合法权益及给予未成年人一个和谐的成长环境，本案并无继续调解之必要。

案例三：

陈某某与王某婚姻家庭纠纷案

（一）案情介绍①

甘某某系某乡村民。1996年3月，陈某某与甘某某依当地风俗举办结婚仪式，

---

① 中国审判流程信息公开网. 湖北法院保护未成年人合法权益典型案例：2017年［EB/OL］.（2018 - 08 - 17）［2023 - 01 - 09］. https://splcgk. court. gov. cn/gzfwww/qwal/qwalDetails？id = ff808081635e1e19016546eb 2ee2123a.

而后开始同居生活，两人未办理结婚登记手续。1997 年 2 月，陈某某生育一女，取名甘某。1998 年，甘某某因犯罪被判刑。陈某某后与他人共同生活，甘某未与陈某某一起生活。

王某某系某纸坊街居民。1999 年 2 月，王某某从纸坊街一处幼儿园旁抱养了一名被人遗弃的女婴，取名王某。王某某抱养王某后，未到民政部门办理收养登记手续，也未办理收养公证，但为王某在当地派出所申报了户口，户口簿记载王某与王某某系父女关系。陈某某于 1999 年 3 月得知女儿被王某某收养。2012 年 3 月 29 日，甘某某遭遇交通事故死亡。某公安分局巡警大队委托法医司法鉴定所对死者甘某某的血样与王某的血样进行 DNA 亲子鉴定。2012 年 4 月 16 日，该鉴定所作出《司法鉴定检验报告书》，认定甘某某系王某的生物学父亲。为此，陈某某前往王某某处，以自己是王某亲生母亲，是其唯一合法监护人为由，要认领王某，但遭到王某拒绝。陈某某提出要与王某做亲子鉴定，王某明确表示不同意。王某本人陈述，家人对自己的关怀照顾非常好，自己现在生活得很好，不愿与陈某某共同生活。

经调解认为，陈某某提供的证据只能证明陈某某与甘某某同居并生有一女甘某的事实，陈某某对其诉求没有提供必要证据予以证明，故陈某某提出的确认与王某系母女关系的请求因缺乏事实依据而不能得到支持。另外，本案中，应尊重王某的自主意愿，如果陈某某是王某的亲生母亲，但王某被其遗弃，陈某某不仅对此负有严重的法律责任，也有着严重的道德过错。而且王某已经在新的家庭中过着比较安定的生活。对此，如果王某不同意亲子鉴定，也不愿意确认母女关系，则应尊重其意愿。

（二）事实分析

首先，陈某某如果是王某的生母，则其对遗弃王某负有不可推卸的责任，王某某抚养王某已有十多年，陈某某没有给予王某任何童年上的关怀。而且陈某某的动机极为可疑，因为甘某某在交通事故去世后，女儿王某会得到一笔赔偿金，陈某某多年来对王某不闻不问，此时却要认亲，背后极有可能存在利益动机。其次，本案中，王某已年满 15 周岁，已经具备了足够的认知能力与行为能力，对于其愿意在哪个家庭生活，也会有着更清楚、更理性的认识，应当尊重其个人选择。

（三）法律分析

《民法典》第 1073 条规定："对亲子关系有异议且有正当理由的，父或者母可以向人民法院提起诉讼，请求确认或者否认亲子关系。对亲子关系有异议且有正当理由的，成年子女可以向人民法院提起诉讼，请求确认亲子关系。"《最高人民法院关于适用〈中华人民共和国民法典〉婚姻家庭编的解释（一）》第 39 条规定："父或者母向人民法院起诉请求否认亲子关系，并已提供必要证据予以证明，另一方没有相反证据又拒绝做亲子鉴定的，人民法院可以认定否认亲子关系一方的主张成立。

父或者母以及成年子女起诉请求确认亲子关系，并提供必要证据予以证明，另一方没有相反证据又拒绝做亲子鉴定的，人民法院可以认定确认亲子关系一方的主张成立。"根据上述法律规定与司法解释，陈某某明显缺乏证据证明其和王某之间存在亲子关系，再综合考虑王某作为未成人的健康成长与身心健康，以及其已经具备了独立的认知能力与行为能力，其可以拒绝做亲子鉴定。

（四）情理分析

对于亲子鉴定这一类涉及重大伦理道德问题的案件，必须要综合考虑法律与情理，不应机械处理。在调解过程中，未成年人的健康成长是最重要的权衡因素。另外，对于8周岁以上的未成年人，尽管其为限制民事行为能力人，但仍需要充分考虑涉案未成年人的行为能力与表达能力，再结合其对亲子鉴定的态度，来决定是否进行亲子鉴定。另外，对于陈某某的道德过错，在调解过程中也应予以适当教育，从而维护社会道德风气。

 思考与练习

1. 试述婚姻家庭纠纷的调解在调解体系中的地位。
2. 从现在调解制度的发展看我国婚姻家庭纠纷调解的作用。
3. 简述并列举在婚姻家庭纠纷中调解的原则。

第二节　侵权损害赔偿纠纷的调解

一、侵权损害赔偿纠纷的概念、特征与相关法律规定

（一）侵权损害赔偿纠纷的概念

侵权损害赔偿是指行为人因过错实施侵权行为，侵害他人民事权益，造成他人人身、财产及精神的损害，应当为此承担的侵权责任。普通侵权损害赔偿纠纷是民事纠纷中最为常见的纠纷形式，主要涉及人身损害赔偿与财产损害赔偿。作为一项民事法律制度，侵权损害赔偿包括赔偿原则、赔偿范围与赔偿方式等各项制度与规定，被编入《民法典》侵权责任编中。

（二）侵权损害赔偿纠纷的特征

1. 侵权损害赔偿纠纷以发生实际损害为前提

侵权损害赔偿纠纷以侵权行为造成了他人人身、财产的实际损害为前提。不同于停止侵害、排除妨害、消除危险等侵权责任仅仅是"危及"被侵权人的人身与财产安全，侵权损害赔偿责任则要求侵权行为已经实际损害了被侵权人的合法权益。

2. 侵权损害赔偿纠纷一般存在利益计算上的争议

侵权人实施的侵权行为损害了被侵权人的民事权益，该民事权益既包括人身权益，也包括财产权益。人身损害赔偿是指侵权人侵害了他人的人身权或人格权，如生命健康权，使他人致伤、致残、致死等，需要承担金钱赔偿责任；财产损害赔偿是指侵权人侵害了他人的财产权益，包括物权、知识产权、股权和其他具有财产性质的权益，需要承担金钱或实物的赔偿责任。侵权损害赔偿纠纷实际上也可以进行调解，因为在现实生活当中，当事人的给付能力可能极为有限，需要双方各自做出让步。

3. 侵权损害赔偿纠纷一般还伴有道德期待

侵权损害赔偿纠纷涉及一方对另一方利益的侵害，如果这种侵害是出自主观上的故意或过失，也就伴有道德考量。侵权损害赔偿，特别是有一定人际关系的个体之间发生的侵权损害赔偿，在纠纷的解决过程中可能还伴有道德上的对立。对于当事人来说，"可恨"的可能不仅仅是物质上的损失，还有侵权人道德上的低劣。因此，对于侵权损害赔偿纠纷，可以适当地引入情理的说服与情感上的抚慰。

（三）侵权损害赔偿纠纷的相关法律规定

侵权损害赔偿纠纷的相关法律规定主要集中在《民法典》侵权责任编中。

在不同的纠纷中，当事人一般遵循过错原则或无过错原则来确定侵权损害赔偿责任的分配。此外，还有一些纠纷存在当事人均无过错的情形。《民法典》第 1165 条规定："行为人因过错侵害他人民事权益造成损害的，应当承担侵权责任。依照法律规定推定行为人有过错，其不能证明自己没有过错的，应当承担侵权责任。"《民法典》第 1166 条规定："行为人造成他人民事权益损害，不论行为人有无过错，法律规定应当承担侵权责任的，依照其规定。"《民法典》第 1186 条规定："受害人和行为人对损害的发生都没有过错的，依照法律的规定由双方分担损失。"

因普通侵权损害赔偿纠纷造成当事人人身损害的，受到损害的一方有权请求侵权人赔偿医疗费、护理费、交通费、营养费、住院伙食补助费等为治疗和康复支出的合理费用，以及因误工减少的收入。造成严重精神损害的，被侵权人有权请求精神损害赔偿。

当事人之间存在多种解决纠纷的途径。根据《民法典》第1187条规定："损害发生后，当事人可以协商赔偿费用的支付方式。协商不一致的，赔偿费用应当一次性支付；一次性支付确有困难的，可以分期支付，但是被侵权人有权请求提供相应的担保。"如若当事人不能就损害赔偿达成一致，除向法院提起诉讼外，还可以向人民调解委员会请求调解。相比诉讼，人民调解具有程序简单便捷、效率较高等优势。

二、侵权损害赔偿纠纷的调解原则

（一）互谅互让原则

在人民调解过程中，双方当事人都应当抱有互谅互让的精神。在认定各方责任、确定损害赔偿数额等问题上应充分理解对方，彼此谅解。如果出现一方不愿意让步，而赔偿数额的计算又缺乏明确的法律标准时，就会陷入调解的僵局，人民调解员必须"动之以情，晓之以理"，使双方当事人能够互谅互让，互相理解彼此的处境，如此则更有利于纠纷的彻底解决。

（二）友好协商原则

在调解侵权损害赔偿纠纷的过程中，人民调解员应当创造一种友好协商的氛围，使当事人能够尽量减少情绪上的对立与隔阂，在一种相互尊重的氛围下进行协商。在侵权损害赔偿纠纷调解的过程中，当事人之间不可避免地会对侵权行为的发生、后果与损害赔偿的范围发生争议，人民调解员应该尽量制止当事人使用任何威胁、恐吓性的语言，保证双方都能够礼貌对待彼此。只有如此，才能更有效地达成调解协议。

（三）公平合理原则

公平合理原则是正确解决侵权损害赔偿纠纷应当依据的基本原则，其要求人民调解员在调解过程中，应当全面、深入、客观地调查与纠纷有关联的事实，如纠纷产生的原因、损害发生的过程、双方的过错程度，以及最后的损害结果。人民调解员应该在查明事实的基础上，充分归纳总结纠纷的争议焦点，根据法律有关规定帮助当事人确认各方的权利与义务及损害赔偿的数额。如果当事人在经济上确实存在困难，则应当继续调解，力求达成双方都能接受的赔偿方案。无论如何，在调解过程中，人民调解员都应当做到公平、公正，始终处于中立地位，不偏不倚地对待双方当事人，使双方的正当权益都能得到公平合理的对待。

三、侵权损害赔偿纠纷的调解方法与技巧

由于侵权损害赔偿纠纷涉及面广，可能关系到不同的人群、不同的事件，包含了各种财产纠纷与人身纠纷，人民调解员在面对这类案件时，往往会在复杂的人际关系与法律关系中无从下手，因而利用合适的方法同当事人进行沟通，了解案件发展的真实样貌，向当事人说明其应负的责任，化解先前积怨已久的矛盾是解决此类纠纷的重点。侵权损害赔偿纠纷的调解需要综合运用各种调解技巧，面对不同的当事人要灵活变换各种不同的调解方法。

（一）还原真相法

侵权损害赔偿纠纷中最为重要的调解方法与技巧就是事实，当事人之间矛盾的中心与争议的焦点一般也集中于此。很多时候，多方当事人存在争议的原因是他们仅站在自己的角度上看待事实，过分简化对自己不利的事实。当事人为了自身的利益，往往对事实的描述过于偏颇，此时，人民调解员就应当向当事人展示客观事实，将案件的全过程公正、客观、全面地展示出来。一方面，人民调解员要允许当事人将案件的起因、过程、结果叙述出来；另一方面，人民调解员要基于独立的调查，对多份不同的叙述进行综合分析，结合相关证据，客观还原实际发生的事实。不同当事人之间的叙述可能会存在诸多矛盾，对于这些矛盾之处，人民调解员不仅需要认真听取当事人的陈述，还要通过现场考察、咨询专业人士、邀请鉴定人员等方式还原案件事实与真相。

（二）模糊定责法

探寻事实的真相固然是调解工作中的重要一环，但人民调解员也必须认识到，事实的真相并非完全能得到认可。有时，当事人自己的叙述都自相矛盾，而人民调解员通过其他手段也很难查清案件事实，反而会使调解工作难以进行，不利于当事人之间矛盾的化解。因此，在事实具体细节并不十分清楚的情况下，人民调解员要主动对案件进行原则性或总体性的认定，并在情理上说服双方做出适当的让步，让双方对纠纷进行原则性的考虑，而不必斤斤计较。如此一来，双方更容易达成共识。例如，下面"调解案例"中案例二因悬挂物脱落产生的人身损害赔偿纠纷，人民调解员可以与王女士及店主韩某充分沟通，达成双方共识，而不必去计较具体的数额。在达成基本共识的基础上，双方当事人可以在人民调解员的引导下继续协商。人民

调解员对于事实进行模糊化处理，能够帮助当事人尽快达成原则性协议，从而降低协商的时间成本，避免耗费过多的精力。

（三）情法综合法

综合法理与情理，也就是法律与情感的充分互动，是与当事人沟通的基本原则。调解工作是一项群众性工作，在调解矛盾时要求法理与情理兼备。以下面"调解案例"中的第一个案例为例，人民调解员向刘某解释他应当承担邹某受害的损害赔偿责任是以法律为说理的基础，如果只讲情理，刘某会主张根据施工队约定的赔偿数额已经向邹某全部支付完毕。向刘某说明法律的规定能够让其明白支付更多的赔偿是根据《民法典》等相关法律的规定。同时，人民调解员不仅要向邹某说明法律如何规定双方责任分配与赔偿内容，也要向邹某讲明情理。通过对法理与情理的结合，人民调解员能够更有效地解决纠纷。

（四）小事化小法

调解工作不要求大事化小，小事化了，但必须做到不同的纠纷应当按照相应方法与原则去处理。若将轻微纠纷严重化，牵扯进更多的矛盾中，则会使得原有纠纷完全无法解决。轻微纠纷的恰当处理，主要是注意防止简单问题复杂化，在实践中一定要注意不要在当前矛盾外牵扯进更多的矛盾和参与方，当事人之间的矛盾有时候会涉及先前发生的多个事件，如果将之前的问题也加入本次调解中，那么人民调解员面对的就不仅仅是一个矛盾，而是多种矛盾。因此，人民调解员需要始终把目光放在当下的矛盾上，针对目前存在的纠纷展开调解，而不是试图一劳永逸地调解全部纠纷。

·调解案例·

案例一：

邹某与刘某因提供劳务而致人身损害赔偿责任纠纷案

（一）案情介绍①

2018 年 3 月，邹某经他人介绍，加入刘某组织的施工队。之后三年间，邹某多次跟随刘某从事施工活动。2021 年 4 月，邹某再次与刘某签订雇佣合同，为某小区暖房进行改造工程，在施工过程中，邹某不慎从脚手架上跌落。刘某将邹某送至医院治疗，经

---

① 《人民调解工作法律实务丛书》编写组．人民调解典型案例填报示范与精解［M］．北京：中国法制出版社，2020：165－168.

医院诊断，邹某右手第五掌骨骨折，成角突出，需要住院接受治疗。在邹某住院治疗期间，刘某承担了邹某全部的医疗费用共计8 000余元，并经常携带高档营养品看望邹某。

经过3个月的住院治疗，邹某痊愈出院。邹某主张刘某应当向他支付护理费、误工费与后续治疗费等共计3万余元。邹某认为，在他受伤后，很长时间家中缺乏经济来源，为治疗伤情花费的费用都有证据证明，此外，他跟随刘某从事施工活动三年多，不论从情理角度还是从法理角度，刘某都应当对邹某承担赔偿责任。刘某则认为他已经承担了全部医疗费用，并向邹某赠送了昂贵的营养品，而且邹某受伤并非刘某的行为导致，因此，刘某拒绝继续支付更多的赔偿。但是，考虑到邹某的家庭情况，刘某愿意再额外支付5 000元作为补偿。双方就赔偿数额不能达成一致，邹某前往某市某区某街道人民调解委员会，请求人民调解委员会对自己与刘某的人身损害赔偿纠纷案进行调解。

人民调解委员会向当事人刘某征询调解意愿，得到他的肯定答复。在双方当事人自愿接受调解、符合人民调解委员会案件受理条件的基础上，人民调解委员会受理本案，口头告知双方当事人人民调解的效力、性质、原则与纪律，以及双方在调解过程中享有的权利与应当承担的义务。第二天，邹某与刘某来到人民调解委员会进行调解。两位人民调解员确定双方争议焦点为双方对邹某额外花费的赔偿数额存在争议。

在陈述案件事实的过程中，双方情绪激动，人民调解员便分别进行疏导，及时稳定了二人的情绪。随后，人民调解员为当事人介绍了相关法律法规，确认双方的法律关系为雇主与雇员之间的人身损害赔偿法律关系。人民调解员向刘某说明其应当承担雇员在雇佣过程中受到的人身损害赔偿损失。经过人民调解员的讲解，双方了解了自己的权利与义务，刘某同意按照法律规定的标准对邹某的损失予以补偿。双方接受人民调解员作出的调解协议并签名、按手印，刘某当场向邹某支付误工费、护理费等共计1万元。

（二）事实分析

本案是一起简单的劳务者受害责任纠纷。在完成工作的过程中，邹某因受到人身损害，花费医疗费、护理费、误工费、后续医疗费等费用数万元。在治疗过程中，刘某为邹某支付医疗费用8 000余元并赠送营养品。本案的焦点是，刘某是否还需要向邹某支付后续赔偿数额。对于这种带有一定熟人关系特征的纠纷，为了避免利益矛盾演变为情绪对立，人民调解员需要尽可能地安抚当事人的情绪，使双方都冷静下来，进而向双方说明法律责任划分与赔偿数额计算方式，有效促成纠纷的成功调解。

（三）法律分析

根据《民法典》第1192条规定："个人之间形成劳务关系，提供劳务一方因劳务造成他人损害的，由接受劳务一方承担侵权责任。接受劳务一方承担侵权责任后，可以向有故意或者重大过失的提供劳务一方追偿。提供劳务一方因劳务受到损害的，根据双方各自的过错承担相应的责任。"本案是提供劳务一方因提供劳务而受到人身损害，这时需要根据双方的过错程度来承担相应的责任。一方面，刘某是施工队负责人，其对施工安全应当负有更大的责任，应该为工人的施工安全提供充分的保障，一旦发生人身损害事故，刘某首先要对此承担主要责任。另一方面，邹某作为提供劳务的一方，其在施工过程中也应尽到自我安全保护的义务，他作为有多年施工经验的工人，应该尽到合理的注意义务，防范各种不安全情况的发生。因此，邹某自身也存在一定的过错。在实践中，劳务种类与要求更为复杂，应当区分具体情况，综合考量双方的过错，合理分配损害赔偿责任。①

（四）情理分析

在本案中，人民调解员使用了情理法相结合的方法。一方面，人民调解员向当事人讲解了相关法律规定、法律责任划分，以及双方当事人在法律上的权利与义务。另一方面，人民调解员也在尽量缓解双方当事人的对立情绪，使得双方当事人能够心平气和地进行沟通，防止矛盾的激化，特别是考虑到本案当事人之间存在长久的合作关系，虽然涉及的赔偿金额不是很大，但如果处理不好，就可能导致更为严重的仇恨与冲突，因此，需要人民调解员从中协调，进行情理上的疏导与心理上的抚慰，进而为调解协议的达成提供坚实的基础。

案例二：

王女士与某店铺因悬挂物脱落而致人身损害赔偿纠纷案

（一）案情介绍②

某日，王女士在某室外步行街购物，一个巨大的广告牌脱落在地，广告牌上的碎片正好砸中了她的肩膀。经医院诊断与治疗，王女士的左肩严重挫伤，锁骨骨折，花费医疗费、护理费、交通费等费用共计1万余元。

治疗出院后，王女士调取出步行街的监控录像，发现脱落的广告牌系某一正在装修的店铺所挂。王女士找到该店铺的店主协商赔偿事宜。店主韩某承认广告牌是自己店铺的，但他认为当天的风太猛烈才导致广告牌脱落，自己不应当承担责任，但可以向王女士支付1 000元慰问金。双方僵持不下，决定向人民调解委员会寻求帮助。

---

① 黄薇. 中华人民共和国民法典释义及适用指南［M］. 北京：中国民主法制出版社，2020：1820.
② 《人民调解工作法律实务丛书》编写组. 不同纠纷类型的调解案例与法律应用［M］. 北京：中国法制出版社，2017：30－32.

　　人民调解委员会安排两名人民调解员负责本案的调解工作。人民调解员仔细听取了双方当事人的陈述与意见，确定了他们的经济情况及对该纠纷的态度。两名人民调解员对该起纠纷也进行了充分的调查，取得了当天的监控录像、实物证据与证人证言。同时，人民调解员还向室外步行街的工作人员与其他店铺的店员了解了情况，确认了涉案店铺当天正在装修，当时广告牌刚刚装在涉案店铺的外墙上，并未完全固定，只有上半部分进行了固定，而事发当天的风力并不大，不会对外墙的广告牌产生较大影响。对案情有了一定的掌握后，人民调解员还调查了王女士在医院治疗期间所花费的具体数额。人民调解员在对事实与法律均有充分的掌握后，为当事人拟订了合理分配责任的调解协议及赔偿建议，分别对双方当事人开展思想工作并提出调解建议，避免双方对峙造成矛盾激化。

　　人民调解员还向王女士了解到，她只是希望能够维护自己的权益，在听取了人民调解员拟订的调解方案后也表示接受。在对店主韩某进行调解的过程中，人民调解员先是向韩某讲解了我国法律对于悬挂物脱落致人损害的有关规定，接着分析了广告牌未能妥善固定是脱落的根本原因，因此，他对王女士的损害具有过错，应当赔偿王女士的损失。尽管王女士因为韩某的不当行为受伤，应当得到合理的赔偿，但是韩某当下经济压力较大，无力支付较大数额的赔偿，这导致案件的调解陷入了僵局。于是，人民调解员再次开展了调解，灵活运用法律说理与情理分析，对双方当事人进行劝解。一方面，在向王女士及其家人劝解时，动之以情，晓之以理，劝说她们体谅韩某在经济上的困难，同时向王女士说明了选择提起诉讼既耗时又耗力，通过调解能够使问题得到快速解决。另一方面，在与店主韩某沟通时，人民调解员向他介绍了相关法律的规定，告知他赔偿责任的来源与大小。最终，韩某意识到自己的过错并欣然接受了人民调解员拟订的调解方案。次日，双方签订了调解协议，韩某当场向王女士履行了协议约定的赔偿义务。

（二）事实分析

　　店主韩某在装修新门店时，出于对装修进度的考虑，没有对悬挂在室外墙壁上的广告牌进行完全固定，导致广告牌轻易地被风刮落砸在地面上，广告牌的碎片砸伤了路过的王女士，她因此受伤住院。在事故发生后，店主韩某未能及时支付王女士受伤医治的医疗费与其他费用，造成双方矛盾激化。在人民调解委员会两位调解员向双方普及有关法律知识后，店主韩某才充分认识到其所负有的赔偿责任并主动向王女士支付赔偿款项。

（三）法律分析

　　根据《民法典》第 1165 条第 2 款规定："依照法律规定推定行为人有过错，其不能证明自己没有过错的，应当承担侵权责任。"根据《民法典》第 1253 条规定：

"建筑物、构筑物或者其他设施及其搁置物、悬挂物发生脱落、坠落造成他人损害，所有人、管理人或者使用人不能证明自己没有过错的，应当承担侵权责任。所有人、管理人或者使用人赔偿后，有其他责任人的，有权向其他责任人追偿。"对于建筑物、悬挂物发生脱落造成损害的，侵权责任人是建筑物等设施及其搁置物、悬挂物的所有人、管理人或使用人，其负有管理与维护的义务，应避免给他人造成损害。①对于所有人、管理人或使用人是否应当承担侵权损害赔偿责任，法条采取过错推定原则予以确定，若所有人、管理人或使用人能够提供证据证明他们尽到了合理的义务，比如按照有关规定对建筑物、构筑物或者其他设施及其搁置物、悬挂物进行施工、安装、固定，对是否存在脱落、坠落风险进行了定期检查，或积极定期保养、维修相关设施，即能够证明自己已经履行了合理管理的义务，没有过错，那么就不需要承担侵权损害赔偿责任。反之，如果所有人、管理人或使用人不能证明自己没有过错，就需要承担侵权损害赔偿责任。本案中，室外步行街外墙悬挂的广告牌脱落产生的碎片砸伤了王女士，虽然存在刮风等自然原因，但广告牌脱落的主要原因是韩某在悬挂该广告牌时未对其进行合理的加固，使得广告牌脱落致人损害。根据《民法典》第1253条的规定，店主韩某未尽到合理管理的义务，对于广告牌的脱落具有过错，应当对王女士的侵权损害承担赔偿责任。

（四）情理分析

在本案中，人民调解员首先细致地调查了案件事实，既认真了解了当事人的意见与想法，也对广告牌脱落的原因进行了深入的调查，然后在此基础上依据法律规定对双方当事人的责任与义务进行了分析与告知，使得双方当事人都能够对案情有一个基本的认知。在此基础上，人民调解员对双方开展思想工作，不仅讲解法律规定，而且既动之以情，又晓之以理，做到情理法相结合，使得双方当事人对彼此的难处都有所理解，最终在当事人之间实现了互谅互让，达成了调解协议。

案例三：

小区住户与物业公司、开发商因暴雨积水产生的财产损害赔偿纠纷案

（一）案情介绍②

赵先生一家住在市中心的某小区内。一场突如其来的暴雨停息后，赵先生正准备开车去上班，到达地下车库时才发现所有的汽车都浸泡在齐膝深的污水中。赵先

---

① 黄薇. 中华人民共和国民法典释义及适用指南［M］. 北京：中国民主法制出版社，2020：1910.
② 《人民调解工作法律实务丛书》编写组. 不同纠纷类型的调解案例与法律应用［M］. 北京：中国法制出版社，2017：33－35.

生当即告知物业公司，要求物业公司妥善处理此事。此时，小区住户陆陆续续聚集在地下车库门口。物业公司的工作人员到达现场查看后声称，地下车库积水的原因是排水管道堵塞，导致雨水不能顺利排出车库，这是开发商的设计缺陷，并不在物业公司的责任范围内。物业公司可以协助住户将污水排出地下车库，但住户受到的损失与疏通排水管道事宜应当由住户与开发商联系解决。小区住户无奈，在拍下地下车库进水的照片后与物业公司工作人员共同将污水排出。赵先生在联系保险公司的工作人员后得知，车库进水导致的车辆损失不属于保险理赔范围，赵先生与其他住户商量，决定委托人民调解委员会与开发商协商赔偿事宜。

人民调解委员会的两名调解员意识到本案案情较为复杂，单纯凭借人民调解委员会的能力恐无法顺利解决，于是第一时间就向该市司法局汇报了相关情况，市司法局在了解了有关情况后，指导社区居民委员会主任与本案的调解员共同调查受到财产损失的住户信息，并在调查过程中注意稳定住户情绪，做好安抚工作。同时，人民调解员与物业公司、保险公司、车辆鉴定机构、维修机构等部门联系，了解了他们的态度与处理意见。之后，人民调解员邀请了司法局、住房与城乡建设局等政府部门的负责人员，以及开发商代表、物业公司代表、住户代表、律师在街道调解室参加调解。

本案牵涉人数众多，涉及财产利益重大。车辆与存放在地下车库的其他财产受到损失的原因是突如其来的暴雨。一般情况下，即便地下车库地面有积水，也会通过排水系统很快排出，但本案中雨水没有顺利排出的原因需要经过专业人员的鉴定才能得出结论。负责车辆损毁鉴定的技术人员通过现场鉴定分析后认为雨水不能顺利从排水管道排出的原因是地下车库的排水系统存在较大隐患，污水很快堵塞了排水管道，这属于开发商在建设小区时就应当注意并改善的设计缺陷。此外，此场暴雨并非完全不可预料，天气预报已经在暴雨来临前发布了暴雨预警，物业公司在暴雨持续下了一整晚还没有停的情况下都没有发现地下车库存在异常积水，未尽到合理的提醒注意义务。

经过对事实与法律的分析与解释，小区住户、开发商与物业公司对鉴定结果与赔偿责任的划分表示认可。最后，在人民调解员的协调下，多方人员很快就赔偿方案达成一致，签订了调解协议，由开发商与物业公司支付住户车辆维修费用与额外支出的交通费，对于损害严重无法维修的汽车折价赔偿，同时开发商将开展地下车库重建工作，尽早让小区住户用上放心的地下车库设施。

（二）事实分析

本案的基本事实是一场大暴雨淹没了地下车库，导致小区住户的车辆损坏，由此引发了小区住户、开发商与物业公司三方关于损害如何承担的纠纷。物业公司认为是开发商的房屋设计缺陷导致的损害，应当由开发商承担侵权责任。本案在进入调解程序后，由于涉案人数众多，人民调解委员会认为单凭自己的力量无法有效解决。因此，在市司法局的指导下，邀请了住房与城乡建设局等政府部门的负责人员、开发商代表、物业公司代表、住户代表、律师在街道调解室参加调解。在此过程中，调解组织也非常重视稳定住户情绪，做好了安抚工作，防止了群体性事件的发生。

（三）法律分析

根据《民法典》第180条规定："因不可抗力不能履行民事义务的，不承担民事责任。法律另有规定的，依照其规定。不可抗力是不能预见、不能避免且不能克服的客观情况。"本案中，突然发生的暴雨可以被视为一种不可抗力。但这种不可抗力不足以免除物业公司与开发商的侵权责任。物业公司作为保障小区安全生活的义务人，有义务对暴雨等自然灾害采取各种防范措施。例如，提醒业主暴雨来临，对排水设施进行检查、修理与改善，对暴雨等自然灾害进行预判与预防，避免造成损害。但在本案中，物业公司并没有尽到上述义务，因此，对于车辆的损害应当承担一定的赔偿责任。

至于开发商是否应当承担侵权责任，根据《民法典》第1202条规定："因产品存在缺陷造成他人损害的，生产者应当承担侵权责任。"该法第1203条规定："因产品存在缺陷造成他人损害的，被侵权人可以向产品的生产者请求赔偿，也可以向产品的销售者请求赔偿。产品缺陷由生产者造成的，销售者赔偿后，有权向生产者追偿。因销售者的过错使产品存在缺陷的，生产者赔偿后，有权向销售者追偿。"而在本案中，开发商在房屋设计上存在缺陷，因此应该对由此导致的损害承担侵权责任，而且这种归责形式属于无过错责任。

对于车主是否应当对地下车库积水造成的车辆损失承担一定的责任，目前并无明确的法律规定。一般来说，车主购买了车位，交纳了物业管理费，就可以将汽车停在地下车库里，而物业公司就应当保证车辆的安全。因此，我们可以认为车主是正常使用地下车库，并无过错。[①] 不过，根据某些司法判决，我们似乎也可以认为，车主作为完全民事行为能力人，应该对自己的汽车因为暴雨而遭受损害有一定的预见性，也应该积极去避免损害，如果车主未能采取必要措施去避免此类损害，则也可以认为车主存在一定的过错，对此，可以适当减轻物业公司与开发商的责任。[②]

（四）情理分析

本案是一起可能会引发群体性事件的纠纷。本案牵涉人数众多，涉及的财产价值巨大，通过从众心理与情绪的相互感染，可能会使得纠纷快速升级，导致大规模的群体性事件。因此，人民调解员首先要安抚车主的情绪，积极了解与回应车主的

[①] 参见相关案例：江苏省盐城市中级人民法院（2016）苏09民终890号——钱悦华与盐城百乐物业服务有限公司、盐城市中一房地产开发有限公司等财产损害赔偿纠纷二审民事判决书。

[②] 参见相关案例：广东省珠海市中级人民法院（2015）珠中法民四终字第32号——林镇兴与珠海市南福房产开发有限公司、珠海市锦园物业管理有限公司财产损害赔偿纠纷二审民事判决书。

诉求与关切，使得车主的情绪能够稳定下来。同时，本案中的问题要想能够得到有效解决，需要多部门的配合，如住房与城乡建设局、市司法局、物业公司、开发商、律师、鉴定机构等。这样能够对物业公司与开发商施加一定的外部压力，促使他们尽快认识到自己的法律责任，并积极履行调解协议。总体来看，本案的有效调解，需要多部门联合，对多重问题进行统筹安排，也需要一些权力部门提供必要的支持与承诺，由此才能实现车主的合法诉求。

思考与练习

1. 试述侵权损害赔偿纠纷的构成要件。
2. 比较司法途径与人民调解解决侵权损害赔偿纠纷的异同。
3. 列举并简述侵权损害赔偿纠纷的调解原则。
4. 分析人民调解员在侵权损害赔偿纠纷调解中的地位与作用。
5. 为什么在人民调解中需要结合法理与情理？

第三节　相邻关系纠纷的调解

一、相邻关系纠纷的概念、特征与相关法律规定

（一）相邻关系纠纷的概念

相邻关系纠纷，是指不动产所有人或使用人与相邻不动产所有人或使用人在行使相应所有权或使用权的过程中产生的纠纷。根据法律规定，不动产所有人或使用人在行使权利时，应为相邻不动产所有人或使用人行使权利提供必要的便利。在这一过程中，其中一方将提供必要的便利给对方，而自己的权利则需要加以限制；另一方因依法取得相应便利而使自己的权利得以延伸。这种相互之间权利的延伸与被延伸、限制与被限制的关系就是相邻关系。如果相邻不动产所有人或使用人皆不受限制地行使权利，将很难避免相邻各方的冲突。

（二）相邻关系纠纷的特征

可以说，自从有了不动产这一概念，相邻关系纠纷便一直伴其左右。此类纠纷

往往源于长时间的矛盾积累，当事人间的对立情绪较为严重，化解难度较大，难以做到案结事了，一旦解决不当，便会成为影响社会稳定的重要隐患。

第一，纠纷的发生必须以相邻关系的存在为前提。相邻关系是指因不动产之间相邻而产生的相互利用需要的权利义务关系。当然，对相邻关系也可以进行宽泛的解释，只要不动产的所有人或使用人在行使权利时对其他不动产的所有人或使用人的权利造成了影响，都可以是一种"相邻关系"。无论是隔壁邻居制造噪音而影响另一方休息，还是不同楼栋之间因为采光所发生的冲突，都可以归入相邻关系纠纷。房地产相邻权是城市中常见的一种相邻权，它主要包括相邻通行权、施工相邻权、管线相邻权、用水相邻权、防险相邻权、环保相邻权、地界相邻权、共墙相邻权、通风采光权、城市异产毗连权等房屋相邻权。

第二，法律关系的交叉复合。在当今社会，相邻关系常常与建筑物区分所有权、地役权、人格权、政府的行政管理权存在联系，而不仅仅限于所有权关系。因此，相邻关系纠纷通常会与另外一种或几种法律关系发生交叉。例如，建筑物之间因为采光发生冲突，不仅仅涉及城市规划的行政关系，还涉及不同开发商之间的民事法律关系，以及业主与开发商之间的合同关系。此类纠纷的调解有时需要引入行政管理部门的力量进行综合性调解。

第三，纠纷双方矛盾较深，不易化解。相邻关系纠纷本质上反映的是一种权利扩张与限制的程度问题，对一方权利扩张的允许便意味着对另一方合法权利的限制。在现实生活中，由于是相邻关系，当事人之间的日常活动空间高度重叠，日常接触较为频繁，如果双方存在权利义务的冲突，就极易导致纠纷的长期化，因此，纠纷的调解与平息极为重要。通常来说，出于长期的交往需要，当事人一般不会直接将相邻关系中彼此的不满与冲突直接表露出来，但一旦冲突公开化，就意味着此时双方的积怨已经达到相当深的程度，矛盾已经尖锐化，难以化解。更有甚者，相邻各方之间的纠纷甚至代代相传，如果未能及时化解，相邻各方在几代人之间都可能相互仇视、互不理睬。只要出现合适的时机，这种关系就会立刻爆发冲突。如何处理这种相邻关系纠纷对于调解人员来说是极大的考验。

第四，相邻关系纠纷涉及的标的额通常较小，但较为复杂。通常来说，相邻关系纠纷涉及的标的额并不大，当事人之间的矛盾主要是围绕相邻通行、采光、通风、排水、安全等问题展开，其诉求一般是排除妨碍、恢复原状、赔礼道歉，很少要求对方赔偿损失，即使要求赔偿损失，数额一般也不会很大。但相邻方由于矛盾的长期积累，积怨较多，相互之间可能存在互为侵权的情况，基本上很难达成一致意见。

（三）相邻关系纠纷的相关法律规定

我国现行法律关于相邻关系纠纷的规定主要集中在《民法典》中。《民法典》对处理相邻关系的基本原则、法律依据、相邻关系的具体类型都进行了明确的规定，具体如下：

关于处理相邻关系基本原则的规定。根据《民法典》第 288 条规定："不动产的相邻权利人应当按照有利生产、方便生活、团结互助、公平合理的原则，正确处理相邻关系。"其中"有利生产、方便生活"要求充分发挥不动产的使用效益，最大限度地维护各方的合法权益；"团结互助、公平合理"要求相邻各方在行使权利时要团结协作，相互尊重对方的合法权益。相邻各方在发生争议时，应在相互协商的基础上，公平合理地处理相邻关系纠纷。

关于处理相邻关系法律依据的规定。根据《民法典》第 289 条规定："法律、法规对处理相邻关系有规定的，依照其规定；法律、法规没有规定的，可以按照当地习惯。"习惯虽然不是正式法律，但是在民间社会广泛存在并被人们普遍遵循，有一定的生活上的合理性，只要不违反法律规定，人民法院在民事裁判时就应当遵从。① 在相邻关系的法律适用中，如果法律已经有规定，就应当适用法律规范，不适用习惯；当法律、法规对某种相邻关系没有规定时，应当按照习惯确定行为规范。习惯有时可能更符合人们对于相邻关系的期待。

关于相邻用水、排水、流水关系的规定。根据《民法典》第 290 条规定："不动产权利人应当为相邻权利人用水、排水提供必要的便利。对自然流水的利用，应当在不动产的相邻权利人之间合理分配。对自然流水的排放，应当尊重自然流向。"相邻用水关系，是指相邻各方均有权使用自然流水。对水资源的利用，应该顺其自然路径，由相邻各方按照相应顺序共同使用，任何一方不得擅自堵塞或独自使用。相邻排水关系，是指如果相邻一方必须通过另一方的土地排水，另一方应当准许。当然，排水人在排水时，应该做好防护措施，防止对另一方的权利造成损害。另外，如果相邻一方需要开挖渠道或修建房屋，则应与另一方的不动产保持合理的距离，并采取必要的措施，防止流水或屋檐排水损害另一方的不动产。一方因用水、排水、流水，妨碍和损害另一方合法权利的，应当承担排除妨碍、赔偿损失的责任。

关于相邻土地利用的规定。根据《民法典》第 291 条规定："不动产权利人对相邻权利人因通行等必须利用其土地的，应当提供必要的便利。"相邻土地利用主

---

① 杨立新．中华人民共和国民法典释义与案例评注：物权编［M］．北京：中国法制出版社，2020：235．

要有以下几种：相邻一方必须经过另一方的不动产，不经过另一方的允许，则无法通行；相邻一方虽然可以采取其他方式通行，但成本较高，路程较远，这时就需要经过另一方的不动产；还有一些通行便利是基于长久的习惯与历史原因形成的，是一种事实与习惯意义上的权利，这时，相邻不动产权利人不得阻碍通行，也不得因为不动产改造或建设而破坏这种事实与习惯意义上的权利，即使需要改造或建设，也应当和通行人进行协商。

关于相邻土地及建筑物利用关系的规定。根据《民法典》第 292 条规定："不动产权利人因建造、修缮建筑物以及铺设电线、电缆、水管、暖气和燃气管线等必须利用相邻土地、建筑物的，该土地、建筑物的权利人应当提供必要的便利。"在这些情况下，相邻不动产所有人或使用人应当给予必要的便利，不得故意刁难。

关于相邻建筑物通风、采光和日照的规定。根据《民法典》第 293 条规定："建造建筑物，不得违反国家有关工程建设标准，不得妨碍相邻建筑物的通风、采光和日照。"相邻建筑物通风、采光和日照问题也是目前城市比较容易发生的相邻关系纠纷。因为现在城市的高楼越来越多，就容易对既有相邻楼栋的通风、采光和日照产生影响。因此，相邻各方修建建筑物，应当保持适当距离，不得妨碍邻居的通风、采光和日照。如果相邻一方的楼栋严重影响了另一方楼栋的通风、采光和日照，则受害人有权请求排除妨碍、恢复原状和赔偿损失。

关于相邻环保关系的规定。根据《民法典》第 294 条规定："不动产权利人不得违反国家规定弃置固体废物，排放大气污染物、水污染物、土壤污染物、噪声、光辐射、电磁辐射等有害物质。"相邻环保关系主要包括以下情形：第一，对排放污染物的限制。相邻各方应当按照《中华人民共和国环境保护法》的有关规定排放污染物。如果相邻一方排放的污染物造成了损害，即使并未超过标准，另一方也有权要求治理并请求赔偿损失。第二，对修建、堆放污染物的限制。相邻一方修建厕所、粪池、污水池、牲畜栏厩，或堆放垃圾、腐烂物、有毒物等，应当与另一方不动产保持合理距离，并采取防污措施，防止对另一方的正常生活造成不当影响。第三，对噪声污染的限制。由于目前我国建筑物的质量标准较低，楼层隔音效果较差，因此噪声污染已经成为现代城市生活的一大问题。相邻各方在使用不动产时，不应制造超出正常生活需要的噪音。

关于相邻防险关系的规定。根据《民法典》第 295 条规定："不动产权利人挖掘土地、建造建筑物、铺设管线以及安装设备等，不得危及相邻不动产的安全。"相邻防险关系，是指相邻一方因使用、挖掘土地，或其所建造的建筑物有倒塌的可能，给另一方造成损害危险的，相邻一方应该避免这种危险，另一方可以请求排除这种危险。

关于行使相邻权避免损害相邻权利人的规定。根据《民法典》第 296 条规定："不动产权利人因用水、排水、通行、铺设管线等利用相邻不动产的，应当尽量避免对相邻的不动产权利人造成损害。"当利用相邻不动产时，应尽量避免对相邻不动产权利人造成损害。相邻一方可以合理使用他人的不动产，但不应对他人权利造成不必要的损害。例如，经过他人的土地通行时，不应该破坏他人土地上的农作物。

二、相邻关系纠纷的调解原则

相邻关系存在多种复杂的形式，影响较为广泛，与人们的切身利益密切相关，属于纠纷频繁发生的领域。正确处理好相邻关系对于维护社会的安宁与稳定具有重要意义。相邻关系纠纷的正确处理，有助于界定不动产权利边界，解决权利冲突，合理协调相邻各方的利益，保障人民团结和社会安定。因此，相邻关系纠纷尽管大多不是原则性的争论，但却是关乎社会秩序稳定的大问题。[①]

（一）互谅互让原则

互谅互让原则，是指对相邻关系纠纷的调解应以促使当事人互相体谅、互相理解为目标。俗话说"行要好伴，住要好邻"，邻里之间，抬头不见低头见，日常生活中不可能避而不见。调解邻里关系纠纷的首要原则便是让邻里做到互谅、互让。相邻权的行使过程本就是一方限制权利，另一方延伸权利的过程。由于相邻关系存在的长期性，相邻各方之间在权利义务的计算上不可能完全做到绝对平衡，很多时候，一方多得一点，而另一方少得一点，都属于正常现象。因此，邻里之间不能斤斤计较，要能够学会体谅、互让。对于人民调解员来说，要基于相邻关系的法律规定与伦理道德，做到以理服人，以情动人，寻找双方当事人在情理上的契合之处，引导双方当事人换位思考，增进对彼此的理解，"化干戈为玉帛"，最终推动纠纷圆满解决，形成和谐的邻里关系。

（二）社区和谐原则

社区和谐原则，是指对相邻关系纠纷的调解，除了追求保障当事人合法权益的法律效果外，还应实现社区和谐安定的社会效果。相邻关系纠纷不仅是个别邻居之间的纠纷，往往还关系到整个社区的和谐。例如，楼上楼下因为噪音问题发生纠纷，

---

① 杨立新. 中国物权法研究［M］. 北京：中国人民大学出版社，2018：364.

相互之间可能会争吵与打斗，进而影响到整个社区的安宁与和谐。从社区和谐安定的角度来看，和谐社区是构建和谐社会的重要基石。[①] 人民调解员在调解邻里关系纠纷时，需要立足于整个社区的安宁，要有社区和谐的大局观，不能因对个别邻里关系纠纷的调解，损害整个社区的邻里关系。某些邻里冲突，如噪音问题、垃圾丢弃问题，不仅涉及相邻关系两方，还可能涉及整个社区的生活环境，这时非直接相关的社区居民的意见也应当得到适当的考虑，从而将社区居民的意见和当事人的意见统合起来，进而实现整个社区的和谐安定。同时，人民调解员通过对纠纷的妥善解决，可以将建立良好邻里关系的呼声传达给整个社区，为整个社区树立良好的榜样，推动群众共建和谐、安定的社区环境。

（三）合情合理原则

合情合理原则，是指对相邻关系纠纷的调解除依据相关法律法规之外，也应以常情常理为标准，力求实现情理法的有机结合。所谓情，即"常情"，是指被社会民众普遍认可的基本道理，蕴含着民众对公平、正义的朴素追求。理则是指蕴藏在民间习俗中的规则、传统、习惯、条理、道理，是社会共同的公序良俗和行为规范。[②] 在中国这个"人情大国"，违背社会情理的调解很难得到当事人的认可，也会违背公众的道德期待，难以获得预期的法律效果和社会效果。"现实调解中，情应以理、法为基础；理与法不能有悖于情；法应揭示情理之道和人性之善。"[③] 在相邻关系纠纷的调解中，协调好情理法之间的关系尤为重要。人民调解员在纠纷的调解过程中，要把握好各方当事人的情绪、情感，不能违反人民群众基本的常识、常情、常理，帮助各方当事人建立良好的人情关系，进而实现纠纷的成功调解与相邻关系的长期维续。

三、相邻关系纠纷的调解方法与技巧

（一）注重实地调查和现场调解

不同于其他纠纷，相邻关系纠纷中双方争议的事件很琐碎，但矛盾却很尖锐。人民调解员不进行实地调查，就会对双方争执的"小问题"缺乏直观认识，难以

---

① 郑杭生．中国特色社区建设与社会建设：一种社会学的分析［J］．中南民族大学学报（人文社会科学版），2008，28（6）：93－100.

② 周博文，杜山泽．情理法：调解的法哲学思维解析［J］．湖北社会科学，2012（11）：165－169.

③ 周博文，杜山泽．情理法：调解的法哲学思维解析［J］．湖北社会科学，2012（11）：165－169.

把握矛盾的焦点。例如，对于相邻通行纠纷，人民调解员不到现场就难以清晰地认识保障相邻人通行权的必要性，或让其绕道通行是否合理。因此，人民调解员对于相邻关系纠纷的调解应建立在充分的实地走访与勘察的基础上，全面、客观、细致地了解纠纷各方涉及土地和建筑物的位置和分布，以走访为主要方式，了解纠纷形成和发展的过程及核心原因，寻找合适的调解切入点。[①] 此外，在相邻关系纠纷中，各方争议围绕不动产的客观存在样态而生。在此类纠纷的调解过程中，调解环境对当事人的影响较为突出。将调解地点设置在纠纷现场，能够使当事人认清纠纷焦点和各自在处理纠纷时的不足之处，同时也便于调解协议的具体履行，促进纠纷及时化解。

（二）掌握纠纷产生的背景、尊重当地历史和习惯

在调解相邻关系纠纷时，人民调解员要及时了解纠纷产生的历史背景，在尊重历史惯例的基础上来判断是否存在侵犯相邻权的情况。在法律法规没有明确规定的情况下，当地习惯和相关乡俗民约作为当地社会生活中共同信守的行为规则，也可以成为人民调解员进行调解的依据。既然各方当事人在历史上能够和谐相处，说明当时的状况符合双方的共同利益，按照历史情况处理符合公平合理的基本原则，也容易为各方当事人所接受。例如，在通行权、排水权案件中，历史上当事人是如何通行、水流是如何排出的，在通常情况下仍应不予改变，即人民调解员进行调解的首要方案是恢复到纠纷发生前的状态。[②] 但同时，也应具体问题具体分析，不能僵化地看待历史情况和习惯。例如，在通风采光权纠纷中，一方当事人对建筑加以扩建、改建时，若固守历史上的建筑物距离，则显然损害了另一方当事人通风、采光的合法权益。

（三）注重发挥情与理的作用

相邻关系纠纷的当事人多为邻居关系，特别是发生在农村的相邻关系纠纷，当事人之间很可能具有或近或远的亲戚关系。对于这种情况，一定要注意用道德情感去打动人，而非单纯地从利益的角度去说服人，用尽可能浅白的道理去和当事人进行沟通，而不是用太多的专业术语对当事人说教。人民调解员要借助当地的道德伦理资源对当事人施加心理压力与社会压力。在具体操作上，要注意两方面的问题：一方面，要多调查、多走访，通过实地考察了解当事人争议的焦点。相邻关系纠

---

① 孙赟峰. 如何做好调解工作：调解实务技巧与案例 [M]. 北京：中国法制出版社，2013：241 - 242.
② 朱深远. 诉讼调解实务技能 [M]. 北京：人民法院出版社，2013：179.

纷的背后往往可能存在更深层次的矛盾，这种矛盾可能是道德性的，这种矛盾的化解比单纯地聚焦于相邻关系更能实现纠纷的彻底解决。另一方面，要适当地借助第三方的力量来进行调解，如居委会、村委会或各方都信服的第三方等。第三方对调解工作的参与，能够给当事人施加一定程度的压力，使得他们做出必要的妥协与让步。

· 调解案例 ·

案例一：

张某与李某、王某相邻关系纠纷调解案

（一）案情介绍①

原告张某住在某小区八幢一楼，被告李某和王某系夫妻关系，住在同幢楼的三楼。多年以来，张某与两被告经常发生矛盾，相处得非常不愉快，且二人经常向楼下泼屎、泼尿、扔垃圾、扔死老鼠。2018 年 3 月，张某到三楼被告家门口准备泼尿报复，被王某制止。张某称李某暴力将其打倒，导致其右脚软组织严重挫伤住院治疗。面对张某的控诉，李某和王某辩称，他们只是晒过短裤，没有泼过屎和尿，也没有扔过死老鼠，且李某没有打过张某，张某受伤是她自己在逃跑过程中跌倒造成的。

2018 年 12 月，张某在家跨厨房门槛的时候摔倒致左脚不幸骨折，张某认为此次摔倒受伤与之前软组织挫伤有关，遂找上李某和王某，要求二人赔偿其医疗费和精神损失费 1 万余元。在此之后，原、被告双方矛盾持续恶化。

2019 年 3 月，张某与李某、王某二人经调解，达成调解协议，约定李某、王某二人赔偿张某受伤治疗费等费用共 800 余元，以后双方互相体谅，并不再做出互相伤害对方的事情。原、被告双方均在调解协议上签名并加盖手印，李某、王某也于调解当天将赔偿款支付给张某。

然而，这一次调解并未让双方化干戈为玉帛。2021 年 3 月，原告张某又把李某和王某告上法庭。在庭审过程中，法官认为原、被告双方的矛盾或许可以再次通过调解的方式解决，于是分别对双方当事人做思想工作。在一番耐心的释法说理后，张某逐渐冷静下来，觉得自己在家中摔倒受伤不完全是因为之前受的伤，自己也有不小心的地方。李某和王某也认为张某上了年纪，作为邻里应当帮扶摔倒受伤的张

---

① 云南法院网. 小案件诠释大道理，别让纠纷毁了邻里情 ［EB/OL］. (2022 – 03 – 03) ［2023 – 01 – 07］. http://fy.yngy.gov.cn/article/detail/2022/03/id/6556347.shtml.

某，便同意支付张某一定金额的医药费。

最终原、被告双方在互谅、互让的基础上，本着自愿的原则达成调解协议，握手言和。李某和王某当场向张某支付了补偿款 3 000 元，至此，这对邻居此前的所有纠纷得以了结。

（二）事实分析

本案属于非常常见的邻里纠纷，邻居之间因为一些小事产生了严重的矛盾与冲突，而且这种矛盾与冲突具有长期性，各方甚至到了水火不容的地步。本案就是如此，张某与李某、王某之间可以说是积怨多年，在多年的积怨当中，双方互有过错，若要追究最初谁是矛盾的制造者，实际上已经不可能。很多事实都缺乏证据支持，双方各执一词。但本案已经不是单纯的利益纠纷，而是涉及严重的情绪对立，如果处理不好，则很有可能会引发更加严重的暴力伤害。而且本案已经调解过一次，但矛盾又复发，调解难度较大。

（三）法律分析

根据《民法典》第288条规定："不动产的相邻权利人应当按照有利生产、方便生活、团结互助、公平合理的原则，正确处理相邻关系。"《民法典》第1179条规定："侵害他人造成人身损害的，应当赔偿医疗费、护理费、交通费、营养费、住院伙食补助费等为治疗和康复支出的合理费用，以及因误工减少的收入。造成残疾的，还应当赔偿辅助器具费和残疾赔偿金；造成死亡的，还应当赔偿丧葬费和死亡赔偿金。"《民法典》第1182条规定："侵害他人人身权益造成财产损失的，按照被侵权人因此受到的损失或者侵权人因此获得的利益赔偿；被侵权人因此受到的损失以及侵权人因此获得的利益难以确定，被侵权人和侵权人就赔偿数额协商不一致，向人民法院提起诉讼的，由人民法院根据实际情况确定赔偿数额。"本案中，对于张某第一次摔倒所受到的伤害，李某、王某存在一定的过错，但不是主要过错，因为张某本人也存在过错。同时，张某第二次摔倒，李某、王某对此不存在过错，从法律的角度来看，李某、王某无须对此作出赔偿。

（四）情理分析

本案如果从事实角度对双方当事人分出个是非对错，已属不可能。双方当事人积怨已久，情绪对立已经大于事实对错，从孰对孰错的角度出发，已经不可能解决此类纠纷。因此，法官采用了调解的方式，调解的特征就是情理法并重，在调解过程中，法官分别对双方当事人做思想工作，而不是一味地讲法律、讲道理。在耐心地释法说理后，张某的情绪逐渐冷静下来，认为自己也存在一定的过错，不能完全怪罪于李某和王某。而李某和王某也认为张某上了年纪，摔倒受伤遭受了一定损失，也值得同情，作为邻居应该互相帮扶，适当让步，便同意支付张某一定金额的医药费。

案例二：

张某与杨某某、胡某某相邻关系纠纷调解案

（一）案情介绍①

张某与杨某某、胡某某系上下楼邻居，杨某某与胡某某系夫妻。杨某某与胡某某所居房屋系一楼附带天井，围栏系高约 1 米的铁丝网。2021 年 9 月，杨某某与胡某某对自家房屋重新装修，将原来的铁丝网围栏更换为木制围栏并加高。围栏施工过程中，张某立即询问搭建情况，并表示不要有木架、顶棚等影响楼上安全的搭建，杨某某、胡某某表示不会。后夫妻二人上门称一楼房屋阳台封闭要安装雨棚，张某明确提出安装的雨棚不能有噪声，不能有便于攀爬至二楼的落脚点，在此前提下张某同意。夫妻二人表示不会有上述问题。

2021 年 10 月，张某发现杨某某夫妻二人在一楼房屋南阳台上方安装了长 3 米、宽 1.2 米、中间有钢架支撑的雨棚。张某遂联系夫妻二人，夫妻二人以事先征得张某同意为由拒绝拆除，双方通过物业沟通未果。张某认为，利用加高的围栏，人极易从围栏攀爬至雨棚再进入其房屋，对其房屋造成极大的安全隐患。同时，雨棚面积较大，下雨时噪声极大。2021 年 11 月，张某还发现杨某某夫妻二人在一楼天井内安装了两个摄像头，其中一个摄像头朝向二楼及以上楼层，影响了自己的生活私密性，要求拆除雨棚和两个摄像头。

杨某某、胡某某辩称，该房屋系十四层住宅楼，他们二人所居房屋系底层带庭院的住宅，自他们 2004 年入住以来，庭院内多次发生坠物和抛物事件，严重影响了他们的人身安全和正常生活。2021 年，二人对庭院进行装修改造，为减少和避免楼上坠物和抛物对他们造成伤害，经上门征求张某意见并取得同意后，二人才订购了雨棚，在客厅南侧外墙区域内安装，该雨棚并不会对张某造成通风、采光等影响。夫妻二人为了更好地做好防范，在庭院内安装了监控系统，即两个摄像头，均可调节角度，与手机相连，一个监控整个庭院，另一个用来监控整幢楼层外部空间，起到警示作用，无法拍摄到张某房屋内的任何地方，并不侵犯其隐私。因此，不同意张某的要求。

（二）事实分析

在本案中双方的争议主要围绕两点：第一，杨某某、胡某某搭建雨棚的行为是否经张某同意；第二，杨某某、胡某某安装的摄像头是否在事实上构成对张某隐私

---

① 参见（2022）沪 0104 民初 10277 号判决书，根据教学需要，略有改动。

的侵犯。就第一点而言，杨某某、胡某某在搭建雨棚之前确实征得了张某的同意，但张某的同意是附有条件的，即安装的雨棚不能有噪声，不能有便于攀爬至二楼的落脚点，然而杨某某和胡某某最终搭建的雨棚长3米、宽1.2米且中间有钢架支撑，这不符合张某事先的要求。因此，不能认为杨某某、胡某某二人能够以经张某同意为由拒绝张某的请求。就第二点而言，虽然杨某某、胡某某二人称其安装的摄像头不能拍摄到张某的房屋内部，但事实上，摄像头能够拍摄到张某家的阳台窗户处。阳台窗户虽不如室内空间一般私密，但也属于张某及家人的活动空间，长时间处于摄像头的拍摄范围内，足以给张某及其家人造成心理上的强烈不安感，且杨某某、胡某某二人并没有事先就安装摄像头的问题与张某协商，可以认为其安装摄像头的行为在事实上侵犯了张某的隐私权。

（三）法律分析

依照《民法典》第271、288、289条规定，不动产的相邻各方应按照方便生活、团结互助、公平合理的原则，正确处理相邻关系。相邻一方为了自身利益搭建建筑物时，不仅要符合相关法律、法规的规定，也不得对他人的居住安全造成妨碍。

杨某某、胡某某在其南阳台上方搭建钢架支撑的雨棚，与张某的阳台窗户距离较近，且雨棚较宽，客观上确实给张某的居住安全和正常生活带来了相邻妨碍，也违反了相关法律法规，故张某要求杨某某、胡某某拆除雨棚的请求，理由正当，应予以支持。此外，杨某某、胡某某在其天井围栏上方安装摄像头，将张某阳台窗户处纳入拍摄范围，事实上侵犯了张某的隐私权。隐私权作为一项具体人格权，包括了私人生活安宁权，即个人享有独立生活不被他人打扰的权利。故杨某某、胡某某二人未经张某许可擅自安装摄像头的行为，会在事实上产生监控他人私生活的可能，故张某要求拆除摄像头的理由正当，亦应予以支持。

（四）情理分析

在本案中，从情理的角度进行调解也是非常有必要的。人民调解员要将双方的难处与疑问分别告知彼此，使得双方当事人能够设身处地为彼此着想，理解彼此的难处，从而为纠纷的解决提供良好的基础。杨某某、胡某某住在一楼，长期饱受楼上坠物和抛物之苦，他们出于安全考虑，搭建雨棚并安装摄像头是合情合理的。而且他们也考虑到了自己的行为可能会对楼上邻居张某造成影响，因此，特意征求了张某的意见才搭建了雨棚。但其问题就在于没有同张某进行进一步的沟通，低估了其行为对张某的影响。也许在杨某某、胡某某二人看来，他们搭建的雨棚的高度并不会给张某的房屋造成安全隐患，安装的摄像头也不会窥探到张某的隐私。但站在张某的角度看，一个过宽过近的雨棚很有可能给不法分子以可乘之机，同时，就算两个摄像头无法拍到张某房屋内任何地方，但也足以让张某一家感到不安。从常人角度出发，张某的担忧和不适并非无理取闹，而是正常合理的。因此，拆除杨某某、胡某某的雨棚和摄像头的诉求是合情合理的。人民调解员在调解过程中，固然要指出杨某某、胡某某在法律上的过错之处，但同时也要安抚好他们的情绪，告知其在行使自己合法权利的同时，不能侵害他人的合法权利。

案例三：

单某田与单某刚宅基地纠纷调解案

（一）案情介绍①

单某田与单某刚是某村村民，双方是东西相邻的邻居，单某刚早年在双方相邻处垒砌了院墙，单某田之前一直在外地居住。2021 年，单某田准备收拾老家院子回去居住，垒砌院墙时发现单某刚所垒砌的院墙侵占了自家宅基地，自行协商未果后，单某田私自将部分院墙推倒了。单某刚找村委会反映该问题，村委会出面调解，双方口头达成一致意见，但后来又反悔。之后单某刚向法院起诉，未被受理。2022 年 3 月，单某刚到信访局反映该问题，值班领导接访后将该信访件转交给镇人民政府进行处理，镇人民政府交由人民调解委员会进行调解。

人民调解委员会接到交办件后，第一时间入村进行调查。通过调查村委会干部、双方当事人，了解了纠纷的基本情况，总结出矛盾焦点。经调查，双方的矛盾焦点是单某刚盖房较早，盖房时已垒砌院墙，同时单某刚有土地使用证证明自己的权益，但该证件上并未标注具体的长度、面积，只标注了四邻；单某田拥有土地使用证的时间较后于单某刚，该证件上明确标注了具体的长度、面积，按照该长度进行测量，单某刚垒砌的院墙确实占用了单某田的一小部分宅基地。

找准矛盾焦点后，人民调解员根据《民法典》第 288 条"不动产的相邻权利人应当按照有利生产、方便生活、团结互助、公平合理的原则，正确处理相邻关系"的规定分别对双方当事人做思想工作，双方表示愿意本着方便生活、团结互助的原则妥善解决问题。

---

① 菏泽司法. 邻里纠纷无小事，倾心调解化干戈 ［EB/OL］.（2022－04－22）［2023－01－07］. https://mp. weixin. qq. com/s? __biz＝MzI2OTIwMjA0Mg＝＝&mid＝2652801839&idx＝1&sn＝c8ebe0ee1056aeac6caf940c6 0848515&chksm＝f109cc3ac67e452cd27c98ceae4bfef139ed15e9e292cc0d5ab4edee9df1bfe89a82cb136803&scene＝27# wechat_redirect.

在双方都有解决意愿的前提下，人民调解员提出方案，先测量两家前院邻居的东西长度，如果单某田前院邻居的宅基地大于或等于其宅基地东西长度，就按照单某田证件上标注的长度进行测量并确定灰角；如果少于，再测量单某刚家前院邻居宅基地的东西长度，若单某刚家宅基地的东西长度大于其前院邻居宅基地的东西长度，以单某田家前院邻居的东西长度为准进行测量并确定灰角。

"千里修书只为墙，让他三尺又何妨。"古时能有"六尺巷"，今日应有邻里亲。人民调解员通过"六尺巷"的典故向双方讲明邻里之间应有良好的风气。经过人民调解员的引导，双方同意该调解方案。随后人民调解员联合各方当事人，对房屋宅基地进行了现场测量。

经调解，双方签订如下调解协议：以双方相邻院墙中心点为准，重新确定灰角，单某田的宅基地长度是距灰角处 15.87 米，单某刚的宅基地长度是距灰角处 14.88 米。

（二）事实分析

本案属于典型的邻里纠纷，双方因为宅基地的面积侵占问题而发生冲突。本案既具有历史因素，也具有现实的规范因素。历史因素是单某刚垒砌院墙的时间较早，同时单某刚的土地使用证虽然可以证明自己对于宅基地享有权益，但该证件上并未标注具体长度、面积，只标注了四邻；而单某田所有的土地使用证较后于单某刚，该证件上明确标注了具体长度、面积，按照该长度进行测量，单某刚垒砌的院墙确实占用了单某田的一小部分宅基地。单某刚基于历史原因已经占有、使用了宅基地，而单某田则基于后来颁发的土地使用证，认为前者占用了自己的宅基地。双方的诉求都存在一定的合理性。

（三）法律分析

从法律的角度来看，单某田根据其产权证书，可以证明单某刚侵占了其宅基地。双方的宅基地界限，应该以产权证书为依据，但在实践中，宅基地的确权往往和历史因素混杂在一起，导致宅基地使用权的界限并不能完全做到清晰无误。早期宅基地使用权的范围在证书上并不会准确地展示出来。《民法典》第 288 条规定："不动产的相邻权利人应当按照有利生产、方便生活、团结互助、公平合理的原则，正确处理相邻关系。"这意味着，即使邻里之间在宅基地产权上存在冲突与争议，也应根据"有利生产、方便生活、团结互助、公平合理"的原则来处理相邻关系，当事人各方不应盲目冲动，在不经协商的情况下就直接推倒对方的院墙，实现自己的主张。

（四）情理分析

本案的人民调解员在调解过程中采取了情理结合的说服手段。人民调解员借用了"六尺巷"的典故，向双方讲明了邻里之间应该有良好的风气，作为邻里，各方当事人应该互谅互让，不应斤斤计较，应有宽广的胸怀，这样邻里关系才能和谐。很明显，人民调解员引用了传统美德，这种美德在传统的乡土熟人社会中非常重要，因为熟人社会是"抬头不见低头见"，邻里关系也是如此。邻里关系在一定程度上也属于熟人社会，而邻居在长时间内是不可能轻易更换的，那么邻居之间互谅互让、不因小事发生冲突就显得极为重要。

 思考与练习

1. 试述相邻关系纠纷的调解技巧。
2. 简述相邻关系纠纷调解与一般物权纠纷调解的区别。
3. 为什么说在相邻关系纠纷的调解中要特别注重合情合理原则？
4. 如何从构建和谐社会的角度看待相邻关系纠纷的调解？

第四节　物业服务纠纷的调解

随着我国城市化快速发展，城市人口越来越多，城市小区也越来越多，物业服务纠纷也成为基层社会纠纷的一大类型。物业服务纠纷如果处理不好，就很容易引发群体性事件。由于物业服务的烦琐性，诉讼作为一种比较生硬的纠纷解决方式，并不适合解决物业服务纠纷。但是，调解能够将法律、情理、习惯与道德结合起来，更适合物业服务纠纷的解决。

一、物业服务纠纷的概念、特征与相关法律规定

（一）物业服务纠纷的概念

物业服务纠纷，是指在物业服务区域内，业主、使用人、业主大会、业主委员会与物业服务人因物业服务活动而发生的民事纠纷。[①] 常见的物业服务纠纷有：物业服务企业向业主或使用人追索物业费、管理费、水电费的纠纷；业主或使用人要求物业服务企业承担停水、停电、停气或其他行为的侵权赔偿纠纷；业主或使

---

① 范愉，刘臻荣，连艳.物业纠纷调解实务［M］.北京：清华大学出版社，2012：20.

用人要求物业服务企业赔偿在提供保管服务中所造成的财务损失的纠纷；业主或管委会选聘、解聘物业服务企业产生的纠纷；以及其他有关物业服务收费、服务内容、服务质量的纠纷；等等。总之，凡是和物业服务有关的纠纷，都属于物业服务纠纷。

（二）物业服务纠纷的特征

1. 纠纷成因的复杂性

物业服务纠纷发生的原因复杂多样，主要有以下几个方面：第一，我国的城市化进程发展很快，城市人口快速膨胀，城市里各种住宅小区也大量出现。但物业服务水平却没有相应地跟上城市发展的步伐，导致很多物业服务纠纷的处理无法可依。第二，我国对房屋质量标准的要求比较低，监管也不严格。虽然城市里有着大规模的房地产开发，但房屋的质量标准仍然较低。例如，楼层楼板厚度要求较低，噪声污染问题比较严重，住宅楼密集度很高，采光困难，等等。同时，对于房地产开发商的监管也比较薄弱，以至于房地产开发商在建造房屋的过程中偷工减料，引发房屋质量问题，进而导致业主与物业服务企业之间的纠纷，而物业服务企业又将责任推给房地产开发商。第三，业主的自治水平也有限。业主对于现代城市小区的物业服务生活还未完全适应。良好的物业服务也需要业主的监督，但业主的素质与组织能力都不高，以致于在出现物业服务纠纷时业主不能理性对待，常常是无理取闹，向物业服务企业提出一些不切实际的要求。

2. 纠纷影响的公共性

物业服务属于基础性服务行业，带有一定的公共性质。物业服务合同并不是一种纯粹的民事契约，实际上也需要外部的管理与规范，完全依赖于业主与物业服务企业是难以解决各种物业服务纠纷的。同时，物业服务纠纷也容易引发群体性事件，因为业主人数众多，纠纷牵扯的规模往往也较大，政府对于此类群体性纠纷，也不得不加以调解与管理。而且，有些物业服务纠纷若不能及时处理，很可能导致纠纷的不断升级，进而引发群体性事件。对于此类问题，仅仅通过业主与物业服务企业的协商都不足以解决问题，还需要政府进行适当的管理，对物业服务作出整体性规范。另外，有些物业服务纠纷涉及重大的生命财产安全，如电梯安全、消防安全、业主生活用水安全等，一旦发生事故，后果将极其严重。此类问题，并不仅仅是民事法律问题，而是牵涉到重大的公共安全问题。

3. 纠纷解决的专业性

物业服务本身具有一定的专业性。所谓专业性，是指在物业服务中，工程管理、水电维修、房屋设计与改造、维修基金的合理使用、防火设施等物业服务都需要由专业人士来处理，并根据严格的规范进行管理。另外，如果有些物业服务纠纷是因为房地产开发商的房屋质量问题，那么解决此类问题，可能还需要规划设计院等专业部门的参与。而业主一般缺乏专业知识，其在和物业服务企业或房地产开发商进行协商、博弈的过程中，可能会陷入非理性的困境，盲目地要求另一方做一些不切实际的行为，缺少必要的规范意识与专业知识。调解可以发挥一定的优势，因为调解可以引入第三方的专业力量，如住建部门、房管部门等，使其参与到物业服务纠纷的调解中。较之司法诉讼而言，调解还具有周期短、程序启动速度快、方法多样、经济高效等优势。① 近年来，我国也强化了调解的专业性，地方政府部门或群众性自治组织会针对某些特殊行业设立专门性的调解委员会，吸纳专业性的机构与人员，为某些专业问题提供调解方案。这些调解组织解决了众多专业性、行业性矛盾，对于加强和创新社会管理，维护社会和谐稳定，具有重要意义。

（三）物业服务纠纷的相关法律规定

1. 法律、行政法规

《民法典》中与物业服务直接相关的章节主要有：物权编第6章"业主的建筑物区分所有权"、合同编第24章"物业服务合同"与侵权责任编第10章"建筑物和物件损害责任"。

特别是《民法典》关于物业服务合同的规定，构成了物业服务纠纷调解的核心规定，在《民法典》合同编的第24章，详细规定了物业服务合同的内容、形式、前期物业服务、物业服务人的义务、业主的义务、履行与解除、业主委员会的权利等。

《消费者权益保护法》调整的对象是为生活消费需要购买、使用商品或者接受服务的消费者和为消费者提供其生产、销售的商品或者提供服务的经营者之间的权利义务关系。物业服务属于服务业，物业服务企业与业主也是经营者与消费者之间的关系，所以物业服务纠纷也当然适用该法。

2003年5月28日国务院第9次常务会议通过的《物业管理条例》是直接调整物业服务法律关系的行政法规，其宗旨在于规范物业服务活动，维护业主和物业服务企业的合法权益，改善人民群众的生活和工作环境。该条例分为总则、业

---

① 北京物业管理行业协会. 物业纠纷行业调解机制建设与运行研究［C］//中国物业管理协会. 物业管理课题研究优秀成果汇编：2016－2018. 北京：中国市场出版社，2019：238.

主及业主大会、前期物业管理、物业管理服务、物业的使用与维护、法律责任等部分，构成了我国物业服务基本制度框架，也是解决物业服务纠纷的基本法律渊源和依据。

2. 部门规章

住房和城乡建设部（原建设部）、财政部、国家发展和改革委员会等部委就物业服务问题制定了一系列规范性文件，主要包括《物业服务收费管理办法》《房屋建筑工程质量保修办法》《住宅专项维修资金管理办法》和《业主大会和业主委员会指导规则》等。

《物业服务收费管理办法》是国家发展和改革委员会、原建设部于 2003 年 11 月 13 日发布的管理办法，旨在规范物业服务收费行为，保障业主和物业服务企业的合法权益。

《房屋建筑工程质量保修办法》是原建设部于 2000 年 6 月 26 日发布施行的办法，旨在保护建设单位、施工单位、房屋建筑所有人或使用人的合法权益，维护公共安全和公众利益。

《住宅专项维修资金管理办法》是原建设部与财政部于 2007 年 10 月 30 日联合签署发布、2008 年 2 月 1 日起施行的管理办法，旨在加强对住宅专项维修资金的管理和保障住宅共用部位、共用设施设备的维修和正常使用，维护住宅专项维修资金所有者的合法权益。

《业主大会和业主委员会指导规则》是住房和城乡建设部于 2009 年 12 月 1 日制定和印发的指导规则，旨在规范业主大会和业主委员会的活动，维护业主的合法权益。

3. 司法解释

随着法院受理的物业服务纠纷案件增加，审判实践暴露出了物业服务纠纷有关法律的缺失和理解的差异，最高人民法院制定了以下两个司法解释，对现实中争议较大的关键问题作出了统一解释。①

《最高人民法院关于审理建筑物区分所有权纠纷案件适用法律若干问题的解释》于 2009 年 3 月 23 日由最高人民法院审议通过，自 2009 年 10 月 1 日起施行，其宗旨在于正确审理建筑物区分所有权纠纷案件，依法保护当事人的合法权益。该解释对于建筑物的共有部分与专有部分、车位与车库的使用、业主的公开信息请求权、业主的侵权情况等问题进行了规定，也可以作为物业服务纠纷调解的规

---

① 最高人民法院关于这两个司法解释的具体解读详见《最高人民法院民一庭负责人就建筑物区分所有权、物业服务司法解释答记者问》，载《人民法院报》，2009 年 5 月 25 日。

范依据。

《最高人民法院关于审理物业服务纠纷案件具体应用法律若干问题的解释》于 2009 年 4 月 20 日由最高人民法院审议通过，自 2009 年 10 月 1 日起施行，于 2020 年 12 月 23 日修正，其宗旨在于正确审理物业服务纠纷案件，依法保护当事人的合法权益。该解释对于物业服务合同的效力、物业费的催交、物业服务合同的解除、物业服务企业的退出与转移等问题在诉讼当中如何处理，也作出了一些细致的规定。这些规定虽然主要被用于诉讼过程中，但同样可以作为调解物业服务纠纷的参照，为当事人的调解提供规范标准，从而达成更加合理的调解方案。

二、物业服务纠纷的调解原则

（一）合法合理原则

物业服务纠纷调解工作的程序、依据和调解范围都不得与国家现行法律、法规、政策相抵触。近年来，《民法典》《消费者权益保护法》《物业管理条例》《物业服务收费管理办法》《房屋建筑工程质量保修办法》《住宅专项维修资金管理办法》《业主大会和业主委员会指导规则》等有关物业服务的法律法规的不断出台和修改完善，使得物业服务活动有法可依。在既无法律又无政策可循的情况下，各种司法判决和调解案例的处理结果、理论界的主流意见和行业惯例都可以在调解中作为参考。在遇到复杂疑难问题、无法作出判断或没有解决方案时，也可以向法官或专家进行咨询，获得依据和建议。

但是大多数物业服务纠纷通常不能简单归结为法律上的权利义务关系，物业服务纠纷涉及的利益冲突复杂，不仅要遵循合法性原则，还要考虑社会效果，使得纠纷解决合情、合法、合理。有些物业服务纠纷需要业主与物业服务企业进行协商，考量多方面因素作出决定，如物业费标准、公共收益的使用、公共设施的建立等；有些物业服务纠纷则属于自治性问题，必须依靠全体业主或多数业主的民主协商决定，如物业服务企业和物业服务模式的选择、公共维修基金使用范围、业主的电梯费用分担、人防工程的管理使用等。这些问题都不能简单根据法律作出非此即彼的判断。此外，与物权利益同时存在的还有一些更重要的价值，如社区的稳定和凝聚力、居民的生活质量、和谐的人际关系、公共道德等，这些价值不能因物权的存在和私权的优先而被忽视，在解决纠纷时都必须加以考虑。人民调解员需要系统、全面、准确地把握法律、法规、行业标准、地方政策和物业小区的特殊情况，同时适当考虑公众在居住方面的传统习惯、地方常识，才能实现情理法交融，做到既解"事结"又解"心结"。

（二）合同优先原则

根据《民法典》第937条规定："物业服务合同是物业服务人在物业服务区域内，为业主提供建筑物及其附属设施的维修养护、环境卫生和相关秩序的管理维护等物业服务，业主支付物业费的合同。物业服务人包括物业服务企业和其他管理人。"物业服务合同是一类非常特殊的合同，物业服务纠纷的调解应该主要以物业服务合同为依据，很多地方也为物业服务合同拟订了格式条款，这些格式条款在一定程度上可以被视为对物业服务的规范，有利于保证标准化的物业服务。

即使物业服务企业与业主发生冲突，人民调解员也要秉持平等对待的态度，不要把物业服务企业当成管理者，把业主当成被管理者，而是应当在对等的基础上进行平等协商，达成合意。物业服务企业与业主之间并不是上下级的管理关系，而是平等的契约关系，即便是成立业主大会，其和物业服务企业之间的关系也是如此，任何一方不应凌驾于另一方之上。因此，人民调解员在调解的过程中，既要照顾到业主的服务诉求，也要照顾到物业服务企业的利益诉求。特别是很多业主拒绝交纳物业费，这实际是缺乏契约精神的表现，人民调解员在调解过程中，也要强调业主的义务。因为物业服务企业在市场化的竞争环境中，都是可以自由选择的。如果业主拒绝交纳物业费并对物业服务企业提出苛求，则只会导致物业服务质量下降，这反而会损害业主的利益。人民调解员在调解过程中，应该尽可能促成合法合理的调解协议，并在此基础上签订能够让双方当事人满意的物业服务合同。

（三）尊重业主权益原则

物业服务的基础和前提是业主的财产权，物业服务企业的管理权限来自业主的授权，尊重业主的权益反映了物业服务法律关系的本质特征，也是调解物业服务纠纷必须遵循的原则。

在物业服务法律关系中，业主的组织性较差，处于相对弱势的地位，物业服务企业容易侵害业主的合法权益。物业服务企业作为服务型企业，应当以业主的权益为核心，在物业服务过程中，应尽量尊重业主的权利要求。对于调解工作也是如此，在调解工作中，人民调解员应该尊重业主的合法权益，围绕如何保障业主的合法权益来进行调解。人民调解员还要尊重业主的自治性，尊重业主的意愿，正如基层社会治理创新的优秀人民调解员马善祥说："业主们想做什么决定就做什么决定，在这个决定过程中，需要我们做什么，我们就来帮。我从不指手画脚，我最多只提建议供业主们参考。"① 人民调解员还要帮助业主了解相关法律规定，以及市场环境下的物业服务特征，帮助其和物业服务企业达成合理的协议。②

三、物业服务纠纷的调解方法与技巧

（一）预防与调解并重

物业服务纠纷很多时候都只是一些"鸡毛蒜皮"的小事，物质利益较小，但有可能严重影响小区居民的生活质量。而且物业服务和大多数人都密切相关，如果处理不当，则有可能引发严重的群体性事件。因此，人民调解员对物业服务纠纷的调解工作要有预见性思维，在达成调解协议时，要能够对未来的物业服务纠纷进行预防。但如何进行预防呢？例如，关于电梯安全的争议，人民调解员要解决的不仅仅是该案件中电梯是否修好了，还要考虑是否可以让物业服务企业建立制度化的投诉机制与规章机制，以此来保障电梯的安全运行。又如，如果某一类物业服务纠纷涉及的人数众多，这时人民调解员在调解过程中，还必须深入调查业主的想法、意愿、不满，并及时疏导业主的情绪。在物业服务纠纷的调解工作中，人民调解员还必须平复当事人之间的对立情绪，积极营造和谐的社区氛围，引导大家形成互谅互让的精神文明面貌，从而为未来其他纠纷的解决奠定一个良好的素质基础。

（二）实地走访调查

物业服务的范围一般包括房屋及其设备的维护管理服务、绿化管理服务、卫生管理服务、治安管理服务、小区内交通组织与管理服务、公用市政设施管理服务、消防管理服务、违章建筑管理服务等。为了对案件情况有一个直观的了解，人民调解员需要进行实地走访、现场勘查，与业主进行面对面的访谈，如此才能掌握全部案件的事实与背景信息。此外，物业服务纠纷涉及的人际关系具有长期性，涉及的事务具有复杂性，为了彻底解决此类纠纷，需要人民调解员全面了解纠纷的来龙去脉，为未来可能产生的其他隐患做好预防工作。对于物业服务纠纷中当事人反映的问题，人民调解员应当与小区业主、物业服务企业进行深入沟通，准确把握双方矛盾的根源、起因和症结。人民调解员不能如同法官那样坐堂办案，要主动

---

① 韩咏秋，马善祥. 调解密码：老马调解六十六法［M］. 北京：法律出版社，2018：36.
② 杨立新. 最高人民法院审理物业服务纠纷案件司法解释理解与运用［M］. 北京：法律出版社，2009：82.

前往小区走一走、看一看，广泛听取小区其他业主、物业服务企业员工、业主委员会、社区和街道办事处的意见，多方面了解纠纷的实质原因与背景，从而为最终调解的成功做好准备。

（三）争取多方支持

在现实生活中，导致物业服务纠纷的原因是多种多样的，很多时候也并不是物业服务企业与业主协商就能够解决的，可能涉及物业服务企业和业主之外的第三方，甚至涉及相关政府部门，如果只是"就事论事"地调解，则可能无法全面解决问题。特别是涉及水电改造、消防设施的完善、绿化的规整、小区广场舞的噪音等问题，这些问题可能涉及政府部门的审批与干预，需要联合第三方的力量来调解。由于物业服务纠纷具有群体性特征，对于问题比较复杂、容易引起群体性矛盾的物业服务纠纷，在调解时要注意与各相关部门密切配合，以防止纠纷的扩大化。物业服务纠纷一般涉及一定区域内全体业主的切身利益，关系业主的生活质量和生活秩序，若处理不善或长时间未解决，业主的不满情绪将会转移到政府部门身上，纠纷就会向其他地方蔓延。倘若物业服务纠纷升级，有爆发群体性冲突的可能，必须在第一时间内向有关部门汇报或者由政府部门出面调解，以免纠纷调解处理不当导致矛盾的进一步恶化。①

·调解案例·

案例一：

大连市中山区王某与某物业公司物业服务纠纷调解案

（一）案情介绍②

王某是大连市中山区某小区居民。2019 年，王某与某物业公司签订小区前期物业管理服务协议，约定由该物业公司对小区实行物业管理服务，按建筑面积向业主收取物业费。王某在交纳 2019 年 7 月至 2020 年 12 月期间的物业费后，未按约定交纳 2021 年 1 月至 2021 年 6 月期间的物业费，共计 5 487.24 元。某物业公司多次向王某催交，但王某以房屋质量存在多处问题为由拒绝交纳。

---

① 王信芳，吴军营，刘亚东. 社区常见法律纠纷调处手册：物业纠纷篇［M］. 上海：上海人民出版社，2008：13.

② 中国法律服务网. 大连市中山区王某与某物业公司物业纠纷调解案［EB/OL］.（2021 – 12 – 25）［2022 – 09 – 27］. http://alk.12348.gov.cn/Detail？dbID＝48&dbName＝RTHZ&sysID＝30364.

王某表示，自家房屋系 2019 年购买，居住一段时间后发现，房屋内部墙壁出现裂缝，并且开发商预埋的管道也存在渗水情况，导致邻里关系受到了严重影响，由于房屋存在如此严重的质量问题，其多次上报某物业公司，仍无法得到彻底解决。王某认为，无论是什么原因导致房屋质量问题，既然自己交纳了物业费，某物业公司就应对房屋质量问题进行处理，否则就拒绝交纳物业费。某物业公司则认为，王某的主张是业主与开发商之间的问题，与某物业公司不发生关系，既然某物业公司已经按照物业服务合同履行了应尽的职责，王某便不能以房屋质量存在问题为由拒绝交纳物业费。双方多次沟通，均无法达成一致意见。2021 年 12 月某日，双方共同来到人民调解委员会，希望能通过调解化解纠纷。

根据王某反映的情况，人民调解员到王某房屋中实地查看情况，发现该房屋墙壁确实存在多处裂缝。人民调解员根据经验判断，产生裂缝的主要原因是内墙抹灰面灰号小（水泥的比例小），导致砂灰粘合力不够而出现皲裂现象。随后，人民调解员来到某物业公司，查看相关报修记录，发现某物业公司确实向开发商某地产公司上报了预埋管道漏水维修的记录，但多次维修后问题仍未得到根本解决。

人民调解员当即劝解王某，指出某物业公司已经在职责范围内和物业合同的框架下尽到了物业服务的职责，其作为业主应当履行合同支付物业费。《最高人民法院关于审理物业服务纠纷案件具体应用法律若干问题的解释》第 6 条规定："经书面催交，业主无正当理由拒绝交纳或者在催告的合理期限内仍未交纳物业费，物业服务企业请求业主支付物业费的，人民法院应予支持。"只要房屋还在保修期内，就应由开发商负责修复房屋质量问题，房屋质量纠纷与物业服务纠纷系属不同的法律关系。人民调解员认为某地产公司交付的房屋存在质量问题，王某可另行主张权利。某物业公司经理表示赞同，但是王某却一言不发。

看到双方当事人始终僵持不下，人民调解员决定单独做王某的思想工作。人民调解员提出，自己愿意帮助王某同某地产公司协调，让开发商履行应尽的义务。王某听后当即表示，自己不交纳物业费，主要是担心无人帮助自己维权，如果人民调解员能帮助自己按照法律规定修缮房屋，则其立马交纳拖欠的物业费。

次日，人民调解员找到该小区开发商，并指出，该纠纷根本原因是房屋质量问题，根据《最高人民法院关于审理商品房买卖合同纠纷案件适用法律若干问题的解释》第 10 条规定："因房屋质量问题严重影响正常居住使用，买受人请求解除合同和赔偿损失的，应予支持。交付使用的房屋存在质量问题，在保修期内，出卖人应当承担修复责任；出卖人拒绝修复或者在合理期限内拖延修复的，买受人可以自行或者委托他人修复。修复费用及修复期间造成的其他损失由出卖人承担。"作为开发商，应该履行法定责任和义务，尽快帮助业主修缮房屋。人民调解员动之以情，晓之以理,某地产公司也认识到自己的责任,表示愿意帮王某整修房屋裂缝,同时可以委托某物业公司对王某预埋管道的漏水问题进行彻底维修。最终纠纷得以顺利解决,各方当事人达成调解协议如下:

(1) 王某一次性补交未交纳物业费5 487.24元。

(2) 某地产公司对王某家墙壁裂缝问题进行彻底整修,粘贴嵌缝带,并以柔性腻子处理、再刷漆等。

(3) 某地产公司委托某物业公司跟踪王某预埋管道的漏水情况,找到漏水的原因及问题管道,并进行彻底整修。

半个月后,人民调解员对此案进行了回访,王某家里的问题已得到基本解决,某物业公司也收到了王某按期交纳的物业费。

(二) 事实分析

本案案情并不复杂。业主因为商品房质量不达标,多次维修仍然没有修好,所以拒绝向物业公司交纳物业费。但物业公司认为商品房质量问题是业主与开发商之间的问题,不应和物业费交纳关联起来。物业公司根据物业服务合同已经尽到了物业服务的义务,认为业主应该交纳物业费。但业主显然不这么认为,其将物业公司与开发商视为一体,开发商的问题就是物业公司的问题。而在实践当中,物业公司大多数是由开发商设立,甚至物业公司实质上只是开发商的一个部门。

(三) 法律分析

从法律的角度来看,物业服务合同与房产买卖合同是两个合同,一个合同的效力和履行不影响另一个合同的效力和履行。业主因房屋质量问题拒绝支付物业费,从法律角度来看是违法的。当然,根据《最高人民法院关于审理商品房买卖合同纠纷案件适用法律若干问题的解释》中的规定,开发商当然也有法律义务维修房屋,但在现实生活中,仅靠业主自身向开发商来主张权利,成本比较高,难度也较大。

(四) 情理分析

本案中,物业公司已经在物业服务合同规定的职责范围内尽到了物业服务的职责,王某应当依合同支付物业费,物业公司要求王某一次性补交未交纳的物业费于法有据。但调解不仅要做出法律判断,还要解决业主面临的问题,才能真正化解纠纷。

在本案中,业主之所以不交纳物业费,归根结底是因为开发商遗留的房屋质量问题,且开发商多次维修后问题仍未得到根本解决。部分开发商缺乏社会责任感和诚信意识,加之政府职能部门监管乏力,以致开发商在住宅物业的建设过程中存在违法和违约行为,如房屋质量低劣、公共配套设施不齐全等,为物业服务埋下隐患。

此类纠纷不仅数量大，而且由于举证责任和处理依据等复杂因素，解决起来倍加困难，甚至旷日持久。而业主难以与开发商直接取得联系，只能通过物业公司向开发商上报房屋问题，业主很难得到积极的回应和诉求的顺利解决，因此很容易导致物业公司成为"替罪羊"，引起业主对物业服务企业的不满。

因此人民调解员在向王某解释相关法律规定之后，也积极帮助王某同某地产公司协调，让开发商履行应尽的义务。通过调解，不仅解决了欠交物业费的问题，修复了王某与物业公司的关系，也促使开发商对王某反映的问题进行彻底整改，解决了王某的生活难题。

案例二：

阿拉善左旗某物业公司与马某物业服务纠纷调解案

（一）案情介绍①

阿拉善左旗某物业公司负责服务管理某小区，小区业主马某拖欠 2014 年至 2020 年物业费近 4 000 元，某物业公司工作人员多次上门催收，马某均明确表示拒绝交纳物业费，理由是自己的房屋没有装修，没有人居住，不应交纳物业费。马某认为，自开发商交房以来，自己的房屋一直处于闲置状态，既未对房屋进行装修，也未居住和使用，从未享受过物业公司提供的任何服务，所以不应交纳物业费。某物业公司则表示，虽然马某的房屋处于闲置状态，但物业公司仍为房屋安全、公共设施维护、小区整体绿化和保洁提供了服务，故认为马某理应交纳物业费。2021 年 8 月，某物业公司经理韩某代表公司向阿拉善左旗某物业纠纷人民调解委员会提出调解申请。

人民调解员在听取双方陈述并进行分析后，认为本案争议焦点主要是马某对相关法律不了解，随即决定采取法律宣讲的调解方式对马某进行调解。人民调解员向马某释明，《最高人民法院关于审理物业服务纠纷案件具体应用法律若干问题的解释》第 6 条规定："物业服务企业已经按照合同约定以及相关规定提供服务，业主仅以未享受或者无需接受相关物业服务为抗辩理由的，人民法院不予支持。"虽然马某的房屋空置未使用，但某物业公司已经按合同约定提供了服务，马某不能以没有享受到物业服务为由拒付物业费，而且无论马某是否入住，某物业公司通过服务管理维护了公共设施，保障了小区的安全，给小区业主提供了良好的生活环境，业

---

①　中国法律服务网．阿拉善左旗某物业公司与马某物业纠纷调解案［EB/OL］．（2021 - 11 - 28）［2022 - 09 - 29］．https://alk.12348.gov.cn/Detail？dbID = 48&dbName = RTHZ&sysID = 29929.

主事实上享受到了物业服务，因此应当交纳物业费。通过人民调解员的释法明理，马某对自己不交纳物业费的做法深感愧疚，当即表示愿意交纳物业费，但又提出给予适当减免的要求。

接下来，针对马某提出的房子未入住是否可以少交物业费的问题，人民调解员提出，一般只有物业公司没有完全按照《物业服务合同》的要求履行职责的情况下，马某才可以少交或者不交物业费。另外，如果马某与物业公司在《物业服务合同》中有约定可以按照一定比例免交物业费的，可以从其约定。如果没有约定，马某也可以与物业公司协商是否可以少交部分物业费。对此，马某表示希望人民调解员给予调解帮助。

根据上述规定，人民调解员结合案例实际，决定采取背靠背的调解方式单独与某物业公司进行沟通调解，人民调解员对某物业公司提出建议，马某并未入住小区，一些物业费用如生活垃圾清运费等属于业主入住后才会产生的费用，物业公司向马某收取该部分费用并不合理。同时，物业公司日后还要向马某收取物业费，过于僵持会影响其与业主的关系，不利于其日后开展工作。参考同类物业服务纠纷调解案例，人民调解员建议某物业公司对物业费用的数额秉持和谐互让的原则予以适当减免。在人民调解员的努力下，物业公司同意减免部分费用，马某同意交纳多年拖欠的物业费，双方自愿达成以下调解协议：

（1）马某一次性向某物业公司支付所欠 3 300 元物业费，双方握手言和。

（2）马某表示无正当理由不再拒交物业费。

（3）某物业公司继续按合同约定履行相应义务，确保业主对服务满意。

（二）事实分析

本案是一起极为常见的物业服务纠纷，即业主认为自己还没有住进房屋，因此就无须交纳物业费，但是物业服务不因业主是否入住而产生。实际上，不论业主是否入住房屋，物业服务的成本都是存在的，如水电的维护、垃圾的清扫、设施的维护。特别是如果大多数业主已经入住小区，个别业主不入住房屋，基本对物业服务成本没有任何影响。因此，从法律角度来看，业主应当交纳物业费。

（三）法律分析

根据《民法典》第 937 条规定："物业服务合同是物业服务人在物业服务区域内，为业主提供建筑物及其附属设施的维修养护、环境卫生和相关秩序的管理维护等物业服务，业主支付物业费的合同。"根据《最高人民法院关于审理物业服务纠纷案件具体应用法律若干问题的解释》第 6 条规定："……物业服务企业已经按照合同约定以及相关规定提供服务，业主仅以未享受或者无需接受相关物业服务为抗辩理由的，人民法院不予支持。"这意味着，对于物业公司来说，只要其已经履行了合同规定的物业服务义务，业主就应当交纳物业费。

（四）情理分析

本案争议的焦点主要是业主在尚未入住的情况下，是否可以拒绝交纳物业费。人民调解员首先释法说理，使马某认识到物业服务的目的是维护和保障房屋的正常使用，即使业主没有使用房屋，但房屋周边的环境仍然需要维护，以保证业主能够随时入住。业主作为受益人，应当承担相应的费用。虽然业主不交纳物业费的行为于法无据，但是调解组织和人民调解员应当调查了解业主不交纳物业费的原因，任何纠纷都不仅仅是法律所规定的纠纷，很多纠纷还涉及各种社会常识与常理，如果忽视这些常识与常理，当事人就会"不服气"，认为调解缺乏正义性与合理性。因此，如果确有特殊情况，人民调解员可以帮助业主与物业公司协商减免部分物业费或豁免违约金。在双方接受调解后，人民调解员不应简单地强调合乎法律规定或合同约定，更要关注如何修复关系、保持未来的合作，通过一个纠纷的调解促进和谐社区氛围的形成。例如，在本案中，人民调解员将关系的长远维护与长久和谐作为重要的说服依据。

案例三：

北京市通州区某小区 11 户居民与徐某邻里纠纷调解案

（一）案情介绍①

北京市通州区某小区一居民徐某未经物业公司和邻居同意，从自家接出电线，在一楼住户刘某家北侧卧室外墙体上安装电动能源车充电箱。刘某多次与其协商拆除，但徐某以各种理由拒绝拆除。2021 年 9 月，北京市某街道一小区发生电动车电池充电着火致人死亡事件，引起了辖区居民的普遍关注和担忧。徐某所住单元的其他居民也开始担心徐某安装的电动能源车充电箱在使用过程中可能引发安全问题，恐会影响人身安全、造成财产损失。居民纷纷找到该社区居委会，想通过居委会与徐某协商拆除充电箱，但是徐某以充电箱是厂家安装，符合质量标准为由拒绝拆除。该单元 11 户居民认为安全无法得到保障，选派居民代表来到北京市通州区某社区人民调解委员会申请调解。

社区人民调解委员会在接到调解申请后予以受理。人民调解员认真倾听居民代表陈述后，立即联系徐某进一步了解情况。徐某称，自己两年前购买了新能源电动

---

① 中国法律服务网. 北京市通州区某小区 11 户居民与徐某邻里纠纷调解案［EB/OL］.（2021 - 09 - 28）［2022 - 10 - 12］. http://alk.12348.gov.cn/Detail？dbID = 49&sysID = 28964.

车，随后找到物业申请安装充电桩，结果被告知小区内规划紧张，没有空余地方为其提供空位，于是徐某从自家接出电线在一楼邻居的北侧卧室外墙体上安装了充电箱。徐某对于给本单元居民带来的不便深表歉意，但是自己的车没地方充电也是事实，所以自己也没办法。人民调解员问徐某是否愿意在社区人民调解委员会的主持下接受调解，徐某表示愿意。

两天后，在人民调解员的主持下，双方在社区人民调解委员会进行调解。首先居民代表表达了对自身安全的强烈担忧，并要求徐某立即拆除充电箱。徐某讲了自己的困难，表示拆除后自己的车无法充电，难以使用。徐某表示，自己曾找物业公司安装，但被物业公司拒绝。物业公司解释，居民新建充电桩需要社区居委会、物业公司、居民等多方协商，任何一个环节不通过，都无法开展建设。申请安装充电桩，需向供电部门提出申请，供电部门派专人到现场查看，符合条件后，经新能源汽车车主、汽车生产企业、充电桩安装企业、物业公司、业委会等五方主体共同签订同意书后，才可进场安装。小区内是否能安装私人充电桩，不是个人能决定的，要看整个小区的配置。当事人现在居住的小区在建成时，本就没有充电桩预设位置，想要增加充电桩需要多方面考虑、咨询。如果未经允许私装电路安装充电桩，则极易造成火灾隐患，考虑到小区的新能源车不断增多，物业公司已经着手在征得居民同意的情况下对小区进行改造，第一步就是增装电动车充电桩。徐某在听到物业公司负责人的解释后，态度有些变化，称如果物业公司将充电桩落实，自己可以拆除，但目前自己的困难还是无法得到解决。

人民调解员听取各方陈述后，认为应单独给徐某做调解工作，人民调解员以近期发生在自己身边的实际案例为切入点，将搜集到的小区内"飞线"充电、电车入户充电等引发火灾的案件情况讲给了徐某，让徐某意识到不按规范停车、充电的危险性。同时人民调解员向徐某释明，《北京市物业管理条例》第78条规定："业主、物业使用人应当遵守法律法规和规章的规定以及临时管理规约、管理规约的约定，按照规划用途合理、安全使用物业。业主、物业使用人、物业服务人等不得实施下列行为：……（五）违规私拉电线、电缆为电动汽车、电动自行车、电动摩托车和电动三轮车等充电……"人民调解员向徐某讲明利害关系，如果徐某坚持不予拆除外墙安装的充电桩，那么11户居民或物业公司可以去法院提起诉讼，要求徐某排除妨害，拆除违法搭建的充电桩、电表及全部电线。如果法院支持，则徐某除需要拆除外，还需要将因违法搭建充电桩所造成的外墙面孔等损坏恢复原状，在时间和经济上都会产生更大损失，最重要的是，远亲不如近邻，邻里关系就会出现隔阂。

徐某听了人民调解员的劝导，意识到自己的行为危害到了他人的生命和财产安全，最后表示回家后会立即将充电桩拆除。社区人民调解委员会也考虑到徐某拆除充电桩后确实充电不方便，从满足民生需求出发，与物业公司协商，希望物业公司能够尽快为居民提供临时充电位，11 户居民也表示会配合物业公司安装公共充电桩的工作。在人民调解员的主持下，双方达成了以下调解协议：徐某于 7 日内拆除位于小区外墙的充电设备。后经人民调解员跟进，了解到徐某已经拆除了充电设备，物业公司也在加快推进小区充电设备建设项目，当事双方对调解结果表示满意。

（二）事实分析

该案是一种非常常见的物业服务纠纷。随着现在电动车越来越多，电动车充电基础设施的匮乏，也成了一个普遍的问题。但电动车充电也容易引发火灾，并且全国已经发生多起电动车火灾事故。在本案中也是如此，当事人坚持要在小区里面充电，由此发生争议。但这个问题的解决也并非易事。因为小区物业要建设专门的充电设备，其过程与要求都极为复杂，不是短期内可以解决的。特别考虑到很多小区的设施是在电动车崛起之前建成，现有的电力设施与建筑空间都不足以应付电动车时代的充电需求。

（三）法律分析

从法律的视角来看，业主擅自在小区私拉电线，明显违反了各种法律。《中华人民共和国电力法》第 32 条规定：“用户用电不得危害供电、用电安全和扰乱供电、用电秩序。对危害供电、用电安全和扰乱供电、用电秩序的，供电企业有权制止。”《物业管理条例》第 50 条规定：“业主、物业服务企业不得擅自占用、挖掘物业管理区域内的道路、场地，损害业主的共同利益。”这些规定都能够表明，业主私拉电线的行为是违法的，损害了业主共同利益。另外，在案件发生地的北京，根据《北京市物业管理条例》第 78 条的规定，业主私拉电线的行为也是违法的。

（四）情理分析

本案不是一起简单的邻里纠纷，而是事关居民人身、财产安全的大事。人民调解员向徐某释法说理，并以近期发生在自己身边的实际案例为切入点，将搜集到的小区内“飞线”充电、电车入户充电等引发火灾的案件情况讲给了徐某，让徐某意识到不按规范停车、充电的危险性，最终同意拆除充电箱。

这一案件也反映出旧小区发展规划与居民美好生活的新需求不相适应所引发的新矛盾。新能源汽车因其节能环保等特点，受到了很多人的喜爱，但一些区域充电配套设施建设不足，车主为方便充电，私装充电桩、充电箱，由此引发了很多有关新能源汽车充电桩安装、使用的纠纷。充电看起来是小事，却关乎着民生，解决好群众关心的小事，是为群众办实事的生动实践，有助于打通服务群众的最后一公里。因此社区人民调解委员会也与物业公司协商，希望物业公司能够尽快为居民们提供临时充电位，11 户居民也表示会配合物业公司安装公共充电桩的工作，物业公司也表示会加快推进小区充电设备建设项目。人民调解员耐心解释相关法律法规，并运用情理法相结合的方式化解矛盾，既保障了小区安全，维护了邻里一家亲的和睦氛围，也改善了小区设施，更好地满足了居民生活需求，实现了纠纷当事人的双赢。

 思考与练习

1. 《民法典》中关于物业服务纠纷的法律规定有哪些？

2. 物业服务纠纷的调解要掌握哪些技巧？

3. 物业服务纠纷的调解有哪些难点？

第五节   农村土地林地纠纷的调解

一、农村土地林地纠纷的概念、特征与相关法律规定

（一）农村土地林地纠纷的概念

从我国的历史演变可以看出，土地、山林、水利从古至今都是农民赖以生存的重要资源，是我国农村最宝贵的财富，涉及农民最根本的利益，关系农村的和谐稳定和经济社会发展。改革开放以来，工业化、城镇化对土地的需求量增大，土地这种不可再生的稀缺资源的价值日益凸显，由此引发大量的土地、山林、水利权属纠纷。农村土地林地纠纷主要指在农村土地、林地的所有权、使用权、经营权、收益权等权利归属上所产生的分歧及社会冲突，包括耕地、山林、宅基地等与农民生活密切相关的土地类型纠纷。

（二）农村土地林地纠纷的特征

1. 纠纷主体多样性

农村土地林地纠纷的主体包括作为集体经济组织的村民委员会、村民、有关的

乡（镇）政府、新型农业经营主体、土地征用的相关单位、单个农户、外村的村民委员会或村民；此外，近几年因外嫁女、丧偶、外出就学或务工等导致户籍变动引发的纠纷亦日益增多，使农村土地林地纠纷的主体呈现多样化特征。

2. 纠纷范围广泛性

以前农村土地林地纠纷多发生在农村社会内部，发生在农村土地林地制度框架内的经济生活中，如因土地承包合同履行中发生的纠纷、集体经济组织与其成员之间补偿费分配引起的纠纷、农民与农民之间的土地争议等。随着工业化、城市化的迅猛发展，土地需求增强，土地增值效应明显，农民与有关乡（镇）政府之间、农民与土地使用单位之间、农民与工商企业之间的矛盾和冲突使纠纷的范围更加广泛。

3. 纠纷性质多元性

农村土地林地纠纷比较复杂，大量纠纷以平等主体间权利义务冲突为主，属于民事法律关系性质，如合同、民事侵权等；涉及乡（镇）政府或其他政府部门侵犯农民土地承包权及政府部门作出错误的行政行为引发的纠纷，则属于行政法律关系性质；当土地纠纷诱发大规模群体性冲突、暴力，或涉及黑恶势力时，又可能需要用刑事法律进行调整。此外，村民自治问题、"富人村官"问题、"贿选"问题都与土地密切相关，并带有很强的政治色彩。

4. 纠纷原因复杂性

首先，城市化与工业化对土地需求的快速增长，使得土地效益大幅提升，这是农村土地林地纠纷增多的直接原因。其次，当前我国社会保障水平仍有待提高，农民对土地的依赖性依然很强，一旦丧失土地或土地权益受到侵害，其生活将受到很大影响。再次，近几年中央和地方对"三农"问题高度重视，农民依法维权的意识得以增强，当遇到土地纠纷或者土地权益受到侵害时，他们不再隐忍、避让，而是大胆地运用法律武器来维护自己的合法权益。最后，有些农村集体组织的领导成员未能顺应时代潮流，办事作风和方法依旧老套低效，这也是农村土地林地纠纷发生的常见原因。

5. 纠纷规模群体性

实践中，乡（镇）政府侵犯农民承包权、村民委员会违背民意暗中向外发包土地、土地征用过程中强征强拆或补偿款不到位导致农民失地等，因涉及较多人的切身利益，一般为大多数村民所关心。农村土地林地纠纷涉及人员多，群体性特征明显，具有较大的社会震荡性，若不加以控制则很容易使矛盾激化，影响社会和谐与稳定。

（三）农村土地林地纠纷的相关法律规定

根据《中华人民共和国土地管理法》（以下简称《土地管理法》）第14条规定，土地所有权和使用权争议，由当事人协商解决；协商不成的，由人民政府处理。单位之间的争议，由县级以上人民政府处理；个人之间、个人与单位之间的争议，由乡级人民政府或者县级以上人民政府处理。当事人对有关人民政府的处理决定不服的，可以自接到处理决定通知之日起30日内，向人民法院起诉。在土地所有权和使用权争议解决前，任何一方不得改变土地利用现状。上述内容对土地所有权争议及土地使用权争议的方法与程序作出了规定。

根据《中华人民共和国农村土地承包经营纠纷调解仲裁法》第2条规定，对下列纠纷可以进行调解与仲裁：①因订立、履行、变更、解除和终止农村土地承包合同发生的纠纷；②因农村土地承包经营权转包、出租、互换、转让、入股等流转发生的纠纷；③因收回、调整承包地发生的纠纷；④因确认农村土地承包经营权发生的纠纷；⑤因侵害农村土地承包经营权发生的纠纷；⑥法律、法规规定的其他农村土地承包经营纠纷。因征收集体所有的土地及其补偿发生的纠纷，不属于农村土地承包仲裁委员会的受理范围，可以通过行政复议或者诉讼等方式解决。当事人和解、调解不成或者不愿和解、调解的，可以向农村土地承包仲裁委员会申请仲裁，也可以直接向人民法院起诉。

根据《中华人民共和国农村土地承包法》（以下简称《农村土地承包法》）第55条规定，因土地承包经营发生纠纷的，双方当事人可以通过协商解决，也可以请求村民委员会、乡（镇）人民政府等调解解决。当事人不愿协商、调解或者协商、调解不成的，可以向农村土地承包仲裁机构申请仲裁，也可以直接向人民法院起诉。

二、农村土地林地纠纷的调解原则

农村土地林地纠纷调解需要遵循一定的原则，这些原则构成农村土地林地纠纷调解的指导思想，对于各类农村土地林地纠纷调解活动都有着基本的指导与示范意义。

（一）自愿合法原则

在农村土地林地纠纷的调解中，应当遵循自愿合法的原则。

自愿包含两层意思：一是双方当事人自愿在人民调解员的主持下进行调解，不得强迫当事人调解；二是调解能否达成协议及调解协议的内容，必须完全出自当事人的意愿。简言之，就是指人民调解工作必须始终尊重当事人的意愿，不得将人民调解员的意志强加给纠纷当事人，更不能采取任何强迫措施。坚持自愿原则的意义在于能够更好地保证纠纷当事人与人民调解员之间形成共同语言，取得较好的调解效果，也有利于消除纠纷当事人之间的隔阂，保证调解的成功。贯彻自愿原则要注意以下几点：把自愿原则与说服教育的工作方法紧密联系在一起；处理好自愿原则与主动调解的关系；调解协议不得违背法律、政策和社会公德。

合法也包含两层意思：一是人民调解须严格依据法定的程序和制度进行；二是调解协议的内容，不得违反法律的强制性规定。首先，合法原则可以被理解为人民调解必须依据法律、法规和国家政策的规定，即人民调解的主体资格合法、人民调解的纠纷管辖与受理合法、人民调解的程序合法。其次，确保调解协议的内容不违反法律禁止性、限制性规定，不损害国家利益、社会公共利益和第三人的合法权益，不违反公序良俗原则，即为合法。人民调解员在处理农村土地林地纠纷时，遵循合法原则，是实现依法治国方略的现实要求，也有利于及时、彻底地解决纠纷，做到案结事了，更加有利于提高人民调解的质量和效率，增强农民内部团结，维护社会稳定。

（二）利益平衡原则

在解决农村土地林地纠纷的过程中，要平衡各方利益，推行利益共享。[①] 农村土地林地纠纷是农民内部利益的纷争，争议的利益总和是一个常量，任何一方的利益受损都不能带来整体经济效益的提升。因此，我们把平衡各方利益作为调解农村土地林地纠纷的重要原则。所谓平衡，是指大致平衡，合情合理，是基于尊重历史、兼顾现实的变通策略。例如，在土地承包经营权转让纠纷中，若拘泥于司法解释，因农户间未签订书面协议或未经发包方同意而简单否定转让事实，支持一方索要全部土地的主张则显失公平。可行的做法是，土地承包经营权转让有其特定的历史背景，应根据转让的时间段、税费的承担情况、双方现实经济状况等，兼顾情理，公平公正调解，在返还土地面积及粮食直补上对各方利益全面考虑。总之，利益要共享，"好处"不能独占，要保持各方利益主体的相对平衡。利益平衡就是把所涉及的农村土地林地纠纷捆绑处理，回避细枝末节的纠缠。平衡各方利益的思路同样适用于土地承包经营权其他类型纠纷的调解。另外，在调解政府与农民之间的土地林地纠纷时，必须坚决维护农民的合法利益。首要确保失地农民的利益，并充分考虑失地农民长远的生计问题，及时查明双方纠纷争执点，合理合法地开展调解工作，

---

① 雷文，陈树宝．浅谈如何调解农村土地纠纷 [J]．人民调解，2014（3）：13－15．

充分考虑当事人利益，准确合理地确定双方利益的平衡点，使争议主体的各项权利保持基本均衡，做到公开、公平、公正。

（三）充分说理原则

充分说理原则，是指人民调解组织和人民调解员在调解农村土地林地纠纷时应遵循的，在不违背法律、法规、政策的前提下兼顾公理、人情，以当事人在情感上能够接受的方式和人们共同认同、信守的公德为标准，尊重当地的公序良俗进行调解的原则。坚持充分说理原则的意义在于在不违背法律、法规和国家政策的前提下，依照社会公德、村规民约、公序良俗、行业惯例调解纠纷，使当事人更加清楚地理解什么是合法、什么是违法，自己享有哪些权利、应该履行哪些义务，哪些行为应当提倡、哪些行为应被谴责，从而增强农民自觉地通过合法、合理的途径解决农村土地林地纠纷的意识和观念。

在调解农村土地林地纠纷时，调解人员要针对当事人已经认知的，但却影响最终结局的有利条件或不利条件进行劝说。充分说理，就是要耐心细致地讲清道理。对于民间纠纷的彻底解决，真正重要的是整个过程的说理与论法，这构成人民调解切入个案的基石，说理与论法都关系到纠纷解决结果的可接受性。一般而言，说理适用的通常是民间话语，多采用一种类似地方性知识的语言表达来引导当事人对争议事实达成共识，这种共识的达成有赖于当事人对地方性知识所内含的真理的认同。运用地方性的话语修辞和法律修辞，将法律融贯于说理思维之中，综合法律、价值、社会关系于论辩、论证之中，以此来形成对案件争议实质及当事人行为的判断。贯彻充分说理原则，需要准确运用调解衡平技术，以实现情理法的融合与协调，既要坚持以法律为依据，又要兼顾社会公德，准确把握情理限度，使得说理与论法相互交错、互为表里，从而为农村土地林地纠纷的妥善解决提供可能。

三、农村土地林地纠纷的调解方法与技巧

（一）充分调查研究，找准纠纷的症结

没有调查就没有发言权，对纠纷正确的分析、判断，依赖于是否进行了充分的调查研究，是否掌握了详实的第一手资料。人民调解员必须做足调查研究的"功课"，并善于从纷繁、零乱、庞杂的调查材料中厘清纠纷的来龙去脉，摸清当事人的真实意图，找准纷争的症结，正确把握解决纠纷的切入点，做到有的放矢。在调

解的整个过程中，人民调解员要善于抓住苗头，针对纠纷当事人的思想和行为不断变化的特点，抓住带有苗头性、倾向性的问题，及时分析变化的现状、原因，提出解决纠纷的对策，把纠纷解决在萌芽状态，防止矛盾的扩大和深化。人民调解员在调解复杂的民间纠纷时，要抓住主要矛盾，突出调解工作重点，解决最关键的问题，促成整个纠纷的解决。例如，下面"调解案例"中的案例一，人民调解员深入地对案件事实进行调查求证，调查到争议地块属于开荒地，既没有确权证也没有跟村民委员会签订的承包合同，认为此块土地由村民委员会拥有集体土地所有权，如果双方继续争执不休或是发生打架斗殴事件，村民委员会有权收回土地，从而使争议双方的现场态度都有了明显缓和。

（二）做到情理法交融

依法调解是人民调解员手中最有力的"武器"，人民调解员要善于结合案情向当事人宣讲和解释法律法规，使得当事人对自己行为的违法性有清醒认识，从而为达成调解协议奠定基础。下面"调解案例"中，案例一的调解过程中人民调解员向当事人宣讲和解释了《海南省土地权属确定与争议处理条例》的相关规定；案例二的调解过程中人民调解员向当事人宣讲和解释了《农村土地承包法》的相关规定；案例三的调解过程中人民调解员向当事人宣讲和解释了《土地管理法》和《治安管理处罚法》的相关规定，使得当事人明法析理。"法在情中走，情在法中游"，人民调解员应善于结合案情"动之以情，晓之以理"，通过道理说服人、通过情感感化人。例如，案例三中的人民调解员说："毕竟你们把人家的祖坟刨了，这在咱们这里可是走风水、没面子的事啊！说句不中听的话，这事如果搁在你们身上，说不定你们会干出更出格的事啊！你们说呢？"通过道德教化、以情动人和换位思考的方法进行说服，从而取得了较好的调解效果。

（三）把握调解的时机和场合

当解决农村土地林地纠纷的有利时机出现时，人民调解员不论是在工作日还是非工作日内，都要果断地立即进行调解，不必拘泥于常规。对于时间长、隔阂深、问题比较复杂的纠纷，要耐心等待，找到恰当的时机再进行调解。在调解过程中，人民调解员还要注意当事人表现的细微变化，这些变化往往反映了其最真实的内心想法，如果运用得当，就可能成为调解的突破口。例如，当事人脸色突然变得苍白、突然流泪，外向型性格的人突然沉默不语，内向型性格的人突然大喊大叫，充满自信的强硬者突然语气变得温和，伶牙俐齿的人说话突然变得结结巴巴，在正常温度下当事人额头冒汗，等等，这些细微变化都意味着调解工作触及了深层的问题。人民调解员要善于察言观色，捕捉、分析当事人表现出来的细微变化，弄清楚其内心的真实想法，要把握好时间节点与火候，注意提出纠纷解决方案的最佳时机。例如，"调解案例"中的案例一，人民调解员首先详细了解了双方的诉求及对地界等问题的认识，同时针对吉某某此前的破坏行为耐心做好法律、法规的宣传工作，然后召集矛盾双方面对面进行沟通协调，在双方态度都有了明显缓和的情况下促使双方达成调解协议，可谓把握时机、循序渐进。另外，还要注重调解的场合以此来营造良好的调解氛围，可以灵活选择调解地点，包括在田间地头、晒谷场、当事人的家里，缓和气氛，体现调解的服务理念；也可以布置圆桌会议，避免过于严肃，经双方同意可以邀请媒体和有关人员参加旁听，营造公平、公正、公开的调解氛围。①

·调解案例·

案例一：

东方市陈某某与吉某某山林土地纠纷调解案

（一）案情介绍②

2021年11月某日，东方市陈某某报警称，吉某某擅自将其种植的槟榔苗拔出，且双方在一处开荒地的地界争议问题上存在激烈冲突，要求民警前往处理纠纷。派出所民警接到警情后随即赶到现场稳定双方情绪，同时邀请某乡人民调解委员会参与调解工作。但因当时吉某某态度坚决，调解工作暂无法开展。一个月后，双方又因陈某某在争议地块种植的辣椒苗被吉某某碾压破坏而产生纠纷，此次人民调解员在征得吉某某同意后，邀请辖区派出所民警、村委会干部等有关人员一同前往现场开展调解工作。

根据人民调解工作规范，人民调解员首先详细了解了双方的诉求及对地界等问题的认识，同时针对吉某某此前的破坏行为，耐心做好法律、法规的宣传工作，要求其依法依规反映诉求，不可再发生损害他人财物或者人身伤害的情况。通过交谈了解，陈某某希望以现有种植情况划定地界，并要求吉某某对损坏的种植物进行赔偿。吉某某则表示要重新划定界限，以其认定的界限为准，种植物被损坏是因为陈某某越界导致，其本人不负任何责任。同时，人民调解员也发现其实双方对这起长

① 刘建宏. 农村常见法律纠纷调解［M］. 北京：中国政法大学出版社，2017：19-23.
② 中国法律服务网. 东方市陈某某与吉某某山林土地纠纷调解案［EB/OL］.（2022-05-04）［2022-12-14］. http://alk.12348.gov.cn/Detail? dbID=49&dbName=RTQT&sysID=31620.

期存在的土地纠纷都感到厌烦，都迫切希望能够对目前争议地块的界限进行明确划分，尽快恢复正常的生产生活。

了解完双方诉求后，人民调解员决定趁热打铁，首先召集矛盾双方面对面进行沟通协调。根据调查求证的情况来看，此争议地块属于开荒地，既没有确权证也没有跟村委会的承包合同，因此在双方争吵的第一波劲头过去后，人民调解员抓住时机切入谈话，结合《海南省土地权属确定与争议处理条例》相关规定，围绕争议焦点集中归纳了三点意见：第一，矛盾双方均无一方种植该块土地超过20年且无任何争议；第二，矛盾双方都属于开拓荒地，既没有确权证也没有跟村委会的承包合同；第三，此块土地由村委会拥有集体土地所有权，如果因为双方争执不下再发生打架斗殴事件，村委会就有权收回土地，以此防止纠纷的继续扩大。通过认真讲法，双方现场态度都有了明显缓和，停止了争吵。

此时，村两委干部也及时站出来，告知双方此块土地权属归村委会，同时告知双方争议土地的使用历史、使用依据及村委会有关争议土地的使用规划，土地可以给双方开荒使用，但是双方不能因此抢占土地，如果继续争执，村委会将收回土地。矛盾双方在了解了争议地块的情况后，原本强硬的态度都有所缓和。

通过村干部的说"理"，陈某某首先表示愿意退一步，适当让出部分土地，但吉某某反倒步步紧逼，声称这块土地是从他父辈就开始种植的"祖宗地"，要求陈某某退让更多土地，人民调解员见此情况，再次声明根据《海南省土地权属确定与争议处理条例》第27条规定："任何单位和个人不得以'祖宗地'为由要求确认土地权属。"同时为了化解僵持局面，人民调解员也发动"情"的优势，对其单独劝导，并协助其回忆双方在矛盾发生前是如何互帮互助的，旨在感化吉某某。经过耐心地明理析法，双方最终同意各退一步，达成调解协议。

经调解，双方自愿达成以下协议：

（1）吉某某与陈某某划线为据，以田地北侧道路第四棵果树为起点，经池塘旗杆处为拐点，至开荒地芦苇荡为终点，东侧为吉某某使用土地，西侧为陈某某使用土地，以此划分两家所争议土地。

（2）吉某某现场支付50元钱，作为损害陈某某果树的赔偿款。双方当场履行协议，承诺此后不再因此事产生纠纷。

（二）事实分析

本案涉及农村土地的划界问题。农村地区极易因为各种土地界限发生争议，而且这种争议还可能夹杂了情感，最后双方所争夺的已经不完全是土地本身，而是尊严和荣誉，这时迫切需要一个具有说服力的纠纷解决机制。在本案中，由于所涉土地是荒地，并没有经过当地政府确权，因此，双方当事人各执一词，互不相让。尽管根据当地法律规定，这块土地属于集体所有，但在实践中，并不能将所有权绝对化，很多农民在使用一块土地若干年后，就对土地形成了权利意识。即使法律不认可这种权利意识，但也必须安抚当事人的情绪。本案中吉某某声称地块是父辈就开始种植的"祖宗地"，对于此类错误观点，人民调解员只能耐心说服教育。

（三）法律分析

根据我国土地所有制，农村地区的土地一般属于集体所有。个人主张所有权是不能成立的。即使个人主张承包经营权，也要和集体签订承包合同，办理确权证书。而在本案中，双方当事人的权利主张都没有任何法律依据，也没有任何承包合同。他们的主张只是一种"事实权利"。

（四）情理分析

人民调解员在调解过程中，做到了尊重、自愿、平等，恰当地维护了当事人的基本权利，没有违背法律、法规和国家政策。在双方各持己见时，人民调解员从大局出发，不急于强行开展调解工作，而是在查明事实的基础上，发挥情理法的综合作用，待双方都对调解工作认可、迫切需要的时候，结合当地法律依法协调，定分止争，防止了矛盾的激化。在告知双方村委会有权收回土地后，人民调解员最大限度地从对双方均有利的角度考虑，及时促使双方达成了调解协议，避免了矛盾纠纷的进一步激化升级，体现了人民调解"第一道防线"的优势。人民调解员为了化解僵持局面，发动"情"的优势，对当事人进行劝导，并帮助其回忆双方在矛盾发生前互帮互助的经历，从而来感化当事人。

案例二：

因妇女出嫁得不到征地补偿款引发的纠纷调解案

（一）案情介绍①

陈某卫和陈某红是亲兄妹。陈某红出嫁后，在婆家没有分到承包土地，她把娘家的承包田地及山林交由哥哥管理、耕种，没有从哥哥那里收取任何费用。不久，县人民政府准备建一个垃圾处理站，决定征用陈某卫、陈某红家的全部承包田地及山林，为此支付了一大笔征地款给陈某卫。陈某卫在收到征地款后一直没有将此事告诉陈某红。后来，陈某红听说此事就去找哥哥要自己的那份钱，但陈某卫不承认征地款有妹妹的份。无论陈某红怎么说，陈某卫都不给。陈某红又气又急，干脆去

---

① 《人民调解工作法律实务丛书》编写组．不同纠纷类型的调解案例与法律应用［M］．北京：中国法制出版社，2017：142-143.

被征用的自家土地上吵闹，阻止工程的施工。无奈，双方向镇司法所申请调解。

镇司法所同村委会一起去村里进行调查了解，在详细听取双方陈述后，镇司法所及村委会的同志开始做双方的思想工作，刚开始，陈某卫理直气壮地说，承包田地及山林是他自己的，有承包合同可以作证，不同意把征地款分给妹妹；而陈某红一口咬定自己是承包人，只是自己的承包田地及山林一直由哥哥代管，自己有权利分割征地款。双方互不相让，致使调解陷入僵局。

面对这种局面，人民调解员潘某并没有灰心，而是耐心细致地做陈某卫的思想工作，劝他看在亲情的份上好好考虑，不要伤了妹妹的心。见陈某卫不为所动，潘某又给他讲解了《农村土地承包法》，该法第6条规定："农村土地承包，妇女与男子享有平等的权利。承包中应当保护妇女的合法权益，任何组织和个人不得剥夺、侵害妇女应当享有的土地承包经营权。"由此可见，陈某红虽然已经出嫁，但是因为其在婆家没有分到承包地，所以在娘家的村里还具有承包经营权。也就是说，陈某红的承包经营权受法律保护，不因出嫁而改变。并且，农村土地的承包是以户为单位的，并非是谁持证或谁签订承包合同，经营权就是谁的。陈某卫作为承包户主，其承包合同中的承包田地及山林地包含陈某红的份额。因此，陈某卫应把属于妹妹份额的承包土地的征地款分给妹妹。经过几个小时的耐心说服教育，陈某卫终于同意把属于妹妹份额的征地款分给她，双方签订了调解协议书。人民调解员经过回访确认协议已履行。

（二）事实分析

该案既涉及财产争议，也涉及亲情伦理。一方面，兄妹两个为争夺土地征收款而闹得不可开交。陈某卫认为，陈某红已经出嫁，因此不再享有承包田地及山林的任何权益。但陈某红得知承包土地补偿款是一笔巨款，也要过来争夺。出嫁的女儿如同泼出去的水，在农村地区是一种常见的观念，陈某卫因此拒绝了陈某红的要求，两者由此发生冲突。另一方面，两人又是兄妹关系，其中还有亲情的考量。此类纠纷解决起来，如果完全按照法律打官司，最终可能导致兄妹反目成仇。因此，如何在做好利益分配的情况下，还能保持双方关系的和谐是一个难点。

（三）法律分析

从法律角度来看，即使陈某红已经出嫁，但其仍然享有承包田地及山林的权益。陈某卫不能独吞所有征地款。根据《农村土地承包法》第6条规定："农村土地承包，妇女与男子享有平等的权利。承包中应当保护妇女的合法权益，任何组织和个人不得剥夺、侵害妇女应当享有的土地承包经营权。"该法第31条规定："承包期内，妇女结婚，在新居住地未取得承包地的，发包方不得收回其原承包地；妇女离婚或者丧偶，仍在原居住地生活或者不在原居住地生活但在新居住地未取得承包地的，发包方不得收回其原承包地。"而在本案中，陈某红在出嫁后，并未取得婆家的承包土地，因此，她对于娘家的承包土地仍然享有权益。

（四）情理分析

在本案中，哥哥陈某卫对法律的认识不足，认为妹妹出嫁后就不再是田地及山林的承包人，不肯将征地款分给妹妹。人民调解员潘某耐心细致地给陈某卫讲解法律知识，告诉他妹妹同样具有承包权，也受法律保护。调解工作只有依法进行才能使纠纷得到正确解决，必须让当事人分清谁是谁非。人民调解员通过说服工作，能够让当事人清楚地认识到，判断是非的标准既不是当事人的意愿，也不是人民调解员的主观想象，更不是旧的风俗，陈某红虽已出嫁，但法律规定她对于土地承包依然享有与男子平等的权利。人民调解员依法调解，最终使陈某卫认识到了自己的主观认知是违法的，并同意把妹妹应得的征地款分给妹妹，由此成功调解了一起因征地引发的纠纷。同时，人民调解员通过耐心地说服，也避免了兄妹关系的恶化，如果通过诉讼机制采取一种对抗式的辩论，最终可能导致兄妹反目成仇。

案例三：

因改迁坟地不慎占用他人承包地引发的土地纠纷调解案

（一）案情介绍①

姚家寨村是乡蔬菜保护地重点开发单位。今年春季，因建蔬菜大棚的需要，这个村的姚姓家族准备将对建棚有影响的祖坟迁走。为此，姚家看好同村林家承包的一块山地。经与林家协商同意后，姚家便做了迁坟的准备。迁坟过程中，由于姚家的疏忽大意，在迁坟前没有要求林家到现场实地指点具体位置，姚家误把祖坟修建在了与林家相邻的陈家承包地里。第二天，陈家发现自己的承包地里突然多出一座坟墓，一股无名火立刻蹿上心头。经打听得知是姚家新迁的祖坟，就找到姚家理论。姚家得知来意后，知道自家有错，连连道歉，并愿以自家地段的两倍来赔偿，可陈家就是不答应。不仅如此，当天下午，陈家还把姚家新砌的祖坟刨开。姚家得知此事后，怒不可遏，一气之下，便召集家族众人去陈家理论，这时，姚家的一位长辈害怕闹出人命，在稳定了众人情绪后，便向人民调解员老王求助。

---

① 《人民调解工作法律实务丛书》编写组.不同纠纷类型的调解案例与法律应用［M］.北京：中国法制出版社，2021：136－138.

人民调解员老王一听事态严重，马上与公安干警联系后赶到现场。他劝阻姚家人不可乱来，厉声告诉姚家众人，根据《土地管理法》第 37 条第 2 款的规定及《治安管理处罚法》第 9 条的规定，未经许可批准，在他人所承包的耕地修建坟墓，是违法和违规的。如再与对方发生械斗，将构成更严重的违法行为，造成人身伤害的话还会罪上加罪。随后，老王耐心地讲解了具体的法律知识。

听完人民调解员老王的讲解后，姚家本来想跟陈家拼命的人立刻清醒了许多，在法律和理智面前，放弃了与陈家"火拼"的念头。但姚家有人说："你说得很有道理，可我们家的祖坟也不能随便被刨了啊！"听后，老王向大家保证一定会合理地解决这件事。

安抚了姚家人激愤的情绪后，人民调解员老王又马不停蹄地找到陈家，对陈家讲述了刚才发生的事。陈家人一听也感到后怕，老王见状马上说："姚家做事的确太不冷静了，但也情有可原，毕竟你们把人家的祖坟刨了，这在咱们这里可是走风水、没面子的事啊！说句不中听的话，这事如果搁在你们身上，说不定你们会干出更出格的事啊！你们说呢？"陈家人听完这番话，表示愿意向姚家赔礼道歉，并帮助他们移走祖坟。一场纠纷终于这样解决了。

（二）事实分析

农村地区的祖坟问题是一个非常常见的问题，祖坟问题涉及耕地的占用、邻里的冲突。在冲突中，还掺杂着道德情感与风俗习惯，因为中国人有着尊奉祖先的传统，如果祖坟被人破坏，不仅是一件财产的破坏，更是破坏了风水，影响的不仅仅是祖先的"泉下有知"，也会影响到子孙的"福报"。不论这些观念是否科学，但其作为很多人的观念实际存在着。因此，在本案中，迁祖坟占用他人耕地可能还是小事，而破坏祖坟才是大事，如果不及时进行调解，就可能导致流血冲突。

（三）法律分析

根据《土地管理法》第 37 条第 2 款规定："禁止占用耕地建窑、建坟或者擅自在耕地上建房、挖砂、采石、采矿、取土等。"姚家占用他人耕地建祖坟，无疑是非法的，需要纠正。而陈家在刨开姚家的祖坟后，姚家基于传统道德观念与风俗习惯，表现得怒不可遏。但双方如果因此发生打斗又违反了相关法律，根据《治安管理处罚法》第 9 条规定："对于因民间纠纷引起的打架斗殴或者损毁他人财物等违反治安管理行为，情节较轻的，公安机关可以调解处理。经公安机关调解，当事人达成协议的，不予处罚。经调解未达成协议或者达成协议后不履行的，公安机关应当依照本法的规定对违反治安管理行为人给予处罚，并告知当事人可以就民事争议依法向人民法院提起民事诉讼。"

（四）情理分析

人民调解员老王在劝阻姚家不要采取过激行为时，主要利用了法律的震慑力。他首先清楚地指出姚家未经许可批准，在别人所承包的耕地修建祖坟，已经构成违法行为。然后告知姚家人，械斗是严重的违法行为，将会受到法律的严惩。在严重的法律后果面前，姚家人终于摆脱了偏激的想法，恢复了理智，放弃了与陈家"火拼"的念头。而怎样平息姚家人被刨了自家祖坟的怨气呢？在接下来做陈家人的工作时，人民调解员主要使用了道德教化和换位思考的方法。老王通过当地风俗对刨坟这件事的认识，批评和谴责陈家人的这种做法不道德。法律只是起码的道德，道德才是高尚的法律，所以道德教化是惩恶扬善的无形力量。陈家人听完老王的劝说，表示愿意向姚家赔礼道歉，并帮助他们移走祖坟，一场纷争得以落幕。

☞ 思政启示

"三农"问题是关系国计民生的根本性问题，土地权属流转是发展现代农业的必由之路，是增加农民收入的重要举措，对实施乡村振兴战略具有重大意义。人民调解组织坚持服务群众、服务发展的工作理念，充分发挥人民调解作用，在护航乡村振兴工作中不断提升公共法律服务能力，创新服务举措，积极参与基层社会治理，努力将矛盾纠纷化解在基层，以法治力量助力乡村振兴。

解说：在我国不断追求走向共同富裕的道路中，乡村振兴和发展是不可忽视的重要课题。在乡村振兴和农村资源重新整合开发的大背景下，农村的劳动力回流、土地价值稳步上升。但以土地所有权、使用权、收益权等为焦点的纠纷仍然发生。人民调解以其具有的民主自治性和灵活性，在农村土地纠纷处理方面发挥着重要作用。其既能满足解决农村土地纠纷的客观需要，又能在一定程度上稳定乡村的社会基本秩序，是不断推进乡村振兴战略，构建和谐富足的现代化农村的必然要求。

💡 思考与练习

1. 农村土地林地纠纷有哪些特征？
2. 农村土地林地纠纷需要遵循哪些调解原则？
3. 农村土地林地纠纷的调解方法与技巧有哪些？

第六节　群体性纠纷的调解

一、群体性纠纷的概念、特征与相关法律规定

（一）群体性纠纷的概念

群体性纠纷，也可称之为群体矛盾纠纷。虽然前面几节论述的纠纷也可能成为群体性纠纷，但群体性纠纷由于其较大的规模及在中国维稳体制中的独特地位，因此具有独立探讨的必要。根据学者的界定，所谓矛盾纠纷，是指不同主体之间因为利益需求不同而出现的某种分歧或不和谐因素，进而产生的冲突。[①] 对这一概念进行语义分析，可以提炼出两大要素，即"主体之间"和"利益分歧"。群体矛盾纠纷是在一般矛盾纠纷的基础上又增加了一项新的要素，即"群体性"要素，主要是指矛盾纠纷的一方或双方主体为多人。

群体性纠纷与群体性事件两个概念密切相关，但是根据学者观点，群体性纠纷并不等同于群体性事件。引发群体性事件的原因很多，客观因素诸如土地拆迁补偿纠纷、物业纠纷、相邻关系纠纷等，主观因素诸如对于政府的长期不满、失业职工安置问题等都可能引发群体性事件。一般来说，群体性纠纷并不必然发展成为群体性事件，但是群体性事件一定源于群体性纠纷，且群体性事件也是群体性纠纷的一种表现形式。[②] 综上所述，本书对群体性纠纷这一概念进行如下界定：群体性纠纷是指矛盾纠纷涉及的一方或双方人数为多人，双方因利益分歧而导致的矛盾冲突。

（二）群体性纠纷的特征

根据上面对群体性纠纷的界定，相较于其他矛盾纠纷，群体性纠纷最大的特征在于其独特的"群体性"要素。也正是因为"群体性"要素，使得群体性纠纷亦具

[①]　张卫平. "案多人少"问题的非讼应对 [J]. 江西社会科学，2022，42（1）：57 - 70，206.

[②]　邓少君. 风险社会视域下基层矛盾治理研究：基于广东省的实践样态 [D/OL]. 武汉：武汉大学，2016 [2022 - 10 - 02]. https://kreader. cnki. net/Kreader/CatalogViewPage. aspx？dbCode = CDFD&filename = 10161 32120. nh&tablename = CDFDLAST2017&compose = &first = 1&uid = .

有其他方面的特征。具体来说，群体性纠纷主要有以下四个方面的特征：

1. 纠纷主体涉众性

在群体性纠纷中，纠纷主体的一方往往是多人，具有涉众性。但是何为"多人"，何为"涉众"，目前并没有一个严格的界定标准。从实践中看，某些行政机关认为纠纷一方涉及五人以上的即为群体性纠纷，而有些司法机关则认为群体性纠纷应指纠纷一方为三人以上的矛盾纠纷。[①] 从规范上看，《民事诉讼法》第56条、第57条规定了当事人一方人数众多的共同诉讼，《最高人民法院关于适用〈中华人民共和国民事诉讼法〉的解释》则对"当事人一方人数众多"这一不确定的法律概念进行了进一步阐释，该解释第75条指出，《民事诉讼法》中所规定的当事人一方人数众多，一般指十人以上。同时，《中华人民共和国劳动争议调解仲裁法》（以下简称《劳动争议调解仲裁法》）第7条也规定了，发生劳动争议的劳动者一方在十人以上，并有共同请求的，可以推举代表参加调解、仲裁或者诉讼活动。对于以上不同观点，本书倾向于采纳《最高人民法院关于适用〈中华人民共和国民事诉讼法〉的解释》与《劳动争议调解仲裁法》确定的"群体性"标准。现代社会矛盾纠纷的成因越发多样，矛盾纠纷所涉及的法律关系也愈趋复杂。许多矛盾纠纷不再仅限于双方法律主体之间，涉及多边法律关系的矛盾纠纷越来越多，应当以相对较高的标准认定群体性纠纷的主体数量，十人的标准是较为恰当的。

2. 纠纷内容同质性

有学者指出，将群体性纠纷的一方或者双方为数众多的成员召集起来的核心因素是这一群体对该纠纷有着共同的或者相似的利益诉求。[②] 正是共同的或者相似的利益诉求使得众多成员形成利益团体，并与矛盾纠纷相对方产生冲突。因为利益诉求的相似性，使得同一利益团体内各主体与矛盾纠纷相对方的纠纷内容具有高度的同质性。例如，在物业管理纠纷中，同一小区内的多名业主与物业服务企业之间的冲突，主要围绕物业服务合同中双方的权利义务展开。虽然业主之间互为独立的个体，但是由于其诉求的一致性，就形成了利益团体，因而此类纠纷属于群体性纠纷。由于此类矛盾纠纷在内容上具有同质性，因此寻求此类问题的最终化解，需要分析矛盾纠纷产生的根源性因素，从而对相关矛盾纠纷进行并案处理。一般说来，业主的诉求主要是针对物业服务企业的不作为，因而拒绝履行物业管理费的给付义务，从而与物业服务企业之间产生矛盾纠纷。

---

① 孙赟峰. 如何做好调解工作：调解实务技巧与案例 [M]. 北京：中国法制出版社，2013：172. 黄素. 群体性民事纠纷案件的特点及对策 [EB/OL]. (2016 - 12 - 28) [2022 - 10 - 05]. https://hunanfy. chinacourt. gov. cn/article/detail/2016/12/id/2495710. shtml.

② 张宗亮，解永照. 群体性纠纷相关问题思考 [J]. 东岳论丛，2011，32（2）：174 - 179.

3. 纠纷缘由多元性

根据英国社会学家吉登斯的观点，现代社会已经进入了"风险社会"。随着社会经济的发展，社会中的风险因素也呈指数级增长。[①] 其中一些风险极有可能发展成为群体性纠纷，这使得群体性纠纷的缘由呈现出多元性的特点。正如卡佩莱蒂所言："随着现代社会的复杂化，单单一个行动就致使许多人或许得到利益或许蒙受不利的事件频繁发生，其结果使得传统的把一个诉讼案仅放在两个当事人之间进行考虑的框架越发显得不甚完备。"[②] 传统社会的群体性纠纷常常表现为乡土社会的宗族之间、不同地域群体之间的矛盾。进入现代社会，纠纷缘由明显增加。例如，工程建设中农民工与工程承包方之间关于劳动报酬给付的矛盾纠纷，物业服务企业与业主之间的矛盾纠纷，等等。这些新的群体矛盾纠纷形态都是随着社会的发展而产生的，因此，当代矛盾纠纷缘由具有多元性的特点。

4. 纠纷性质转化性

前文提到，群体性纠纷与群体性事件密切相关。如果群体性纠纷处理不当，其性质很有可能转化升级，导致群体性事件的发生。有学者从心理学的角度对群体性纠纷中的当事人心态进行分析，认为在群体性纠纷中，个人会表现出很明显的行为趋同性。个体在"群体潜意识"的作用下，本能地会进行行动协调，彼此相互模仿，力求与现场的多数人行为一致，从而表现为一种自发的集体行为状态。[③] 在这种情形下，如果不加以及时的介入与干预，当事人的不满情绪可能会蔓延，原本非对抗性的矛盾纠纷可能转化升级为对抗性的矛盾纠纷，进而造成难以预料的后果。因此，在处理群体性纠纷时，要非常注意其纠纷性质的易转化性，尽量稳定当事人的情绪，在组织机制上应当选择通过非对抗性方式化解矛盾纠纷，在手段方式上要注重在商谈的基础上释法说理，在实施效果上要注重矛盾纠纷的本地化解，防止矛盾纠纷的升级转化。

（三）群体性纠纷的相关法律规定

从起因上看，群体性纠纷通常出现在土地征收与征用补偿纠纷、劳动关系纠纷等矛盾纠纷法律关系中；从程序上看，群体性纠纷通常出现在信访工作中；从后果上看，群体性纠纷中相关主体的违法行为可能会触犯《中华人民共和国刑法》（以

---

① 夏和国. 吉登斯风险社会理论研究 ［D/OL］. 北京：首都师范大学，2014 ［2022 - 10 - 10］. https://kreader. cnki. net/Kreader/CatalogViewPage. aspx? dbCode = CDFD&filename = 1014257140. nh&tablename = CDFD-LAST2015&compose = &first = 1&uid = .

② 卡佩莱蒂. 福利国家与接近正义 ［M］. 刘俊祥，等译. 北京：法律出版社，2000：68.

③ 张宗亮，解永照. 群体性纠纷相关问题思考 ［J］. 东岳论丛，2011，32（2）：174 - 179.

下简称《刑法》）或者《治安管理处罚法》的相关规定。为妥善处理群体性纠纷，本书兹收录相关法律法规如下：

1. 土地管理与承包相关法律法规

根据《土地管理法》第 14 条第 1 款的规定，土地所有权和使用权争议，由当事人协商解决；协商不成的，由人民政府处理。根据《农村土地承包法》第 55 条第 1 款的规定，因土地承包经营发生纠纷的，双方当事人可以通过协商解决，也可以请求村民委员会、乡（镇）人民政府等调解解决。基于此，我们可知，在处理涉及土地所有权、使用权与农村土地承包经营权等相关群体性纠纷时，由当事人协商解决是首选的纠纷处理方式。协商不成的，则根据相关法律规定，由人民政府处理，或者请求村民委员会、乡（镇）人民政府调解解决。调解不成的，群体性纠纷当事人则可根据《土地管理法》第 14 条第 3 款或《农村土地承包法》第 55 条第 2 款的规定向人民法院提起诉讼。以上法律规定，充分体现出群体性纠纷解决过程中"调解先行、司法终局"的特点。

2. 劳动法律法规

处理劳动相关群体性纠纷的法律法规见之于《劳动法》《劳动合同法》《劳动争议调解仲裁法》等法律法规之中。首先，《劳动法》第 77 条第 2 款规定了调解原则，即劳动争议案件中"调解原则适用于仲裁和诉讼程序"；其次，《劳动合同法》与《劳动争议调解仲裁法》规定了群体性劳动争议解决的具体措施。例如，《劳动合同法》第 5 条规定了需要建立由县级以上人民政府劳动行政部门、工会和企业方面代表组成的劳动关系三方机制，以便共同研究解决有关劳动关系的重大问题。《劳动争议调解仲裁法》第 7 条规定，群体性劳动争议中，劳动者一方在十人以上，并有共同请求的，可以推举代表参加调解、仲裁或者诉讼活动。

3. 信访相关法规

2022 年新制定的《信访工作条例》为群体性纠纷的妥善解决提供了重要规范依据，并强调了运用调解手段解决群体性纠纷的重要性。例如，《信访工作条例》第 33 条规定："各级机关、单位在处理申诉求决类事项过程中，可以在不违反政策法规强制性规定的情况下，在裁量权范围内，经争议双方当事人同意进行调解；可以引导争议双方当事人自愿和解。经调解、和解达成一致意见的，应当制作调解协议书或者和解协议书。"群体性纠纷正属于本条中的"求决类"事项，在处理此类纠纷争议的过程中，可以积极引导双方当事人自愿和解或者达成调解。但是，此类和解与调解仍然需要遵守两项限制性规定：一是和解与调解不能违反政策法规的强制性规定；二是负责调解的主体在调解过程中不能超越其权限开展工作。

4.《刑法》与《治安管理处罚法》

在群体性纠纷的处理过程中，一定要注意预防群体性纠纷的转化升级。对于因群体性纠纷导致人身、财产损失后果的，需要视情节适用《刑法》与《治安管理处罚法》。对于情节轻微的，可以适用《治安管理处罚法》进行规制。《治安管理处罚法》第9条规定："对于因民间纠纷引起的打架斗殴或者损毁他人财物等违反治安管理行为，情节较轻的，公安机关可以调解处理。经公安机关调解，当事人达成协议的，不予处罚。经调解未达成协议或者达成协议后不履行的，公安机关应当依照本法的规定对违反治安管理行为人给予处罚，并告知当事人可以就民事争议依法向人民法院提起民事诉讼。"对于情节较重、构成犯罪的，需要根据《刑法》追究相关行为人刑事责任。

二、群体性纠纷的调解原则

有学者指出，群体性纠纷主要受以下几个方面的因素影响：一是群体因素。规模较大、利益导向明确、群体意见一致的群体可能较易使人产生从众行为，从而加剧群体性纠纷中的矛盾冲突。二是情境因素。由于信息不对称，群体中的"权威人士"可能利用信息差塑造自身的影响力。"权威人士"的影响可能给矛盾纠纷的化解带来不确定性。三是个人因素。由于不同的个体在人格特征、成长经历、文化背景等方面存在不同，因此，不同地域文化团体的群体性纠纷也存在其特殊性。[①] 针对以上三个方面的影响因素，在进行群体性纠纷的调解工作时，需要遵守以下几个方面的原则：

（一）情绪疏导原则

人民调解员在处理群体性纠纷的过程中，要注意对纠纷双方的情绪进行疏导。一方面，情绪疏导原则是调解本身的要求。调解是一种非对抗性纠纷处理手段，其以促进当事人之间达成合意为主要目标，其主要目的在于通过降低矛盾纠纷双方的对抗性来化解双方之间的冲突。调解与诉讼最大的不同在于，在调解过程中更倾向于通过情绪疏导来消解矛盾纠纷中的对抗性因素，以寻求矛盾纠纷的最终化解。另一方面，坚持情绪疏导原则是妥善处理群体性纠纷的客观需要。在社会经济快速发展的今天，由于发展过程中出现的结构性不平衡现象，导致被剥夺感在社会中蔓延。这种心态，在群体性纠纷中具体表现为一种相互对抗的"博弈心态"，即在群体性

---

① 孙赟峰. 如何做好调解工作：调解实务技巧与案例 [M]. 北京：中国法制出版社，2013：175.

纠纷中，参加斗争或竞争的各方为了实现各自目标或利益的最优化，通过考虑力量的对比和各自的优势，选取对自己最为有利或最为合理的行动方案的心理过程。①为及时化解这种高度对抗性的博弈心态，在调解过程中，要特别注意对当事人进行情绪疏导，以防矛盾纠纷的升级转化。

（二）顾全大局原则

一直以来，我国各级机关高度重视群体性纠纷与群体性事件的处理，其原因之一在于，群体性纠纷与群体性事件与社会和谐稳定、国家长治久安息息相关。因此，人民调解员在处理群体性纠纷时，要顾全大局。首先，人民调解员要注意把握国家最新法律法规与相关政策。当下，调解工作作为国家法治事业的一部分，需要为全面依法治国的总目标服务。因此，人民调解员在处理群体性纠纷的过程中，要在法治框架下进行调解工作，切实维护当事人的合法权益。其次，人民调解员在调解工作中也要注意案件处理结果的可接受性。通过沟通协商，争取当事人对调解结果的理解，发挥调解在群体性纠纷处理过程中定分止争的作用。最后，要重视调解工作的示范引领作用，通过一个群体性纠纷的成功调解，给社会上相关事件中的当事人提供行为规范参照，力求通过群体性纠纷的成功调解实现社会和谐稳定。

（三）尊重民意原则

我国是人民民主专政的社会主义国家，人民是国家的主人。在解决群体性纠纷时，无论是人民调解，还是行政调解、司法调解，都要树立"以人民为中心"的调解理念，尊重人民群众的真实意愿。因此，在构建群体性纠纷的调解机制时，要形成能够调查、吸收民意的基本方法与渠道。对此，需要做到以下几点：第一，群体性纠纷调解机制的建设，不仅需要公权力主体的参与，更需要人民群众的支持与参与。在现有的法律规范中，也鼓励多方主体参与群体性纠纷调解机制的建设。例如，《劳动争议调解仲裁法》第10条第2款规定，企业劳动争议调解委员会由职工代表和企业代表组成。职工代表由工会成员担任或者由全体职工推举产生，企业代表由企业负责人指定。企业劳动争议调解委员会主任由工会成员或者双方推举的人员担任。第二，在群体性纠纷的调解过程中，要鼓励多方参与。除人民调解员与群体性纠纷的当事人之外，还可以引入社会中的其他主体参与到群体性纠纷的解决中来，通过社情民意的反馈寻求群体性纠纷的妥当处理。第三，群体性纠纷的调解结果应当充分反映民意，切实维护群众利益。总之，在群体性纠纷的

---

① 张宗亮，解永照. 群体性纠纷相关问题思考 ［J］. 东岳论丛，2011，32（2）：174－179.

调解过程中，只有尊重民意，切实维护人民群众的合法权益，方能寻求群体性纠纷的最终化解。

（四）情理结合原则

情理结合原则是指人民调解员在处理群体性纠纷时，既要在情感上说服纠纷当事人，又要注重释法说理，实现情理与法理相结合，做到"动之以情，晓之以理"。情理劝服需要人民调解员具有高超的语言艺术，尤其是在群体性纠纷的调解中，要根据特定的群体纠纷情形与相关群体展开合理的对话，避免与调解对象产生疏离感。有时候，人民调解员要通过语言适当地表示自己的同理心，有限度地认可对方的情绪，这样可以引导当事人尽可能地释放因纠纷而产生的负面情绪，帮助当事人打开心扉，促成纠纷的解决。法理阐释则需要人民调解员熟悉相关法律法规，能正确运用相关法律法规。"正确运用"包含两个方面的内容：一方面，调解工作要在法律框架内进行，不能为了获得调解成功而违反法律法规的禁止性规定；另一方面，调解过程中也要灵活地适用法律。法律法规中存在大量的任意性规定和竞合条款，人民调解员需要根据群体性纠纷的实际情况，适用最有利于解决矛盾纠纷、维护当事人合法权益的条款，实现群体性纠纷化解过程中情理法的有机统一。

三、群体性纠纷的调解方法和技巧

（一）选取代表

在群体性纠纷中，当事人一方为多人，其纠纷内容大体上也具有同质性的特征。但是，由于个体差异性，在具体的利益诉求上，仍然存在不同的面向。对此，为促使纠纷尽可能在较短的时间内得到解决，需要引导人数为多人的一方当事人推选出代表人参与调解。在群体性纠纷中，群体内部存在主要人物、次要人物和观望者，在主要人物中，还有起到主导作用的组织者、策划者。因此，在调解群体性纠纷时，人民调解员要引导群体将主要人物推选为参与调解的代表，通过代表与群体进行沟通协商，让代表汇聚民意，从而达到简化矛盾纠纷、方便纠纷调解的效果。

（二）把握重点

在群体性纠纷中，双方当事人的利益诉求是复杂的。对于双方当事人复杂的利益诉求，人民调解员应当分析纠纷的根本成因，准确把握双方当事人最主要、最核心的利益诉求，从而据此引导双方当事人进行协商。很多时候，矛盾的焦点都是利益分配问题。例如，因房屋质量不合格所导致的维修、赔偿费用问题，对此，房地产公司会极力减少成本费用，而业主则期待房地产公司能够支付相关维修与赔偿费用。人民调解员如果能够抓住问题的关键所在，调查清楚房屋维修所需的费用，以及房地产公司支付的意愿，那么就能够为纠纷的解决提供一个坚实的事实基础。人民调解员就可以以此为前提，展开法理与情理上的说服，调解就更容易成功。

（三）多管齐下

在调解过程中，广泛借助第三方力量和社会力量进行调解，是一个重要的手段。在一些涉及面广、调解难度大、情况复杂的群体性纠纷中，需要人民调解员广泛借助第三方资源和社会力量，形成整体联动机制，多管齐下化解矛盾纠纷。[①] 在下文所述的几个群体性纠纷调解的典型性案例中，除了主导调解的机关和组织外，均有第三方单位或者个人的参与。事实上，正是因为第三方的参与，才使得调解能够凝聚共识、形成民意，也能更好地帮助人民调解员主导调解工作的进行，使得最终的调解结果具有公信力，促成群体性纠纷的最终化解。

·调解案例·

案例一：

刘某某、唐某某等诉某旅游开发有限公司建设工程合同纠纷系列案

（一）案情介绍[②]

2004年5月至2005年4月，被告某旅游开发有限公司（以下简称旅游公司）分别与刘某某、唐某某等七位原告签订了某国家森林公园建设工程施工合同。合同签订后，七位原告按约定完成了大部分工程建设施工项目，但旅游公司因后续资金不足，拖欠工程款两千余万元，工程施工就此停滞。在此过程中，这七位原告所雇佣的大量农民工因拖欠工资，一直在当地群聚、上访。2010年，七位原告遂起诉至河北省某市某区人民法院。

针对本案涉及标的额大、时间跨度长、利益牵涉面广、对当地经济发展和社会稳定影响大等特点，人民法院院长亲自参加调解，制定了周密的调解工作方案，耐心地同七位原告和被告进行深入沟通，不断消除双方当事人的抵触情绪。同时，法

---

① 孙赟峰. 如何做好调解工作：调解实务技巧与案例［M］. 北京：中国法制出版社，2013：179.

② 参见（2010）山民初字第214~220号判决书。

院还支持引进多家投资机构，通过将前期投入转股、吸引新资金注入等形式，缓解旅游公司的资金困难，案涉工程项目恢复施工。法院还及时与政府及相关部门磋商，筹措资金，先行给七位原告垫款以支付农民工工资，避免了施工方拖欠农民工工资而引发群体性事件。在法院的不懈努力下，七起案件最终全部调解结案，拖欠数年的工程款得到清偿。

（二）事实分析

本案中，原告已经按照合同约定完成了大部分工程建设施工项目，但是被告旅游公司因后续资金不足无法按时给付合同约定的工程施工价款。对本案的处理，如果机械地适用法律，径行判决旅游公司按照合同约定支付工程建设价款，并不能从根本上解决旅游公司不能给付的困境，反而会加剧矛盾纠纷双方之间的冲突：一方面，原告虽可以根据判决享有工程价款给付请求权，但是由于旅游公司面临的资金不足困境并没有得到解决，所以法律上的权利无法在现实中得到落实，农民工的燃眉之急无法得到根本解决，矛盾纠纷仍然存续；在我国，农民工收入较低，抗风险能力比较低，拖欠农民工工资，极容易引发群体性事件。另一方面，如果对旅游公司启动破产清算程序以偿还其所拖欠的建设工程价款，其一不能保证破产清算所得足以支付所欠债务，其二破产清算将导致一个公司的终结，其代价成本过于高昂。因此，在本案的处理中，法院选择了调解作为处理纠纷的手段方式，一方面与当地政府部门沟通，先行垫付旅游公司所拖欠的建设工程价款，缓解原告的燃眉之急，降低矛盾纠纷的冲突程度；另一方面通过前期投入转股、吸引新资金注入等方式，缓解旅游公司的资金困难，使得案涉工程项目恢复施工，帮助旅游公司渡过难关，恢复正常经营。由此可知，在本案中，法院选用调解作为解决矛盾纠纷的手段，从根本上化解了矛盾，不仅帮助原告讨要到了工资，还帮助旅游公司走出了困境，恢复了正常经营，这不仅有利于双方当事人的后续合作，还促进了当地经济的健康发展，维护了社会和谐稳定。

（三）法律分析

本案纠纷双方所签订的合同属于《民法典》合同编中的建设工程合同。根据《民法典》第788条和第789条的规定，建设工程合同是承包人进行工程建设，发包人支付价款的合同类型。且建设工程合同具有要式要求，即应当采用书面形式订立。对于建设工程合同中发包人未支付工程价款的责任，《民法典》第807条作出了规定：发包人未按照约定支付价款的，承包人可以催告发包人在合理期限内支付价款。发包人逾期不支付的，除根据建设工程的性质不宜折价、拍卖外，承包人可以与发包人协议将该工程折价，也可以请求人民法院将该工程依法拍卖。建设工程的价款就该工程折价或者拍卖的价款优先受偿。在本案中，发包人未按照建设工程合同约定支付价款，属于《民法典》第807条规定的情形。但是，在本案的处理上，法院并没有根据《民法典》第807条的规定径行判决将建设工程折价拍卖，也未根据《公司法》的有关规定对旅游公司进行破产清算，而是选择通过调解手段解决这起因建设工程合同而引发的债权债务纠纷。

（四）情理分析

本案关系众多农民工的合法权益，对当地经济发展大局和社会稳定有着重大影响。本案成功调解的经验是：首先，践行了司法能动理念，院长亲自参加调解，积极邀请政府相关部门、有关投资方等参与案件处理和调解，达到了案涉工程项目恢复施工，农民工工资及时发放，拖欠工程款有效清偿，服务地方经济发展大局，维护社会和谐稳定的效果。本案中，法院的调解极具预见性与预防性，考虑到本案中涉及大量农民工工资的拖欠，如果不能及时处理，则会酿成严重的群体性事件。调解人员在此过程综合多方力量，从中进行协调，将有可能升级的矛盾消于无形。其次，充分发挥了调解的优势。法院跳出裁判者思维，积极寻求案件的解决方法，通过支持引进新的投资方式解决开发商资金困难，实现了债权清偿和工程复工；通过政府垫资，及时支付农民工工资，消除了影响社会稳定的因素。调解人员立足案件，着眼长远，外引内联，最大限度地实现互利共赢，把调解的优势发挥得淋漓尽致。

案例二：

江苏省某市人民检察院化解张某某等群体性劳资纠纷案

（一）案情介绍①

2020年8月始，张某某等27名农民工在江苏省某市从事厂房钢结构制作加工。某集团公司作为工程发包单位于2020年4月将工程发包给总包单位上海某建设发展有限公司。该建设公司又将部分业务分包给了某县施工队。包工头陈某某则与某县施工队形成挂靠关系，并以某县施工队名义招揽张某某等27余名工人施工。至2021年6月，承发包单位对已建工程款进行了结算，而陈某某在收到工程款后拖欠张某某等人2021年2月至5月工资共计49万余元。2021年6月，张某某等人将上述工资拖欠情况投诉至某市人力资源和社会保障局（以下简称人社局）劳动监察大队。在受理投诉后，人社局劳动监察大队依托与该市检察机关建立的欠薪联动调处工作机制，邀请检察机关共同做好案件的矛盾化解工作。

---

① 最高人民检察院．检察为民办实事：行政检察与民同行系列典型案例第四批 ［EB/OL］.（2021－12－16）［2022－12－15］. https://www.spp.gov.cn/spp/xwfbh/wsfbt/202112/t20211216_538720.shtml#2.

某市人民检察院依法介入化解后，发现该案涉及弱势群体民生保护，且案情复杂，属于比较重大的群体性事件，遂全力开展调解工作。某市人民检察院进行调查核实，查明了该案的发包单位、总承包单位、分包单位、包工头等，捋清四层承发包关系后，查实支付主体为包工头陈某某，其未将工人工资支付到位。查清支付主体后，检察机关对陈某某释法说理，向其讲明拖欠工资的法律责任和农民工的实际困难，采取情理法结合的方法督促其按期支付劳动报酬。陈某某逐渐认识到行为的错误性和严重性，现已支付农民工劳动报酬27万元。

为深入化解该案矛盾，2021年7月29日，某市人民检察院与该市人社局联合举行约谈和化解仪式，要求承发包单位均到会，现场就转包的法律风险、支付劳动报酬承担连带责任的情形等开展普法，要求承发包单位持续关注该案进展，总包单位表示将督促陈某某按时支付余款，如不能按时支付，将从后续尚未结算的工程款里扣减，推动欠薪问题得到妥善解决。

（二）事实分析

本案属于建设工程法律关系中的群体性争议。建筑工程法律关系中存在案涉当事主体多、法律关系复杂等特点，特别是在本案中，除了基础的发包方和承包方外，还存在分包关系和挂靠关系。分包关系和挂靠关系的存在涉及多方主体，使得本案的解决变得复杂。在处理本案的过程中，检察院首先对案涉法律关系进行了梳理，查实矛盾纠纷的真实成因后，采用调解方式解决问题，对案涉包工头陈某某进行释法说理，督促其结算拖欠农民工的工资。与此同时，检察院与当地人社局联合举行了约谈和矛盾纠纷化解仪式，要求案涉各主体均参加，现场以案释法，进行普法宣传活动。本案中，检察院通过调解方式处理矛盾纠纷，一方面利用调解程序灵活简便的特点，在尽可能短的时间内追回了拖欠农民工的工资款，维护了农民工的合法权益；另一方面采用调解方式解决而不是径行对拖欠工资款的包工头采用刑事强制措施、启动刑事立案程序，也体现了检察院对刑法谦抑性的贯彻。此外，检察院对案涉主体进行约谈，以案释法，有利于通过个案解决提升全社会的法律意识。

（三）法律分析

《民法典》第791条规定了建筑工程合同中发包人、总承包人和二级承包人的法律责任。《民法典》第791条第2款规定，经发包人同意，总承包人可以将自己承包的部分工作交由第三人完成。第三人就其完成的工作成果与总承包人向发包人承担连带责任。承包人不得将其承包的全部建设工程转包给第三人或者将其承包的全部建设工程分解以后以分包的名义分别转包给第三人。《民法典》第791条第3款规定，禁止承包人将工程分包给不具备相应资质条件的单位。禁止分包单位将其承包的工程再分包。建设工程主体结构的施工必须由承包人自行完成。由此可知，合法的分包需要具备以下四个条件：其一，分包必须经过发包人同意；其二，分包只能将部分工作任务进行分包；其三，承包人不得将工程分包给不具备相应资质的单位；其四，禁止多次分包（转包）。根据以上法律规定，结合案情，本案中包工头陈某某与某县施工队形成挂靠关系，并以某县施工队名义招揽张某某等27余名农民工施工的行为，是违反法律规定的，其中存在较大的法律风险。对此，本案中张某某等人不仅可以向包工头陈某某请求支付劳动报酬，也可以向案涉违法分包方主张其承担连带责任。

（四）情理分析

对于群体性劳资纠纷，人民调解员应加强与相关部门的联动，依法介入，共同化解矛盾。在调解过程中，应注重方式方法，全面调查核实，找准义务履行主体，融合情理法开展释法说理，联合举行约谈等，妥善化解矛盾。本案中，人民调解员向包工头陈某某讲述了拖欠农民工工资的法律责任，以及农民工作为弱势群体的难处，使得包工头陈某某认识到了自己的错误，并愿意做出改正。该案的调解方式可以为人民调解制度与实践提供借鉴，人民调解委员会也能够积极地去发现某些矛盾纠纷的根源，全面调查事实，掌控事件的大局，防止矛盾纠纷升级为群体性事件。

案例三：

房屋质量不合格导致群体性纠纷案

（一）案情介绍①

某小区由某房地产公司开发，该小区于 2011 年开工，2013 年竣工验收，共有 52 栋楼 3 244 户住户。2019 年 8 月起，该小区的部分业主发现房屋卧室飘窗顶板、室内局部墙面内保温层与基层脱离、开裂等不同程度的问题，严重影响了业主的生产生活。部分业主建立了专门的维权微信群，有组织地到房地产公司、小区物业办公室维权。人民法院了解到该情况后，立即启动多元化纠纷解决机制，联合住建委、发改委、公安局、司法局、街道办事处、社区等部门成立专项处置工作组，就当事人争议的问题进行实地调查、分析研判和多元调处。

人民法院综合调处室（以下简称综调室）依托"四纵三横"立体网络调解体系，形成"统一指挥、信息畅通、动作协同、反应灵敏、处置高效"的临时处置小

---

① 澎湃新闻.多元解纷优秀调解案例［EB/OL］.（2021－12－15）［2022－12－16］.https：//m.thepaper.cn/baijiahao_15859426.

组，采取五个步骤，层层递进解开当事人的心结，情理法交融促成纠纷化解。

（1）启动多元调解纠纷机制，弄清争议问题。由街道办事处、社区组成接待工作小组，负责接待业主，并登记业主反映的具体情况；由区公安局、司法局、综调室、社区组成维稳工作小组，负责群体性事件的预防工作，及时处置在维修处理过程中产生的矛盾纠纷，引导业主依法维权，并对其提供法律援助；由区住建委对该小区的外墙内保温脱层、开裂等房屋质量问题进行调查核实，并邀请专家到现场分析研判。

（2）厘清业主基数，归纳业主诉求。在确认了该小区存在的问题后，街道办事处、社区对采用外墙内保温工艺的楼房逐户进行了核实统计，确定有内保温脱层、开裂问题的房屋共 19 栋楼，建筑面积约 8.6 万平方米，户数为 935 户。同时召集双方代表进行了多次意见交换，归纳业主提出的安置补偿费、维修方式、维修范围和赔偿金等诉求。

（3）区分业主诉求，商定调解方案。在区住建委与街道办事处、社区的大量协调工作下，人民法院特邀区重大矛盾纠纷人民调解委员会开展诉前调解，向双方当事人阐明人民调解工作的性质及益处。最终，双方均选择诉前调解作为化解矛盾的方式，并形成了公司维修和业主自行维修两种初步调解方案。

（4）调解协议细化落实，合力化解矛盾。调解协议确定后需要确认维修费用，这也是双方争议的焦点。对此，区综调室邀请发改委价格认定中心调解员介入，研究确定了维修费用评估方案。首先，由区住建委、发改委牵头成立维修费用评估小组，对问题房屋随机抽样，评估出维修墙面裂缝、墙体返潮、墙纸墙布破损等所需维修费用的单位面积价格，制作并公示《维修项目单价评估表》。其次，由街道办事处、社区、业主代表成立测量小组，由业主参与测量其破损的实际单位面积，并当场签署《房屋维修单位面积确认表》。最后，人民调解员组织双方依据上述两表，确定了补偿维修费的具体金额，并签订了调解协议。

（5）司法确认固化成果，调解协议自动履行。达成调解协议后，人民调解员组织双方向人民法院申请司法确认，法院开通专项便民通道，安排法官专项负责该案，当日受理、当场询问、当面确认、当天制作并送达确认裁定。房地产公司在收到裁定书后，立即支付了全部维修费用。最终，该群体性纠纷通过多元化纠纷解决机制得到圆满解决。

（二）事实分析

本案的缘起是房地产公司交付的房屋质量不合格，出现了房屋卧室飘窗顶板、室内局部墙面内保温层与基层脱离、开裂等不同程度的问题，严重影响了业主的生活。但由于本案涉及的业主数量众多，因此有演变为群体性事件的趋势。房地产公司与多位业主形成了严重对峙，影响了社会稳定。人民法院了解到该情况后，立即启动多元化纠纷解决机制，联合住建委、发改委、公安局、司法局、街道办事处、社区等部门成立专项处置工作组，对当事人的争议就地调查、分析研判和多元调处。该区综调室一方面通过实地调查案件事实、了解群众诉求，另一方面也做好了群众情绪的安抚工作，防止了纠纷演变为群体性事件。同时，该区综调室也联合政府多部门，对房屋质量问题进行研判，对用户损失与维修费用进行统计，为调解协议赋予了法律约束力与权威性，最终使得纠纷得到成功调解。

（三）法律分析

《民法典》第615条规定："出卖人应当按照约定的质量要求交付标的物。出卖人提供有关标的物质量说明的，交付的标的物应当符合该说明的质量要求。"《民法典》第617条规定："出卖人交付的标的物不符合质量要求的，买受人可以依据本法第五百八十二条至第五百八十四条的规定请求承担违约责任。"同时，《民法典》第582条规定："履行不符合约定的，应当按照当事人的约定承担违约责任。对违约责任没有约定或者约定不明确，依据本法第五百一十条的规定仍不能确定的，受损害方根据标的的性质以及损失的大小，可以合理选择请求对方承担修理、重作、更换、退货、减少价款或者报酬等违约责任。"另外，根据《最高人民法院关于审理商品房买卖合同纠纷案件适用法律若干问题的解释》第10条规定："因房屋质量问题严重影响正常居住使用，买受人请求解除合同和赔偿损失的，应予支持。交付使用的房屋存在质量问题，在保修期内，出卖人应当承担修复责任；出卖人拒绝修复或者在合理期限内拖延修复的，买受人可以自行或者委托他人修复。修复费用及修复期间造成的其他损失由出卖人承担。"本案中，房地产公司与业主形成了房屋买卖合同关系，但房屋存在质量问题，不符合合同的约定。对此，房地产公司应当承担修复、赔偿等违约责任。

（四）情理分析

本案涉及人数众多，对于赔偿费用的争议也比较大，如果处理不当，就可能导致群体性事件。综调室联合多部门，对问题进行了系统性的调处，减少了讼累，大大减轻了群众的负担，最终使得问题得到一揽子解决。本案充分展现了调解组织对于"群众无小事"理念的践行，调动多方力量，为群众排忧解难。综调室为了解决问题，做了大量的工作，不仅召集各方当事人与有关部门进行多次协商，也对业主的具体损失进行了深入的调查与梳理，为纠纷的解决提供了坚实的事实基础。综调室还灵活运用情理法，逐步打开当事人的心结，使得纠纷能够在一个比较轻松的氛围下解决。

思考与练习

1. 群体性纠纷有哪些特征?

2. 根据《劳动争议调解仲裁法》第 7 条规定，推举代表参加调解、仲裁或者诉讼活动需要满足什么条件?

3. 群体性纠纷的调解需要遵循哪些原则?

4. 群体性纠纷的调解需要遵循哪些方法和技巧?

参考文献

1. 著作及论文

[1] 何家弘, 刘品新. 证据法学 [M]. 北京: 法律出版社, 2019.

[2] 易延友. 证据法学: 原则 规则案例 [M]. 北京: 法律出版社, 2017.

[3] 卞建林, 谭世贵. 证据法学 [M]. 3版. 北京: 中国政法大学出版社, 2019.

[4] 博登海默. 法理学: 法律哲学与法律方法 [M]. 邓正来, 译. 北京: 中国政法大学出版社, 2004.

[5] 郭林虎. 法律文书情境写作教程 [M]. 5版. 北京: 法律出版社, 2018.

[6] 张庆, 刘宁. 法律意见书的研究与制作 [M]. 2版. 北京: 法律出版社, 2009.

[7] 梁慧星, 陈华彬. 物权法 [M]. 7版. 北京: 法律出版社, 2020.

[8] 杨立新. 中华人民共和国民法典释义与案例评注: 物权编 [M]. 北京: 中国法制出版社, 2020.

[9] 王利明. 物权法 [M]. 2版. 北京: 中国人民大学出版社, 2021.

[10] 王泽鉴. 民法物权 [M]. 2版. 北京: 北京大学出版社, 2010.

[11] 三潴信三. 物权法提要 [M]. 孙芳, 译. 北京: 中国政法大学出版社, 2004.

[12] 史尚宽. 物权法论 [M]. 北京: 中国政法大学出版社, 2000.

[13] 王利明, 杨立新, 王轶, 等. 民法学 [M]. 6版. 北京: 法律出版社, 2020.

[14] 杨大文, 龙翼飞. 婚姻家庭法 [M]. 7版. 北京: 中国人民大学出版社, 2018.

[15] 王全兴. 劳动法 [M]. 北京: 法律出版社, 2017.

[16] 秦恩才. 劳动与社会保障法学 [M]. 2版. 郑州: 郑州大学出版社, 2009.

[17] 王权典, 陈莉. 当代劳动法学概论 [M]. 广州: 华南理工大学出版社, 2005.

［18］许明月．劳动法学［M］．重庆：重庆大学出版社，2003.

［19］《劳动与社会保障法学》编写组．劳动与社会保障法学［M］．2版．北京：高等教育出版社，2018.

［20］王利明．侵权责任法［M］．北京：中国人民大学出版社，2016.

［21］程啸．侵权责任法［M］．北京：法律出版社，2021.

［22］尹力．中国调解机制研究［M］．北京：知识产权出版社，2009.

［23］王红梅．人民调解法治新论［M］．北京：中国政法大学出版社，2009.

［24］李伟民．法学辞源［M］．哈尔滨：黑龙江人民出版社，2002.

［25］姜小川．人民调解实用手册［M］．北京：中国法制出版社，2008.

［26］刘建宏．农村常见法律纠纷调解［M］．北京：中国政法大学出版社，2017.

［27］韩咏秋，马善祥．调解密码：老马调解六十六法［M］．北京：法律出版社，2018.

［28］刘爱君，孟德花．人民调解实用技巧［M］．北京：中国政法大学出版社，2016.

［29］刘树桥，盛舒弘．人民调解实用技能［M］．北京：中国政法大学出版社，2017.

［30］《人民调解工作法律实务丛书》编写组．不同调解方法与技巧的运用［M］．北京：中国法制出版社，2017.

［31］刘萍．农村民事调解与法律服务研究［M］．长春：吉林人民出版社，2020.

［32］王芳．婚姻家庭法律师基础实务［M］．北京：中国人民大学出版社，2014.

［33］来文彬．家事调解制度研究［M］．北京：群众出版社，2014.

［34］胡明玉．婚姻家庭法律问题专题研究［M］．北京：法律出版社，2015.

［35］孙赟峰．如何做好调解工作：调解实务技巧与案例［M］．北京：中国法制出版社，2013.

［36］卡佩莱蒂．福利国家与接近正义［M］．刘俊祥，等译．北京：法律出版社，2000.

［37］河南省法学会．调解制度理论与实践［M］．郑州：郑州大学出版社，2010.

［38］黄薇．中华人民共和国民法典释义及适用指南［M］．北京：中国民主法制出版社，2020.

［39］杨立新. 中国物权法研究［M］. 北京：中国人民大学出版社，2018.

［40］朱深远. 诉讼调解实务技能［M］. 北京：人民法院出版社，2013.

［41］侯怀霞. 人民调解理论与实务［M］. 上海：上海交通大学出版社，2019.

［42］范愉，刘臻荣，连艳. 物业纠纷调解实务［M］. 北京：清华大学出版社，2012.

［43］杨立新. 最高人民法院审理物业服务纠纷案件司法解释理解与运用［M］. 北京：法律出版社，2009.

［44］王信芳，吴军营，刘亚东. 社区常见法律纠纷调处手册：物业纠纷篇［M］. 上海：上海人民出版社，2008.

［45］刘建宏. 农村常见法律纠纷调解［M］. 北京：中国政法大学出版社，2017.

［46］张卫平. "案多人少"问题的非讼应对［J］. 江西社会科学，2022，42（1）：57 - 70，206.

［47］高圣平，罗帅. 《民法典》不动产抵押权追及效力规则的解释论［J］. 社会科学研究，2020（5）：27 - 37.

［48］梅夏英. 民法权利客体制度的体系价值及当代反思［J］. 法学家，2016（6）：29 - 44，176.

［49］房绍坤. 法院判决外之法律文书的物权变动效力问题研究［J］. 法商研究，2015，32（3）：141 - 150.

［50］刘耀东. 论基于法律文书发生的不动产物权变动：以《物权法》第28条为中心［J］. 东方法学，2016（1）：33 - 47.

［51］董开军. 论担保物权的性质［J］. 法学研究，1992（1）：28 - 34.

［52］陈柏峰. 信访制度的功能及其法治化改革［J］. 中外法学，2016，28（5）：1187 - 1205.

［53］张慧平. 法治社会背景下人民调解与程序正义的契合［J］. 晋阳学刊，2021（3）：106 - 113.

［54］陈智慧. 对"人民调解"制度的几点思考［J］. 人大研究，2002（11）：39 - 41.

［55］郑杭生. 中国特色社区建设与社会建设：一种社会学的分析［J］. 中南民族大学学报（人文社会科学版），2008，28（6）：93 - 100.

［56］周博文，杜山泽. 情理法：调解的法哲学思维解析［J］. 湖北社会科学，2012（11）：165 - 169.

［57］雷文，陈树宝. 浅谈如何调解农村土地纠纷［J］. 人民调解，2014（3）：

13 – 15.

［58］张宗亮，解永照．群体性纠纷相关问题思考［J］．东岳论丛，2011，32
（2）：174 – 179.

2. 电子资源

［1］中国法律服务网．梅河口市黄某与某饭店劳动争议纠纷调解案［EB/OL］.
（2022 – 07 – 13）［2022 – 09 – 23］．http：//alk. 12348. gov. cn/Detail？dbID = 48&dbNa-
me = RTHZ&sysID = 12298.

［2］中国法院网．张某诉郭甲、郭乙、郭丙赡养纠纷案［EB/OL］.（2015 – 11 –
19）［2022 – 09 – 23］．https：//www. chinacourt. org/article/detail/2015/11/id/1752046.
shtml.

［3］中国法律服务网．大连市中山区王某与某物业公司物业纠纷调解案［EB/OL］.
（2021 – 12 – 25）［2022 – 09 – 27］．http：//alk. 12348. gov. cn/Detail？dbID = 48&dbNa-
me = RTHZ&sysID = 30364.

［4］中国法律服务网．阿拉善左旗某物业公司与马某物业纠纷调解案［EB/OL］.
（2021 – 11 – 28）［2022 – 09 – 29］．https：//alk. 12348. gov. cn/Detail？dbID = 48&dbNa-
me = RTHZ&sysID = 29929.

［5］中国法律服务网．北京市通州区某小区 11 户居民与徐某邻里纠纷调解案
［EB/OL］.（2021 – 09 – 28）［2022 – 10 – 12］．http：//alk. 12348. gov. cn/Detail？dbID =
49&sysID = 28964.

［6］黄素．群体性民事纠纷案件的特点及对策［EB/OL］.（2016 – 12 – 28）
［2022 – 10 – 05］．https：//hunanfy. chinacourt. gov. cn/article/detail/2016/12/id/2495710.
shtml.

［7］邓少君．风险社会视域下基层矛盾治理研究：基于广东省的实践样态［D/
OL］．武汉：武汉大学，2016［2022 – 10 – 02］．https：//kreader. cnki. net/Kreader/
CatalogViewPage. aspx？dbCode = CDFD&filename = 1016132120. nh&tablename = CDFD-
LAST2017&compose = &first = 1&uid = .

［8］中国法律服务网．武汉市青山区某酒店与刘某等 70 人合同纠纷调解案
［EB/OL］.（2021 – 08 – 20）［2022 – 09 – 17］．http：//alk. 12348. gov. cn/Detail？dbID =
49&dbName = RTQT&sysID = 19999.

［9］中国法律服务网．石家庄市桥西区李某甲与李某乙婚姻家庭纠纷调解案
［EB/OL］.（2021 – 08 – 29）［2022 – 09 – 14］．http：//alk. 12348. gov. cn/Detail？dbID =
49&sysID = 27042.

［10］北大法宝．最高人民法院公布10起婚姻家庭纠纷典型案例：山东［EB/OL］．（2015－11－20）［2022－08－15］. https：//sclx. pkulaw. com/chl/03ec099297e5c74ebdfb. html.

［11］中华人民共和国最高人民法院公报．刘雪娟诉乐金公司、苏宁中心消费者权益纠纷案［EB/OL］．（2004－05－25）［2022－08－28］. http：//gongbao. court. gov. cn/Details/e7e16e2ba62419308c223b6baebff9. html.

［12］赵德金．发扬人民调解优良传统更好维护人民群众合法权益［N/OL］．光明日报，2021－06－26［2022－09－15］. https：//epaper. gmw. cn/gmrb/html/2021－06/26/nw. D110000gmrb_20210626_2－11. htm.

［13］魏哲哲．覆盖更广泛调解更有效［N/OL］．人民日报，2022－03－23［2022－09－18］. http：//paper. people. com. cn/rmrb/html/2022－03/23/nw. D110000renmrb_20220323_1－11. htm.

［14］云南法院网．小案件诠释大道理，别让纠纷毁了邻里情［EB/OL］．（2022－03－03）［2023－01－07］. http://fy. yngy. gov. cn/article/detail/2022/03/id/6556347. shtml.

［15］菏泽司法．邻里纠纷无小事，倾心调解化干戈［EB/OL］．（2022－04－22）［2023－01－07］. https：//mp. weixin. qq. com/s? __biz = MzI2OTIwMjA0Mg ==&mid = 2652801839&idx = 1&sn = c8ebe0ee1056aeac6caf940c60848515&chksm = f109cc3ac67e452cd27c98ceae4bfef139ed15e9e292cc0d5ab4edee9df1bfe89a82cb136803& scene = 27#wechat_redirect.

［16］中国法律服务网．东方市陈某某与吉某某山林土地纠纷调解案［EB/OL］．（2022－05－04）［2022－12－14］. http：//alk. 12348. gov. cn/Detail? dbID = 49&dbName = RTQT&sysID = 31620.

［17］最高人民检察院．检察为民办实事：行政检察与民同行系列典型案例第四批［EB/OL］．（2021－12－16）［2022－12－15］. https：//www. spp. gov. cn/spp/xwfbh/wsfbt/202112/t20211216_538720. shtml#2.

［18］澎湃新闻．多元解纷优秀调解案例［EB/OL］．（2021－12－15）［2022－12－16］. https：//m. thepaper. cn/baijiahao_15859426.

3. 判决文书

［1］（2016）苏09民终890号判决书

［2］（2015）珠中法民四终字第32号判决书

［3］（2019）最高法民再245号判决书

［4］（2021）黔 01 民终 11762 号判决书

［5］（2019）皖 06 民终 488 号判决书

［6］（2016）闽民终 1518 号判决书

［7］（2018）黔 02 民终 2311 号判决书

［8］（2016）云 01 民终 5615 号判决书

［9］（2012）黄埔民一（民）初字第 95 号判决书

［10］（2022）云 09 民终 745 号判决书

［11］（2022）京 02 民终 8252 号判决书

［12］（2020）京 02 民终 2214 号判决书

［13］（2021）皖 03 民终 99 号判决书

［14］（2020）京 02 民终 9274 号判决书

［15］（2014）鄂武汉中民终字第 00116 号判决书

［16］（2022）沪 0104 民初 10277 号判决书

［17］（2022）京 03 民终 3788 号判决书

［18］（2021）京 0106 民初 10642 号判决书

［19］（2022）云民终 586 号判决书